凤凰文库
PHOENIX LIBRARY

凤凰出版传媒集团
PHOENIX PUBLISHING & MEDIA GROUP

凤凰文库·马克思主义研究系列

主　　编　　张一兵
项目总监　　杨建平
项目执行　　戴亦梁

凤凰文库
PHOENIX LIBRARY

马克思主义研究系列

MAKESIZHUYI YANJIUXILIE
ZHENGYI ZHIHOU

正义之后

王广 著

马克思恩格斯正义观研究

江苏人民出版社

图书在版编目(CIP)数据

正义之后:马克思恩格斯正义观研究/王广著. —南京:江苏人民出版社,2010.7
(凤凰文库·马克思主义研究系列)
ISBN 978 - 7 - 214 - 06312 - 0

Ⅰ.①正… Ⅱ.①王… Ⅲ.①马克思主义哲学—研究
Ⅳ.①B0 - 0

中国版本图书馆 CIP 数据核字(2010)第 122691 号

书　　　名	正义之后——马克思恩格斯正义观研究
著　　　者	王　广
责 任 编 辑	王　溪
装 帧 设 计	许文菲
责 任 监 制	王列丹
出 版 发 行	江苏人民出版社
出版社地址	南京市湖南路 1 号 A 楼,邮编:210009
出版社网址	http://www.jspph.com
照　　　排	江苏凤凰制版有限公司
印　　　刷	江苏凤凰通达印刷有限公司
开　　　本	652 mm×960 mm　1/16
印　　　张	18.75　插页 4
字　　　数	200 千字
版　　　次	2010 年 8 月第 1 版　2018 年 10 月第 2 次印刷
标 准 书 号	ISBN 978 - 7 - 214 - 06312 - 0
定　　　价	36.00 元

(江苏人民出版社图书凡印装错误可向承印厂调换)

出版说明

要支撑起一个强大的现代化国家,除了经济、政治、社会、制度等力量之外,还需要先进的、强有力的文化力量。凤凰文库的出版宗旨是:忠实记载当代国内外尤其是中国改革开放以来的学术、思想和理论成果,促进中外文化的交流,为推动我国先进文化建设和中国特色社会主义建设,提供丰富的实践总结、珍贵的价值理念、有益的学术参考和创新的思想理论资源。

凤凰文库将致力于人类文化的高端和前沿,放眼世界,具有全球胸怀和国际视野。经济全球化的背后是不同文化的冲撞与交融,是不同思想的激荡与扬弃,是不同文明的竞争和共存。从历史进化的角度来看,交融、扬弃、共存是大趋势,一个民族、一个国家总是在坚持自我特质的同时,向其他民族、其他国家吸取异质文化的养分,从而与时俱进,发展壮大。文库将积极采撷当今世界优秀文化成果,成为中外文化交流的桥梁。

凤凰文库将致力于中国特色社会主义和现代化的建设,面向全国,具有时代精神和中国气派。中国工业化、城市化、市场化、国际化的背后是国民素质的现代化,是现代文明的培育,是先进文化的发展。在建设中国特色社会主义的伟大进程中,中华民族必将展示新的实践,产生新的经验,形成新的学术、思想和理论成果。文库将展现中国现代化的新实践和新总结,成为中国学术界、思想界和理论界创新平台。

凤凰文库的基本特征是:围绕建设中国特色社会主义,实现社会主义现代化这个中心,立足传播新知识,介绍新思潮,树立新观念,建设新学科,着力出版当代国内外社会科学、人文学科的最新成果,同时也注重推出以新的形式、新的观念呈现我国传统思想文化和历史的优秀作品,从而把引进吸收和自主创新结合起来,并促进传统优秀文化的现代转型。

凤凰文库努力实现知识学术传播和思想理论创新的融合,以若干主题系列的形式呈现,并且是一个开放式的结构。它将围绕马克思主义研究及其中国化、政治学、哲学、宗教、人文与社会、海外中国研究、当代思想前沿、教育理论、艺术理论等领域设计规划主题系列,并不断在内容上加以充实;同时,文库还将围绕社会科学、人文学科、科学文化领域的新问题、新动向,分批设计规划出新的主题系列,增强文库思想的活力和学术的丰富性。

从中国由农业文明向工业文明转型、由传统社会走向现代社会这样一个大视角出发,从中国现代化在世界现代化浪潮中的独特性出发,中国已经并将更加鲜明地表现自己特有的实践、经验和路径,形成独特的学术和创新的思想、理论,这是我们出版凤凰文库的信心之所在。因此,我们相信,在全国学术界、思想界、理论界的支持和参与下,在广大读者的帮助和关心下,凤凰文库一定会成为深为社会各界欢迎的大型丛书,在中国经济建设、政治建设、文化建设、社会建设中,实现凤凰出版人的历史责任和使命。

目 录

序言　何谓马克思的"正义"？韩立新　1

作者的话　1

导　论　1
- 一　理论与现实：问题的提出　1
- 二　回顾与检审：学界研究状况　5
- 三　批判与建构：本书研究构想　11
  1. 马克思恩格斯的致思路径："通过批判旧世界发现新世界"　12
  2. 本书三个批判的择出　16

第一章　迈向历史唯物主义正义观　18
- 一　马克思的思想转变与正义观转变　19
- 二　社会环境、家庭熏陶与理论启蒙　23
- 三　《莱茵报》时期的新理性主义正义观　29
  1. 基本内容：吁求自由平等　29
  2. 运思路径：法哲学论证　33
- 四　迈向历史唯物主义正义观：关键三步　36
  1. 法哲学批判：突破资产阶级革命的局限　36
  2. 政治经济学研究：思考共产主义的基础　39

3. 创立唯物史观:刷新正义问题研究范式　42

第二章　对蒲鲁东主义正义观的批判　52

一　引言　53

二　对永恒不变的正义原则的批判　59

　1. 蒲鲁东的正义界定颠倒了正义与现实社会的关系　60

　2. 对正义的理解在生产方式的推动下不断发生变化　64

三　对"复归小私有制"之正义目的的批判　69

　1. 蒲鲁东的正义目的论没有理解正义观的历史函变　69

　2. 蒲鲁东的正义目的论只是对资本主义的法学批判　72

　3. 蒲鲁东正义目的论的实质是对小私有制度的呼求　77

四　对"构成价值"之正义实现途径的批判　81

　1. "构成价值"的实质是现实生产消费活动的极端抽象　82

　2. 借"构成价值"以"构成"正义:李嘉图的乌托邦化　83

　3. "构成价值""构成"的不是正义,而是倒退的历史　86

第三章　对拉萨尔主义正义观的批判　91

一　引言　91

　1. 拉萨尔主义及其正义观的主要观点　91

　2. 马克思和恩格斯批判拉萨尔主义正义观的过程　94

　3. 马克思和恩格斯批判拉萨尔主义正义观的著作文献　96

二　对"劳动构成正义基础"观点的批判　97

　1. "劳动构成正义基础"忽视了生产资料问题　98

　2. 生产资料私有制是社会非正义现象的总根源　101

　3. 仅仅关注劳动的观点仍然囿于空想社会主义　104

三　对"正义依赖平等权利"观点的批判　108

　1. "平等权利"与"不折不扣的劳动所得"的内在冲突　109

　2. "平等权利"是资产阶级民主革命时期的旧理论范畴　111

　3. "平等权利"决不能超出社会经济结构及其文化发展　114

　4. 奢谈"平等权利"只会将无产阶级运动引向堕落　117

四　对"分配方式决定正义"观点的批判　118

　1. 分配决定论割裂了经济运行过程的整体联系　120

2. 分配方式归根结底是生产条件本身分配的结果　123
　　3. 分配决定论是庸俗社会主义对资产阶级经济学家的仿效　126

第四章　对杜林正义观的批判　129

一　引言　129
　　1. 杜林"理论"观点的出现　130
　　2. 马克思和恩格斯批判杜林的基本情况　132
　　3. 对杜林的批判主要是由恩格斯直接做出的,但马克思并未缺席　133

二　对杜林正义观之研究方法的批判　134
　　1. 杜林的正义研究方法是对数学思维方式的抽象运用　136
　　2. 其他领域的研究方法不能机械移植到正义研究领域　138
　　3. 杜林的正义研究方法是先验主义和唯心主义的方法　140

三　对杜林正义观之研究路径的批判　143
　　1. 杜林正义观的逻辑起点是抽象的人的"概念"　145
　　2. 杜林正义观将全部人类历史变成了非正义的历史　148
　　3. 一当涉足现实,杜林的正义观就出现了自我否定　150

四　对杜林正义观之公平原则的批判　151
　　1. 杜林的公平原则:社会衰落与剥削的二难　153
　　2. 杜林的公平原则仍然是在分配领域内活动　155
　　3. 杜林的公平原则与蒲鲁东正义观的相似性　157

第五章　重塑正义的思想疆域　160

一　马克思恩格斯正义观的批判性前提　160
　　1. 反对脱离历史与现实抽象地谈论正义　161
　　2. 反对把抽象正义视作社会发展的永恒原则　162
　　3. 反对将抽象正义作为社会主义运动的基础　163
　　4. 反对将"正义王国"作为社会主义的目标　166
　　5. 对"正义"的批判并非拒斥社会正义问题　176

二　马克思恩格斯正义观的方法论根基　179
　　1. 正义问题研究方法的变革:唯物史观　179
　　2. 正义问题研究重心的调适:物质生产　181

三　马克思恩格斯正义观的理论架构　184
　　　　1. 正义：人们对分配与利益关系的评价　185
　　　　2. 正义嬗变的总根源：生产方式的变迁　189
　　　　3. 正义的属性：(一) 历史性　192
　　　　4. 正义的属性：(二) 阶级性　195
　　　　5. 无产阶级的正义观：消灭阶级　198
　　　　6. 共产主义：超越正义的社会形态　202

结语　一个依然敞开着的论域　217

主要参考文献　221

后　记　226

附录一　马克思使用正义范畴的文本厘清与层面划分　233

附录二　马克思对资本主义：正义的批判还是科学的分析？　252

重印后记　266

序言　何谓马克思的"正义"？

韩立新

早在1962年，法兰克福学派的新锐思想家阿尔弗雷德·施密特出版了自己的博士论文《马克思的自然概念》一书，打破了马克思只有关于社会历史的哲学这一学术史上的常识，建立起了马克思关于自然的理论，从而使马克思的理论从社会历史领域扩展到了自然领域。这一事件，在人与自然之间的矛盾日益激化、人类正竭尽全力寻找解决环境危机理论资源的今天，无疑具有深刻的意义。同样，在全球一体化和人与人的矛盾日益深化的今天，王广博士的博士论文《正义之后——马克思恩格斯正义观研究》的出版，也打破了马克思没有正义观这一学术史上的"常识"，破天荒地建构了一个马克思恩格斯的正义理论，或者说马克思的政治哲学。它的意义能否像施密特的著作那样，为人类的和谐发展做出贡献还有待于时间的检验，但至少该书的立意本身与施密特的著作具有同等的意义。

我之所以说王广博士打破了一个学术"常识"，主要有两个根据。一个根据是马克思和恩格斯本人并没有关于正义理论的专门著述。从马克思的早期论稿《黑格尔法哲学批判》到马克思和恩格斯中晚期论稿《哥达纲领批判》和《反杜林论》，马克思恩格斯虽然有关于正义的零星讨论，但是并没有刻意去建构一个系统的马克思主义正义理论,因此,所谓"马克思恩格斯的正义理论"只能是后来解释者的建构。这一点跟施密特所面临的境遇一样。当然,马克思恩格斯本人没有专门的著述并不意味着后人不可以将它系统化和理论化,这样做决不是理论"僭越",相反倒应该看成是理论的发展。

另一个根据是马克思对正义问题的消极态度。从马克思的基本立场出发,首先,现存的正义是市民社会中的"交换的正义",这种正义看似公平,但却是以私有制为前提的、借助于中介(商品和货币)的正义。如果每一个个人,都像自由主义者所给出的假设那样,是拥有私人所有的同质的个人,那这的确不失为一种普遍的正义,但问题是市民社会中的人有"所有"(Eigentum)和"无所有"之分,或者说存在赤贫的无产者和以剥夺他人所有为前提的资产阶级之分。"交换的正义"的前提是非正义。因此,当有人试图去建构市民社会的普遍正义时,马克思会说:"要想跟我谈正义,先解决所有制问题,即消灭私有制";第二,劳动与资本之间的交换看似平等,实则是一切不平等的根源。与这一问题相连,现存的正义是阶级社会中的正义,只要有阶级存在,就不会有普遍正义,离开两大阶级对立而谈正义是抽象的空话。马克思恩格斯指出:"在阶级斗争被当作一种'粗野的'事情放到一边去的地方,当做社会主义的基础留下来的就只是'真正的博爱'和关于'正义'的空话。"①因此,当有人试图去建构超阶级的普遍正义时,马克思还会说:"要想跟我谈正义,先消灭资本主义社会,消灭阶级"。

可能正是由于这两个原因,对马克思正义观,甚至对马克思政治哲学的建构一直存在着巨大的理论困难,这也是为什么至今真正具有学术含量的马克思正义理论研究寥若晨星的真正原因。近年来,随着我国进入市民社会,再加上以罗尔斯的《正义论》为代表的西方政治哲学的兴

---

① 《马克思恩格斯全集》第34卷,人民出版社1972年版,第382页。

起,一批马克思主义研究者试图将马克思和西方政治哲学嫁接起来,"马克思主义政治哲学"①成为我国学界的一个显学。但是,由于马克思主义的政治立场和西方政治哲学的自由主义在理论倾向上的相反本性,我们很少能看到将二者顺利嫁接的成功范例,大多数所谓"马克思主义政治哲学"研究都是一种充满矛盾的产物,其状况犹如马克思在《黑格尔法哲学批判》中讽刺黑格尔,说他试图将国家和市民社会这两个性质完全不同的东西简单地结合起来的"混合物"和"木质的铁"②一样。当然,我这样说决不是要否定人们根据当代的具体实践而去建构"马克思主义政治哲学"的努力,而是要说,这种努力无论如何都应该建立在对马克思恩格斯文本研究的基础之上,必须要符合问题本身的逻辑。

从这一角度出发,本书的最大特点就是对该课题本身所包含的困难的深刻认识和所表现出来的学术诚实。王广博士并没有像一般人们所做的那样,从一开始就将马克思恩格斯的正义观纳入西方政治哲学的框架,用西方政治哲学去解读或重构马克思和恩格斯。相反,他是严格遵循问题本身的逻辑去梳理和建构马克思恩格斯的正义理论。如果马克思恩格斯的正义观与自由主义的正义理论本来就格格不入,那么我们就说明它们两者的"不可共约"之本质,并将这一"不可共约"之本质看作是马克思恩格斯正义观的独到之处。因为,正义理论本来就不是只有西方政治哲学这样一个向度,谁又能说"阶级正义"和"反交换之正义"就不是一种正义呢?因此,马克思主义者没有必要让马克思恩格斯的政治立场屈从于"强势"的政治哲学,他们的正义理论完全可以在与其他正义理论的对话和论战中拥有一席之地。正是在这一点上,王广博士表现得相当自信,他不仅厘清了马克思恩格斯的正义理论与政治哲学中一般正义理论之区分,还沿着不同于政治哲学的思路建构了一个属于马克思恩格斯

---

① 譬如,由《中国社会科学》杂志社主办的第六届"马克思哲学论坛"(2006年)的主题就是"马克思主义政治哲学:阐释与创新"。
② 《马克思恩格斯全集》第3卷,人民出版社2002年版,第105页。

本人的正义理论。在这个意义上,这是一本真正的可命名为"马克思恩格斯正义理论"的著作。

本书的另一个特点是建立在文本解读基础上的学术性。我国有很多关于"马克思政治哲学"的著作都是从亚里士多德讲到康德,从罗尔斯、麦金太尔讲到阿伦特、哈贝马斯,"汇古今之学脉,集天下之大成",但唯独没有马克思和恩格斯本人的理论。与这类著作相比,本书则只对马克思和恩格斯本人关于正义的叙述作系统的研究,按照时间的顺序对马克思和恩格斯对蒲鲁东主义、拉萨尔主义和杜林正义观的批判进行了挖掘和分析。这种做法虽少了些旁征博引之花哨,却多了些专注之厚重。读完本书,至少读者会明白马克思和恩格斯的正义观究竟是一种什么样的正义观,而不会像有些"博学"的著作,读完之后反而会使自己陷于五里云雾之中。当然,这可能跟每个人的学术个性有关,我本人是喜欢王广博士这种治学风格的。从研究对象和研究方法上来看,本书称得上是一部严格意义上的关于马克思和恩格斯正义观的著作。

最后,我想从自己的学术兴趣出发,对第一章"迈向历史唯物主义正义观"简单地做一下评述。这一章是原博士论文中未有的、后来在本书出版时新增加的部分,我以为这一部分是讨论马克思正义理论时不可或缺的篇章,因为它基本上奠定了马克思主义正义观的基本框架。我们知道,1843年前后正是马克思思想发生转折的重要时期,列宁曾说马克思写于1843年10月、后发表于《德法年鉴》上的那两篇论文,即"论犹太人问题"和《黑格尔法哲学批判》导言"是马克思完成"从唯心主义向唯物主义,从革命民主主义向共产主义"①转变的标志。我虽然不赞成列宁关于马克思思想转变时期的界定,②但是我认为列宁所提出的这两个维度

---

① 《列宁全集》第26卷,人民出版社1988年版,第83页。
② 因为《德法年鉴》时期的马克思的"唯物主义"基本上还是费尔巴哈的人本学唯物主义,而人本学唯物主义在社会历史领域还是唯心主义,也就是说还不是历史唯物主义;至于"共产主义",如果是指法国的社会主义和共产主义,那么当时的马克思还对其持批判态度,他还没有形成属于自己的共产主义。因此,列宁的这一说法是值得商榷的。

却对于我们思考马克思早期正义理论有指导意义。因为,在正义观的问题上,"唯心主义"和"革命民主主义"正是成熟时期马克思和恩格斯一直致力于批判的对象;而"唯物主义"和"共产主义"则是他们坚持不懈的基本观点。实际上,王广博士在本书中也是从这两个维度出发来研究和建构马克思恩格斯正义理论的。

(1) 唯物主义维度。"从唯心主义向唯物主义"的转变意味着马克思从过去青年黑格尔派的唯心主义立场转向了历史唯物主义。我们知道,在黑格尔《法哲学原理》中有这样一句名言:"**凡是合乎理性的东西都是现实的;凡是现实的东西都是合乎理性的。**"①这句话的前半句是在说理性的东西都要现实化,因此包含了要将现实合理化和变革现实的批判精神;而后半句则是在强调现实存在的合理性,因此包含了将现实存在合理化,即肯定现实的保守态度。青年黑格尔派是站在前者立场上的,他们的基本做法是以"理性的东西"为标准对现实进行批判。这表现在他们在国家问题和宗教问题上分别用"自我意识"(鲍威尔)、"类本质"和"人的本质"(费尔巴哈)、"国家理念"(卢格)等来批判现实生活中存在的政治异化。王广博士在本书中曾用"新理性主义"来称呼这一思考范式。那么,具体到正义问题上,他们就是将"正义",以及"自由"、"平等"、"权利"等视为先验的普遍原则,从这些原则出发去批判现实中的非正义、不平等、不自由等不合理因素。这种方法论路径基本上是一种历史唯心主义,马克思在《1844年经济学哲学手稿》的第一手稿以前,基本上也沿用的是这种思考范式。而在马克思将自己的立场转向历史唯物主义之后,他就不再将"正义"视为事先预制的高高在上的普遍原则,而是反过来从现实的经济关系、物质关系出发,去批判这一普遍的正义原则。这是一

---

① G. W. F. Hegel, *Grundlinien der Philosophie des Rechts oder Naturrecht und Staatswissenschaft im Grundrisse*, In: Georg Wilhelm Friedrich Hegel Werke 7, Suhrkamp, 1986, Vorrede, S. 24. (黑格尔:《法哲学原理》,范扬、张启泰译,商务印书馆1979年版,序言,第11页。)

种思考正义问题的全新视角,王广博士将它概括为正义的"历史性"或者"历史唯物主义正义观",我以为这一概括是准确的。

(2) 共产主义维度。"从革命民主主义向共产主义"的转变意味着马克思正义理论的出现是与他的共产主义学说的形成密切联系在一起的。因此,研究马克思和恩格斯的共产主义观点是理解马克思和恩格斯的正义理论的前提。王广博士深谙这一道理,他的这部著作在这一种意义上就是对包括早期马克思在内的马克思恩格斯共产主义理论的研究。

在1843年的《黑格尔法哲学批判》中,马克思主张"真正的民主制",这意味着他的政治立场基本上还是一种资产阶级的革命民主主义。在《德法年鉴》的两篇论文中,马克思虽然放弃了"真正的民主制",但是他还没有转移到共产主义和社会主义的立场上来,其根本原因就在于他对当时的共产主义和社会主义心存不满。在《1844年经济学哲学手稿》中,马克思曾对当时的共产主义做过如下评论:"平等不过是德国人所说的'自我=自我'译成法国的形式即政治的形式。平等,作为共产主义的基础,是共产主义的政治的论据。这同德国人借助于把人理解为普遍的自我意识来论证共产主义,是一回事"①。

法国的共产主义(包括法国的巴贝夫和卡贝等人)基本上是从道德、平等和正义原则出发,主张来平均分配私有财产,马克思曾称这种"用普遍的私有财产来反对私有财产"的观点是一种"粗陋的共产主义";而德国的共产主义基本上是从"普遍的自我意识来论证共产主义"。这两种共产主义在本质上都没有超越资产阶级民主主义的政治立场和青年黑格尔派自我意识的哲学框架,其实这也是日后其他共产主义流派(蒲鲁东、拉萨尔、杜林)一直没有摆脱的共同局限。这一共产主义观上的局限也决定了他们在正义问题上的局限,即一方面用财产"平等"的平均主义来代替"正义";另一方面是用彼岸世界的抽象理想来代替"正义"。而在

---

① 《马克思恩格斯全集》(第2版),人民出版社2002年版,第347页。

马克思看来,共产主义不仅是人的发展目标和彼岸世界的理想,而且还是为实现这一目标而展开的现实的思想和运动。在上面引用的马克思的话的后面,马克思接着写道:"而要扬弃现实的私有财产,则必须有现实的共产主义行动","我们必须把我们从一开始就意识到这一历史运动的局限性和目的,把意识到超越历史运动看作是现实的进步"①。

如果把马克思的这一共产主义规定运用于正义问题,那么马克思恩格斯的所谓"正义"就不仅仅是人类的理想,而且还应该是追求正义的现实的思想和运动本身。由于现实中的不正义是由资本主义的私有制和阶级剥削所造成的,消除这些不正义只有通过共产主义运动,即消灭私有制和剥削的行为本身才能完成。因此,共产主义原则和运动本身就意味着"正义"和"实现正义"。在这个意义上,《共产党宣言》不但是共产主义宣言,还是马克思和恩格斯的《正义宣言》,这就如同"共产主义者同盟"曾是"正义者同盟"一样。

王广博士很好地概括了上述内容,他说:"也就是说,只要私有制继续存在,社会正义、平等问题就无法获得真正解决,而共产主义革命将通过消灭私有制、消灭剥削真正实现社会正义和平等。总的来看,马克思恩格斯决不是主张从人类天性、生命自由表现等抽象原则入手,而是坚持结合物质生产状况及其具体历史发展,对社会公平正义问题作出客观的分析和科学的说明,并进而通过现实的实践运动寻求社会正义的实现。这是马克思所开创的研究社会正义问题的崭新范式。"(**本书第 1 章第四部分**)我以为,这正是马克思恩格斯正义观的本质。

2009 年 6 月
写于清华大学哲学系

---

① 《马克思恩格斯全集》(第 2 版),人民出版社 2002 年版,第 347 页。

作者的话

承江苏人民出版社杨建平学兄青眼,慨然将拙著纳入该社"凤凰文库"出版。付诸梨枣之前,我约请清华大学哲学系韩立新教授为本书撰写了一篇序言。在这篇序言中,韩先生谈到,拙作有两个特点:其一是没有一开始就将马克思恩格斯的正义观纳入西方政治哲学的框架,用西方政治哲学去解读或重构马克思恩格斯;其二是专注于马克思恩格斯的文本,少了些"出入中西今古"之花哨。韩先生的概括是"深得我心"的。

其实,在正式写作拙著之前,也曾想过在弄清问题的基础上,将马克思恩格斯的正义观与西方政治哲学尤其是当代西方政治哲学的正义观作一些比照、比较乃至比附,甚而将其装潢得如时下某些流行的著作一般,七宝楼台,繁花绕眼。但是,经过一段时间的认真研读,我发现,马克思恩格斯的正义观在本质上不同于西方政治哲学诸脉,尤其是与自由主义一系有着本质的区别。这种区别,既渊源于马克思恩格斯经过重重艰难而建构起来的历史唯物主义之理论根底,又与他们身为革命家、资产阶级社会永不妥协的批判者、新的人类社会之世界历史的启幕者等身份、立场有关。因而,无批判、无反思地就将西方政治哲学与马克思恩格斯正义观对接起来,甚至用西方政治哲学的理论框架、话语体系、研究范式来"套"马克思恩格斯正义观,实际上是一种不负责任的做法。这在理论上是可疑的,在实践中是有害的。因此,厘清马克思恩格斯在正义问题上的真正思想,就成为一项最基本也最紧要的任务。既然如此,我的研究目的也就变得很简单了:呈现出马克思恩格斯正义观的本真面貌。

马克思恩格斯到底持有怎样的正义观?为何如此?其主要观点表现在哪些方面?对现实有哪些启迪作用?这些问题在本书中已经得到了较为清晰但仍属初步的探索,此处不再赘述。我在这里只想对本书的主题——**正义之后**——进一步做些说明。

我为什么要将马克思恩格斯的正义观概括为"正义之后"?根据我的研究,主要基于以下两点认识:

其一,马克思恩格斯对正义问题的研究,并不是局限在"正义"本身的范围内,仅仅就正义谈正义,而是深入"正义"的背后,探究正义问题背后的物质生产根源,探索各种正义问题的经济社会动因。

的确,人类社会充满了苦难。千百年来,人间苦难的非正义境遇使得人们对正义的吁求从来就没有间断过。然而,仅仅依靠对正义的呼唤,仅仅依靠正义的"理想"和论辩,仅仅停留在给正义这一范畴增加新解释、做出新论证等层面上,是解决不了现实中的非正义问题的。不管这种论证多么精巧细致,都会在现实中遇到阻隔。

马克思在《资本论》第一卷中就曾讽刺蒲鲁东说:"蒲鲁东先从与商品生产相适应的法权关系中提取他的公平的理想、永恒公平的理想。顺便说一下,这就给一切庸人提供了一个使他们感到宽慰的论据,说商品生产形式像公平一样也是永恒的。然后,他反过来又想按照这种理想来改造现实的商品生产和与之相适应的现实的法权。如果一个化学家不去研究物质变换的现实规律,并根据这些规律解决一定的问题,却要按照'自然性'和'亲和性'这些'永恒观念'来改造物质变换,那么对于这样的化学家人们该怎么想呢?如果有人说,'高利贷'违背'永恒公平'、'永恒公道'、'永恒互助'以及其他种种'永恒真理',那么这个人对高利贷的了解比那些说高利贷违背'永恒恩典'、'永恒信仰'和'永恒神意'的教父的了解又高明多少呢?"①

刺穿仅在思维中内生出来的对正义的种种抽象论证,直面正义／非正义背后的客观物质动因和现实规律,这正是马克思恩格斯正义观迄至今天仍然具有不朽生命力的深刻洞见。

其二,马克思恩格斯认为,正义归根到底是一种历史观念,随着经济基础的变更,正义等诸种观念、意识形态也会发生变化,甚而退出历史舞台,因而,要真正解决社会正义问题,必须超越正义／非正义滋长的社会形态。

正义,不是社会美德的全部,更不是社会生活的全部。正义不是神话,而只是对现实社会生活的一种政治哲学总结。西方政治哲学尤其是当代西方政治哲学对正义问题的讨论,大都难以脱出权利正义论的藩篱,大都摆脱不了资产阶级社会中单子化的个人。也就是说,它们仍然摆脱不了同以往旧历史的对立,仍然摆脱不了资产阶级社会本身,因而仍然是"人类社会的史前时期"②的理论思考。也正由于此,它们屡屡受到共同体主义思想家的攻击。依据历史唯物主义,随着世界历史在长时段中的充分展开,人类社会的观念领域也将发生许多本质性的变革。正义观念也是如此。看不到这一点,认为正义将是人类社会永远的价值预设,那不是历史唯物主义的态度,而是本末倒置的想法。

这最集中地体现于恩格斯在《〈反杜林论〉的准备材料》中根据马克思有关思想做出的一段论述中。恩格斯谈到:"如果想把平等＝正义当成是最高的原则和最终的真理,那是荒唐的。平等仅仅存在于同不平等的对立中,正义仅仅存在于同非正义的对立中,因此,它们还摆脱不了同以往旧历史的对立,就是说摆脱不了旧社会本身。这就已经使得它们不

---

① 马克思:《资本论》,人民出版社 2004 年版,第 103—104 页,注(38)。
② 《马克思恩格斯选集》第 2 卷,人民出版社 1995 年版,第 33 页。

能成为永恒的正义和真理。在共产主义制度下和资源日益增多的情况下,经过不多几代的社会发展,人们就一定会认识到:侈谈平等和权利,如同今天侈谈贵族等等的世袭特权一样,是可笑的;对旧的不平等和旧的实在法的对立,甚至对新的暂行法的对立,都要从现实生活中消失;谁如果坚持要人丝毫不差地给他平等的、公正的一份产品,别人就会给他两份以资嘲笑。甚至杜林也会认为这是'可以预见的',那末,平等和正义,除了在历史回忆的废物库里可以找到以外,哪儿还有呢?"①

可见,依据马克思恩格斯,关于正义问题,一方面要探究正义背后的物质生产动因,另一方面要看到正义本身的制限和正义之后的长时段历史。这就是本书将马克思恩格斯正义观概括为**"正义之后"**的缘由。

当然,关于以上两方面的论证还有很多,本书中多所征引,此处不再赘述。同时,我在研究中还发现,除了马克思恩格斯的直接论述,在某些共产主义运动的历史文献中也可以找到很多非常好的佐证。

例如,1847年6月9日《共产主义者同盟第一次代表大会致同盟盟员的通告信》写道:"正义者同盟更名为共产主义者同盟一事被通过了,因为:第一,由于前面提到的那个门特尔的无耻叛变,旧的名称已被政府知道,因此改变名称是适宜的。第二,而且也是主要的一点,因为旧的名称是在特殊的情况下,并考虑到一些特殊的事件才采用的,这些事件与同盟的当前目的不再有任何关系。因此这个名称已不合时宜,丝毫不能表达我们的意愿。许多人要正义,即要他们称为正义的东西,但他们并不因此就是共产主义者。而我们的特点不在于我们一般地要正义——每个人都能宣称自己要正义——,而在于我们向现存的社会制度和私有制进攻,在于我们要财产公有,在于我们是共产主义者。因此,对我们同盟来说,要有一个合适的名称,一个能表明我们实际是什么人的名称,于

---

① 《马克思恩格斯全集》第20卷,人民出版社1971年版,第670页。

是我们选用了这个名称。"①

1847年9月14日的《中央委员会告共产主义者同盟书》,再次申明和强调了这一点:"汉堡的兄弟们确认已经收到我们的寄件,并对改变正义者同盟这个名称表示遗憾,他们希望恢复这个名称;……我们必须答复汉堡的兄弟们,在代表大会通告信中陈述的关于改变同盟名称的理由是十分充分的,如果提不出重要的反对理由,中央委员会将在下次代表大会上坚持保留共产主义者同盟这个名称。——这个名称恰恰表明,我们是什么人,我们要求什么,而老的名称却反映不出这个情况。正义者同盟这个名称是模糊不清的,然而我们必须是明确的。"②

这两份文件分别由威·沃尔弗、卡·沙佩尔和卡·沙佩尔、亨·鲍威尔、约·莫尔签署。但众所周知,正义者同盟改组为共产主义者同盟是在马克思恩格斯的指导和帮助下实现的,因而我认为,上述论述完全可以代表马克思恩格斯的理论判断。这里依然是在提示我们——马克思恩格斯不是不要"正义",而不是"一般地要正义";不是致力于论证正义的概念与观念,而是将人类正义的呼声和追求纳入真实的社会运动,并为之赋予科学的内涵③;不是浮浅地附着于正义表面,而是致力于"正义之后"的广阔研究。

---

① 《马克思恩格斯全集》第42卷,人民出版社1979年版,第430—431页。
② 同上书,第445—446页。
③ 当然,此时"财产公有"的说法还不准确,这需要其后用社会共同占有生产资料等科学概念来替代之。

导 论

一 理论与现实：问题的提出

正义，是人类思想史上的重要论题，是包括哲学、伦理学、政治学等多个学科领域在内的学者们思考和研究的核心范畴之一。千百年来，人们对这一问题不断探索，留下了丰富多彩的正义理论和新意迭出的真知灼见。但同时，由于研究者的价值立场、学术判断多有差异，其所处的时代背景、历史条件也互不相同，因而各种正义观常相抵牾，聚讼纷纭，论战不休。千年以下，人类思想史的"地层"叠加累积，终使正义问题成了一个令人迷惑不已的难题。美国法理学家埃德加·博登海默的普洛透斯之喻，适足以揭橥此点。①

在探究正义问题的悠长广远的思想群像中，马克思恩格斯的正义观

---

① 博登海默有一段名言，屡屡为人引用："正义具有着一张普洛透斯似的脸，变幻无常，随时可呈不同形状，并具有极不相同的面貌。当我们仔细查看这张脸并试图解开隐藏其表面之后的秘密时，我们往往深感迷惑。"参见[美]埃德加·博登海默《法理学——法哲学及其方法》，邓正来、姬敬武译，华夏出版社1987年版，第238页。普洛透斯是希腊神话中变幻无常的海神，博登海默用这个比喻来说明正义问题之难解。

以深邃的历史视角、科学的理论支撑与强烈的现实关切而独树一帜、卓尔不群,为我们解开正义问题的千古之谜提供了正确的锁钥。对正义问题的科学解答,需要研究者广博深厚的理论平台的支撑,更要受到研究者价值立场、学术素养、社会历史观以及整体知识结构的影响。而马克思恩格斯的正义观正是在这些方面力超西方政治哲学的传统运思路径,开创了正义问题研究的科学范式。

总体说来,马克思和恩格斯实现了人类思想史上的伟大革命,创建了辩证唯物主义和历史唯物主义的理论大厦,使得人们在研究包括正义在内的各种理念、范畴时,摆脱了唯心主义的窠臼,而完全站在现实物质生产的基础上。这就为我们正确地把握正义问题提供了坚实的理论基础和前提。正由于此,马克思恩格斯超出了资产阶级理论家以及当时以小资产阶级社会主义思潮为代表的资本主义制度批判者的理论藩篱,在深刻批判、剖析这些思想潮流的基础上,对正义问题作出了科学的解答。因之,深入研究马克思恩格斯的正义观,具有重大的理论价值与现实启示。

较长一段时间以来,我国学术界对马克思恩格斯正义观问题的研究是较为薄弱的。从笔者所能查阅到的资料来看,截至 20 世纪 80 年代之前,这一问题几乎没有引起我国学术界的重视,基本上没有发现关于马克思恩格斯正义观的研究著作。之所以出现这一状况,并不是偶然的,而是有着深刻的理论与现实根源。

其一,这与马克思主义理论本身的特点和我国学者对马克思主义理论的理解有关。马克思主义理论最鲜明的特征就是她的科学性与实践性。一般而言,科学性是指马克思主义理论揭示了社会历史发展的客观规律,对人类社会历史的研究建立在深入把握客观规律的基础之上,而拒斥从主观意志、道德评判等方面进行理论研究。实践性是指马克思主义理论密切关注改变世界的现实斗争,强调理论与实践的结合,注重通过实践现实地改造世界。正如马克思所一贯强调的:"哲学家们只是用不同的方式**解释**世界,而问题在于**改变**世界。"①换言之,马克思主义主要是一门研究客观规律、重视历史必然性的科学理论,而正义问题经常被人们归入价值、规范序列,对何者为正义何者为非正义的看法,与判断者身处的阶级背景和具体环境有密切的关联,因而往往带有强烈的主观因素和情感色彩。正由于此,一般来说,在马克思主义理论尤其是马克思恩格斯的著作中,对正义问题的探讨不是主要方面。这就从一定程度上预制了研究者的理论关注领域,使我国学术界长期以来往往倾向于从科学性与实践性等方面研究马克思主义,而忽视了从价值、规范等方面进行探讨。

其二,这与我们国家改革开放之前长期实行的分配体制有关。新中国成立之前,中国处于半殖民地半封建社会,统治者生活得奢华糜烂,广大人民群众却处于水深火热之中。新中国成立后,人民当家做主,实行了生产资料公有制,这从根本上消灭了剥削现象产生的根源。然而,由于当时国际环境的恶化、苏联模式的外部示范作用以及对共产主义社会的不当理解等多重因素的影响,我国逐渐实行了缩小差别的平均主义分配方案。在经济生产领域,形成了一种高度集中的计划经济体制,在分配领域,虽然基本实行"按劳分配"的原则,但是由于彼此之间没有竞争,按照各自的级别获得工资收入,因此差别很小,甚至形成了"干多干少一个样,干好干坏一个样,干与不干一个样"的局面。在这种平均主义分配模式下,社会成员看上去都是公平、平等的,因而在一定程度上掩盖了人们对正义问题的思考,遑论探究马克思恩格斯的正义观了。

这一状况自20世纪80年代中期出现改观,到了90年代左右,正义开始成为热点问题。越来越多的人开始关注、思考和深入研究正义问题,这其中当然包括马克思恩格斯的正义观。之所以出现这一改变,也

---

① 《马克思恩格斯选集》第1卷,人民出版社1995年版,第61页。

可以从理论与现实两方面找到根源。

首先,从理论方面看,1971年罗尔斯《正义论》的出版引发了英美乃至整个西方哲学界政治哲学研究的复兴,使西方哲学出现了继20世纪初"分析哲学转向"之后的又一次"轴心式转折"(哈贝马斯语)。在西方学术界,甚至出现了所谓的"罗尔斯产业"。罗尔斯所指涉的正义论题之于当代社会,意义极为深远,因此,虽然《正义论》出版距今已逾30年,却有增无减地引发着人们的研究热情。这不能不引起我国学术界的极大关注。在这种学术氛围的推动下,我国学者也开始思考和研究包括马克思恩格斯正义观在内的社会正义问题。

其次,从实践方面看,自改革开放以来,我们改变了以前那种平均主义分配模式,开始反思那种公平样貌下掩盖着的深刻的不公平。① 中国特色社会主义现代化建设事业蒸蒸日上,我国综合国力与国际影响力不断增强,居民收入水平大幅攀升。但与此同时,我国也随之伴生了居民收入差距扩大等社会问题。据测算,目前,我国的基尼系数已经超过了国际公认的0.4的警戒线。这引起了全社会的普遍关注以及党和政府的高度重视。很多人开始从正义、公平的视角来思考当年的平均主义与当今的收入差距拉大等社会现象。胡锦涛总书记在和谐社会的界定中,也将公平正义作为和谐社会的重要维度之一,提出要维护和促进社会公平正义。实践中的困惑促动了人们的理性思考,也呼唤着理论的创新与深化。理论与现实相互交叉、辩证互动,使得构建一套适于当代中国语境的正义话语体系,成为理论之亟待、实践之必需。在这种情况下,我们必须运用马克思主义的立场、方法和观点,在深入解读马克思恩格斯著作文本的基础上,厘清他们在正义问题上的基本观点,以正确分析和解决当前的社会正义问题。

---

① 在当时的社会条件下和社会转型过程中,对平均主义的批判所在多有。譬如厉以宁:《经济学的伦理问题》,三联书店1995年版,第4—5页。

二　回顾与检审：学界研究状况

在对马克思恩格斯的正义观进行具体研究之前，我们有必要简要回顾和梳理一下我国学术界在这一问题上所做的具体工作和研究成果，以从中汲取有益的学术资源与思想启迪。从较为宽泛的意义上看，可以将我国学术界对马克思恩格斯正义问题的研究分为两个阶段：第一阶段是20世纪80年代中期到90年代初期，第二阶段是20世纪90年代初期至今。这两个阶段有着较为不同的关注重心和理论兴奋点。

从20世纪80年代中期到90年代初期这一阶段，我国学术界尚未直接展开对马克思恩格斯正义观问题的研究，而是在"公平"与"效率"之关系的论争中间接涉及了这一问题。

改革开放之初，为了打破此前长期存在的"大锅饭"式的平均主义分配模式，探索一种促进中国加速发展、摆脱普遍贫穷局面的观念和理论，学术界围绕着"公平"与"效率"这两个范畴及其相互关系提出了各种见解，展开了一场激烈的学术争论。① 其后广为人知的"效率优先，兼顾公平"就是这一时期提出来的。② 在这场讨论中，很多学者运用马克思主义的立场、方法和基本理论，较为深入地探讨了"公平"范畴。从一定意义上讲，正义、公平、公正、平等都是同一序列的范畴，尽管它们之间在用法和适用语境上存有细微的差异，但在基本意旨上是相通的。而且，从马克思恩格斯的文本著作来看，他们从来没有明确、清晰地规定什么是正义。实际上，马克思恩格斯对公平、公正、平等等问题的探讨，包含着丰富的正义观，是对正义问题从不同角度、不同侧面所进行的探讨。因此，这一阶段的公平研究，虽然没有明确地冠之以马克思恩格斯正义观研究

---

① 详见拙文《学术界公平问题研究综述》，载《河北省社会主义学院学报》2006年第2期，此文亦可见中国人民大学报刊复印资料《社会主义经济理论与实践》2006年第7期。
② 据笔者所能查阅到的资料，学术界最早提出这一口号的，是周为民、卢中原发表在《经济研究》1986年第2期上的文章《效率优先，兼顾公平——通向繁荣的权衡》。

的名目,却蕴含着相当丰富深刻的内容。例如,在公平的涵义问题上,王锐生教授认为,公平属于道德范畴,指的是人们对某种社会现象或社会关系的一种道德评价,认为它是否应当如此,是否公平合理。它实质上是某种社会关系的观念表现,依社会关系的改变而改变。① 陈勇教授则认为,公平有三层涵义:其一,它是由经济关系表现为法律关系形式的价值观念,是某种社会关系的观念表现;其二,它是对社会分配状况所作的一种道德评价;其三,它是调节人们之间社会关系包括财富分配关系的一种社会规范。② 在公平范畴的特征方面,李风圣提出,公平首先是一个历史的范畴,不存在永恒的公平;公平又是一个客观的范畴,在不同的社会形态中,公平的内涵不同,不同社会、不同阶级甚至不同的人对公平的理解都不一样;此外,公平还是相对的,没有绝对的、永恒的公平。③ 从这些观点来看,它们已经涉及和揭示了马克思恩格斯正义观的基本内涵与基本特征。

研究的第二阶段,大约始于20世纪90年代初期。此一时期,学术界在政治哲学的研讨热潮中,较为深入地展开了马克思主义正义观的研究,尤为关注马克思主义创始人——马克思和恩格斯的正义观。

据笔者所查阅到的资料,较早对这一问题进行探讨的是新加坡学者洪镰德先生发表在《北京大学学报(哲学社会科学版)》1991年第1期上的文章《马克思正义观析评》。其后,我国学者袁贵仁教授在《求索》1992年第4期上发表了《论马克思主义的公正观》一文,对马克思主义的公正思想进行了梳理概括。近几年来,随着人们对社会正义问题的关注,对马克思主义正义观的研究逐渐多了起来,涌现出一系列研究成果。例如段忠桥教授在《哲学研究》2000年第8期上发表的《马克思和恩格斯的公

---

① 王锐生:《效率优先,兼顾公平——谈现时代的公平观》,载《光明日报》1993年3月8日;《公平问题在社会主义中国:过去与现在》,载《社会科学辑刊》1994年第4期。
② 陈勇:《论公平与效率的辩证的历史的统一》,载《哲学研究》1993年第10期。
③ 李风圣:《论公平》,载《哲学研究》1995年第11期。

平观》,凌新、高园先生在《江汉论坛》2004 年第 9 期上发表的《论权利的不平等——马克思主义平等正义观的基本原则》,林进平、徐俊忠教授在《学术研究》2005 年第 7 期上发表的《历史唯物主义视野中的正义观》,王南湜教授在《求是学刊》2006 年第 3 期上发表的《实践哲学视野中的社会正义问题》,周新城教授在《马克思主义研究》2006 年第 4 期上发表的《论恩格斯对马克思主义公平观的科学阐述》,沈晓阳教授在《马克思主义研究》2006 年第 6 期上发表的《马克思主义正义观探要》,赵磊教授在《哲学研究》2006 年第 6 期上发表的《关于马克思主义的几个误读》。还有一些学术专著也涉及了这一问题,主要有:胡海波教授的《正义的追寻——人类发展的理性境界》(东北师范大学出版社 1997 年版),倪勇教授的《社会正义论》(中央党校出版社 1998 年版),吴忠民教授的《社会公正论》(山东人民出版社 2004 年版),何建华教授的《经济正义论》(浙江人民出版社 2004 年版),胡真圣博士的《两种正义观:罗尔斯马克思正义观比论》(中国社会科学出版社 2004 年版),以及魏小萍研究员的《追寻马克思——时代境遇下马克思人类解放理论逻辑的分析和探讨》(人民出版社 2006 年版)。

综观这一阶段的研究,学者们在马克思恩格斯正义观问题上的理论成果主要体现在以下几个方面:

(一)对马克思主义正义观进行了比较系统的梳理,概括了马克思主义正义观的基本要点。例如,洪镰德先生认为,马克思的正义观包括以下几个方面:首先,马克思从伦理道德的角度,把正义当做去恶求善的道德规范来看待,而道德是阶级的道德,没有永恒的正义或自然的正义可言;其次,马克思把正义看成法律的概念,特别是把它看成该社会法律关系的准绳,是社会生产关系的法律表述;最后,马克思强调用科学方法来分析个别的、具体的社会,把社会分解为经济基础与上层建筑,而正义作为上层建筑的一部分,受生产方式尤其是生产关系所规定。

业师段忠桥教授则从十个方面细致全面地概括了马克思主义的公

平观:第一,公平是对现实分配关系与他们自身利益关系的一种评价。第二,公平要以某一尺度为依据,尽管公平在不同的历史时期或在同一时期的不同社会集团那里往往具有不同的内容,但无论哪种公平都以某种尺度为依据。第三,不同社会集团对公平持有不同的看法。第四,公平是法权观念或道德观念的最抽象的表现。第五,公平是对现存分配关系的保守方面或革命方面的神圣化。第六,不存在永恒的公平,公平的内容随着经济关系的变化以及由此导致的社会集团的变化而发生相应的变化。第七,资产阶级的公平观建立在发达的商品经济基础上,将等价交换视为公平的尺度。第八,在资本主义社会中,消灭阶级是无产阶级的公平观。第九,马克思和恩格斯坚决反对从公平出发,而主张从历史发展的必然性出发去说明和批判现存的资本主义制度。第十,马克思和恩格斯坚决反对把争取分配上的公平作为无产阶级斗争的口号。

(二)开始注重从价值规范角度研究马克思主义,探讨马克思主义的"应然"维度,拓展了马克思主义的研究视阈。譬如,袁贵仁教授提出,马克思的公正观就是认为个人与个人之间、个人与国家之间在所得与应得、所付与应付上具有"相称"的关系。具体说来,包括三个方面:贡献与满足之间的相称;权利和义务之间的相称;自由和责任之间的相称。

(三)初步阐述了马克思主义正义观的当代价值,尤其是揭示了马克思主义正义观在和谐社会建构中的时代启示与现实意义。

(四)立足于马克思主义正义观,在与当代西方政治哲学家所构建的正义理论的比较互镜中,初步揭示了马克思恩格斯正义观的历史意义,同时对当代西方正义理论进行了具体的分析批判。例如,胡真圣博士在《两种正义观:罗尔斯马克思正义观比论》一书中,对罗尔斯与马克思的正义观进行了初步比较研究,展示了"从古典正义观到现代正义观念的历史和逻辑进程"。

学术界的相关成果多方面地探讨了马克思和恩格斯的正义观,为进一步研究这一问题提供了良好的理论根基与学术平台。但从总体上看,相当一部分学者在正义问题研究上,更多地把精力放在当代西方政治哲学家身上(譬如以罗尔斯、德沃金为代表的平等主义的自由主义正义观、以诺齐克、哈耶克为代表的自由至上主义正义观、以麦金太尔为代表的社群主义正义观)①,而对马克思恩格斯正义观的研究尚需进一步加强。

同时,在当前的研究中还存在着一些问题,影响了我们的学术水准和对马克思恩格斯正义观的解读。这其中,比较突出的一个问题就是,在没有全面地把握马克思恩格斯的著作或者没有深入研究马克思恩格斯思想的情况下,就贸然得出结论,从而误解和曲解了马克思和恩格斯正义观的原意。

例如,马克思在1864年10月起草的国际工人协会临时章程中有这样一段话:"他们宣布,这个国际协会以及加入协会的一切团体和个人,承认真理、正义和道德是他们彼此间和对一切人的关系的基础,而不分肤色、信仰和民族。"②在1871年11—12月印成的《国际工人协会共同章程》中,马克思采用了几乎相同的表述。③ 有学者以此为论据,认为正义是一个为马克思所赞成甚至大力倡导的范畴,甚至将正义视为人类社会永恒的价值追求。然而,这些学者没有看到,马克思在1864年11月4日致恩格斯的信中这样写道:"不过我必须在《章程》(协会临时章程)引言中采纳'义务'和'权利'这两个词,以及'真理、道德和正义'等词,但是,这些字眼已经妥为安排,使它们不可能为害。"马克思还指出:"要把我们的观点用目前水平的工人运动所能接受的形式表达出来,那是很困难的事情。……这就必须内容上坚决,形式上温和。"④从马克思的后一段话

---

① 笔者在清华大学主办的"中国期刊全文数据库"中,检索1990—2006年文史哲、经济政治法律类的文章,结果发现:检索主题为"正义"的有一万一千三百多篇,而主题为"正义"和"马克思"的仅有三百四十余篇;检索篇名为"正义"的有一千八百多篇,篇名为"正义"和"马克思"的则仅有三十余篇(截至2007年初)。这一结果当然不够精确,但也可以从一个侧面表明,对马克思主义正义观的研究需要进一步加强。
② 《马克思恩格斯全集》第16卷,人民出版社1964年版,第15—16页。
③ 《马克思恩格斯全集》第17卷,人民出版社1964年版,第475—478页。
④ 《马克思恩格斯全集》第31卷,人民出版社1972年版,第17页。

来看,就不一定能够简单地得出马克思倡导正义的结论。因此,要对这一问题作出令人信服的回答,必须对马克思的原著进行仔细的分析和全面的研究,而不能根据马克思的只言片语就贸然作出结论。

再如,在 1956 年版的《马克思恩格斯全集》第一卷中,恩格斯在《大陆上社会改革的进展》一文中曾经说过这样一句话:"真正的自由和真正的平等只有在共产主义制度下才能实现;而这样的制度是正义所要求的。"①有学者以此为依据提出,恩格斯认为共产主义社会是一个正义的社会,并且是正义所要求的社会。然而,这种看法却很值得商榷。其理由有三:

(1) 恩格斯的原话是这样说的:"你们不要向法国人证明你们的计划切实可行,因为这会使他们变得消极冷淡,漠不关心。但是你们要向他们证明,你们的共产主义移民区不致像不久以前宪章主义者拜尔斯图先生和瓦茨先生争论时所讲的那样,会给人类戴上'铁的专制制度'的枷锁。你们要向他们证明,真正的自由和真正的平等只有在共产主义制度下才能实现;而这样的制度是正义所要求的;——这样,他们就都会站到你们方面来。"②这里的"你们"指的是英国社会主义者;这里的"他们"即"法国人",指的是当时的法国共产主义者。通观这段话,恩格斯在这里的意思很明确,他要求当时的英国社会主义者向当时法国的社会主义者表明,真正的自由和平等只有在共产主义制度下才可能实现。而之所以这样做,更多地是出于策略上的考虑,为了保证共产主义运动的顺利开展。因此,用这句话来论证恩格斯的正义观是不充分的。

(2) 即使我们把这句话看做恩格斯的原意,那么我们还要看到:在《马克思恩格斯全集》第二版中,这段话译为:"不要向法国人表明你们的计划切实可行,因为这会使他们变得冷淡和漠不关心。但是要向他们表明,你们的公社不致像宪章主义者贝尔斯托先生不久以前和瓦茨先生争

---

①②《马克思恩格斯全集》第 1 卷,人民出版社 1954 年版,第 582 页。

论时所讲的那样,会把人类置于'铁的专制制度之下'。要向他们表明,真正的自由和真正的平等只有在公社制度下才可能实现;要向他们表明,这样的制度是正义所要求的;这样,他们才会站到你们一边。"①两个译本最大的变化,是原来译的"共产主义制度"变成了"公社制度"。这样,很显然,对恩格斯原意的理解就需要再斟酌。

(3)即使上述两个疑问不存在,还是不能说明这样理解恩格斯是正确的,因为这篇文章是恩格斯写于1843年10月、11月时的作品。当时的恩格斯同马克思一样,还没有完成思想转变,建立马克思主义基本理论框架。所以,我们不能根据恩格斯思想未成熟时期的一句话来评判恩格斯的整个思想。实际上,我们认真阅读恩格斯1845年(自《德意志意识形态》开始)之后的作品,就会勾连牵带出很多复杂的理论问题,对马克思恩格斯正义观的理解就更应当做到慎重、全面、准确。

三 批判与建构:本书研究构想

如何在当前学者们已经搭建的学术平台上继续推进马克思恩格斯正义观研究,将这一研究不断引向深入,是笔者在本书写作中不断思考的问题。笔者以为,对马克思恩格斯正义观的研究,必须建立在对其著作系统、全面的解读之基础上。换言之,要准确地把握马克思恩格斯的正义观,最根本、最基础的一项工作就是结合时代背景深入解读他们的文本著作。实际上,不进行这一项奠基工作,谈论马克思恩格斯的任何一个思想都有可能出丑。

依笔者所见,对马克思恩格斯著作的解读至少应当坚持以下几点要求:

第一,这种解读应当是全面的解读。就是说,要通盘把握马克思恩

---

① 《马克思恩格斯全集》第3卷,人民出版社2002年版,第482页。

格斯在各个历史时期的著作,不能抓住他们某一时期的著作、或者某一篇文章、甚至某篇文章中的一段话,任意将其作为论据;

第二,这种解读应当是准确的解读。就是说,对马克思恩格斯思想观点的解析应当符合他们的原意,不应当为了论证己意而裁剪和曲解他们的著作,更不要"硬读"马克思恩格斯——为了外表的炫目,硬是从马克思恩格斯本来很清晰的论述中"解读"出很多本来没有的"涵义",反倒把简单的问题复杂化了;

第三,这种解读应当是历史的解读。就是说,要注意马克思恩格斯著作的历史情境,不应当罔顾其著作的历史背景、时代状况、具体语境和针对对象等因素,轻易得出结论。

1. 马克思恩格斯的致思路径:"通过批判旧世界发现新世界"

一当我们真实地"进入"马克思和恩格斯卷帙浩繁的文本世界,很快就可以发现,马克思恩格斯很少就正义、平等问题展开正面阐述,更没有留下专门论述,而主要是在批判各种"永恒公平"和"自然正义"观点的过程中阐发自己的相关思想,提出了许多真知灼见。换言之,在从事正义问题研究的思想家行列中,马克思和恩格斯是以一种独特的理论面貌出现的,这就是他们对正义范畴的批判性立场。① 马克思恩格斯很多著作的标题,例如《黑格尔法哲学批判》、《神圣家族,或对批判的批判所做的批判》、《德意志意识形态——对费尔巴哈、布·鲍威尔和施蒂纳所代表的现代德国哲学以及各式各样先知所代表的德国社会主义的批判》、《哲学的贫困——答蒲鲁东先生的"贫困的哲学"》、《哥达纲领批判》、《反杜

---

① 很多研究者都注意到了这一点。例如,文小勇:《马克思对资产阶级正义形态的经济批判》,载《岭南学刊》2006年2期;林进平、徐俊忠:《历史唯物主义视野中的正义观——兼谈马克思何以拒斥、批判正义》,载《学术研究》2005年7期;胡真圣:《两种正义观——马克思罗尔斯正义观比论》(第一章第一节第三部分:批判的正义观),中国社会科学出版社2004年版,第15—28页。

林论》等,就可以直观地表明这一特点。深入阅读马克思恩格斯著作的具体内容,可以更加明显地看到这一特点。在1877年10月19日给弗·阿·左尔格的信中,马克思指责过"想用关于正义、自由、平等和博爱的女神的现代神话来代替它的唯物主义的基础"的人,将正义斥为"陈词滥调"。① 在1879年9月17—18日给奥·倍倍尔等人的通告信中,马克思和恩格斯指出:"在阶级斗争被当做一种'粗野的'事情放到一边去的地方,当做社会主义的基础留下来的就只是'真正的博爱'和关于'正义'的空话。"②马克思和恩格斯在这里将正义视为"空话",其对正义范畴的批判性立场非常显见。这还只是晚年马克思和恩格斯的两段表述,而类似的批判性话语,在他们的文本著作中还有很多。因此,可以说,马克思和恩格斯是历史上少见的对正义范畴秉持批判态度的思想家之一。③ 列宁在这一问题上曾有一段明确的论述:"任何一个读过马克思著作的人,甚至任何一个只要读过一本叙述马克思学说的通俗读物的人都会知道:马克思恰恰是把他一生的很大一部分时间、很大一部分写作和很大一部分科学研究用来嘲笑自由、平等、多数人的意志,嘲笑把这一切说得天花乱坠的各种边沁分子,用来证明这些词句掩盖着被用来压迫劳动群众的商品所有者的自由、资本的自由。"④

那么,这里的问题是,马克思和恩格斯为什么要对当时流行的各种正义观进行如此严厉的批判呢?这种批判的内在意蕴是什么?它又能带给我们哪些现实启示?这一系列疑问就成为我们在研究马克思恩格

---

① 《马克思恩格斯选集》第4卷,人民出版社1995年版,第627页。
② 《马克思恩格斯全集》第34卷,人民出版社1972年版,第382页。
③ 除马克思外,批判正义的最著名的思想家大概首推哈耶克。哈耶克严厉地批判了"社会正义",认为这是一个海市蜃楼般的混乱范畴。他提出,正义只是个人行为的属性,而社会根本不是一个行动者,所以用正义来评价社会完全是一个误用。详见[美]哈耶克:《法律、立法与自由》(第二卷:社会正义的幻象),邓正来等译,中国大百科全书出版社2000年版,第116—258页。当然,哈耶克与马克思对正义的批判,立足于完全不同的理论立场,也表达着完全不同的批判旨趣,不能等而视之。
④ 《列宁选集》第3卷,人民出版社1995年版,第810页。

斯正义观问题时直接遇到的问题群。另外,如同斯宾诺莎所言,否定即是肯定;我们也可以在一定意义上说,批判意味着建构。那么,马克思和恩格斯在对正义秉持批判性态度的背后,是不是也从正面建构了一种独特的正义观,申明了他们对于正义问题的独到见解?如果答案是肯定的,那么,他们建构的正义观包含着哪些具体内容,具有怎样的历史价值,又能给我们带来哪些现实意义呢?对这些问题的回答构成了本书的主线与核心内容。

实际上,通过批判表达和申明自己的理论观点,一直是马克思和恩格斯的学术立场和经常使用的理论方法。英国学者杰弗里·托马斯曾就此指出:"'批判'一词在马克思那里一般指对于观点和论证的反驳,不是通过直率的外在攻击,而是通过内在的批评,来表明这些观点和论证中包含不自洽的论断或涉及不自洽的推论。"[1]实际上,长期以来,在科学理解马克思主义哲学时有一个重要视角被忽略了,这就是必须深入而系统地研究在马克思主义哲学产生和发展的过程中,被马克思主义经典作家批判过的各式各样的理论思潮和理论观点,把它们看做马克思主义哲学创立和发展过程中不可分割的一个方面。恩格斯在《论住宅问题》第二版序言中就曾经谈到,"蒲鲁东在欧洲工人运动史上曾经起过很大的作用,以致不能立即就被忘掉。虽然他在理论上已经被扫除,在实践中已经被排斥在一边,但是他仍然保持着他的历史意义。谁要去多少详细地研究现代社会主义,谁就应当去熟悉运动中的那些'已被克服的观点'。"[2]也就是说,不深入了解被马克思恩格斯批判过的错误观点,就无法深刻地把握马克思主义。批判的基础含义是澄清前提和划定界限,批判的价值在于分辨真假问题并将学术引向深入。人类思想的创造与发展,常常是在批判性论辩中进行的,真理在与谬误的斗争中愈辩愈明;认

---

[1] [英]杰弗里·托马斯:《政治哲学导论》,顾肃译,中国人民大学出版社2006年版,第325页。
[2] 《马克思恩格斯选集》第3卷,人民出版社1995年版,第134页。

识的深化、观念的变革、思想的发展都与辩证地扬弃和科学地批判作为其对立面的理论思潮有着深刻的联系。真理的长河正是在科学批判的浪潮中奔涌向前。

正由于此,我们必须高度关注马克思恩格斯的批判性阐述,以从中发现马克思主义哲学的创立轨迹和创造特点,更加贴切地把握马克思主义哲学思想。然而,我们以往在这方面的研究工作是相当薄弱的,在马克思主义哲学与作为其批判对象或对手的各种错误思潮和理论观点的内在关系的研究方面,基本上还处于脱节状态。这种状况如不改变,就会影响我们对马克思主义哲学的理解深度。在马克思恩格斯正义观研究上更是如此。

早在1843年9月致阿尔诺德·卢格的信中,马克思就明确地表达过这一点:"新思潮的优点又恰恰在于我们不想教条地预期未来,而只是想通过批判旧世界发现新世界。以前,哲学家们把一切谜底都放在自己的书桌里,愚昧的凡俗世界只需张开嘴等着绝对科学这只烤乳鸽掉进来就得了。"①"如果我们的任务不是构想未来并使它适合于任何时候,我们便会更明确地知道,我们现在应该做些什么,我指的就是**要对现存的一切进行无情的批判……**"②在马克思和恩格斯其后的理论生涯中,他们一以贯之地坚持"通过批判旧世界发现新世界"的学术立场与研究方法,从不皓首穷经于某种封闭自足的思想体系。这里的"批判旧世界",不仅仅指批判现存的反动统治秩序,也不仅仅指批判维护现实的意识形态,而且包括对从空想的立场和非科学的结论出发批判现实的各种思想潮流进行无情的批判。其中就包括对当时流行的各种正义观的批判。

正由于此,我们在研究马克思恩格斯正义观的过程中,首先应当"进入"他们对各种对立思潮的批判,认真研究、解读他们的这些批判,并透过这些批判真切地把握住马克思恩格斯传达的思想内蕴。

---

①②《马克思恩格斯全集》第47卷,人民出版社2004年版,第64页。

2. 本书三个批判的择出

如上所述,遵循马克思和恩格斯"通过批判旧世界发现新世界"的研究方法,笔者在本书中试图沿着他们的思想轨迹,切入他们对当时各种正义观的批判,通过解析这一系列批判工作,呈现与澄明马克思恩格斯正义观的理论架构。但同时需要加以说明的是,本书对马克思和恩格斯关于正义的批判性论述之考察,主要集中在他们对蒲鲁东主义正义观、拉萨尔主义正义观、杜林正义观的批判上。之所以这样做,并不是随意撷取的结果,而是在对马克思恩格斯的文本著作进行深入分析之后作出的客观的写作筹划。

在漫长的革命和学术生涯中,马克思与恩格斯有过众多的论战对手。从初涉理论战场开始,为马克思和恩格斯锐利的思想锋芒所批判的对象就可以列出一长串名单:布鲁诺·鲍威尔、阿尔诺德·卢格、麦克斯·施蒂纳、海尔曼·泽米希、鲁道夫·马特伊、卡尔·格律恩、格奥尔曼·库尔曼、蒲鲁东、魏特林、海尔曼·克利盖、卡尔·海因岑、莫塞斯·赫斯,直到拉萨尔、米尔柏格、杜林、赫希柏格、伯恩施坦、施拉姆,等等。但是,仔细梳理他们的批判性论著,我们可以发现,在正义问题上,马克思和恩格斯着墨最多、花费时间最长的当属对蒲鲁东主义正义观、拉萨尔主义正义观以及杜林正义观的批判。如今在历史文献中可以看到,其他论战对手在马克思和恩格斯的批判著作中往往只限于几篇文章或者一段时期,而对上述三种错误思潮的批判却是马克思和恩格斯在多篇文章、多本著作以及不同时期反复提及、多次重申的工作。

正是在深入批判这三种正义观的过程中,马克思恩格斯不仅深刻地揭示了其理论误点,而且建构了马克思主义正义观的理论框架。由马克思和恩格斯的客观文本出发,笔者将在梳理马克思恩格斯正义观形成过程的基础上,依次在其后相互关联的三章中考察他们对蒲鲁东主义正义观、拉萨尔主义正义观和杜林正义观以及由此衍生出的各种正义观的批判;继而在此基础上,概括归纳出马克思恩格斯正义观建构的批判性前提、方法论根基以及具体理论图景。

最后,还有一点与本书写作密切相关的事项需要加以说明:马克思恩格斯对蒲鲁东主义、拉萨尔主义以及杜林观点的批判,以往已经有许多学者进行过深入的研究;但是,这些研究主要是从政治经济学、科学社会主义以及现实政治斗争等角度切入、展开的,鲜有以正义问题为核心进行研究的著作和文章。因而,笔者在本书中,将尽力避免重述以往的研究成果,而将主旨放在马克思恩格斯对这几种正义观的批判与剖析上,并透过这些批判达致对马克思恩格斯正义观的本真把握。

第一章　迈向历史唯物主义正义观

任何真正的思想家的思想都不是一蹴而就的,必然经历一个动态发展过程。一般而言,我们只有在全面、系统、辩证地把握一位思想家的思想发展脉络与绵展历程之后,才有可能完整、准确、深刻地把握其全部思想。在马克思恩格斯正义观问题的研究上也可作如是观。

这里需要预先说明的是,本书研究的是马克思恩格斯的正义观,故而在说明他们早期的正义观及其转变时,理应同时分析马克思、恩格斯早期的正义观及其转变,但是,目前能够查阅到的恩格斯早期关于正义问题的论述极少,这给我们的研究带来了极大不便。因而,在本章中我们只能先考察马克思早期的正义观及其理论转型问题。而在马克思恩格斯合著的《德意志意识形态》中,他们在正义问题上的观点就表现出了高度的一致。

就马克思的正义观而言,从目前学术界发表的成果来看,人们关注的主要是马克思思想成熟时期的正义观,而关于马克思早期正义观及其转变的研究尚嫌薄弱。当然,成熟时期的思想能够更加清晰地呈现马克思整体思想的实质与主旨,所以,它可以也应当成为我们的主要研究对象。但同时,如果不对马克思思想成熟之前的正义观进行考察,那么,我们所理解的马克思的正义观就有可能是不全面和不深刻的。而对下面这样一些问题——例如,马克思成熟时期的正义观是如何确立的、经历了一个怎样的思想转变过程、这一转变的意义何在,等等——就很难作出令人信服的回答。

之所以考察马克思早期的正义观,还有一个更重要的原因:回顾人类思想史,大多数思想家对于正义都是抱有好感甚至是极力推崇的,而很少见像马克思这样对正义持严厉批判态度的思想家。马克思为什么要如此坚决地批判正义?为什么和其他思想家的看法迥然有异?他是从思想起步阶段就开始批判正义吗?如果不是,那么这种转变为什么会发生?这一系列问题都需要到马克思的早期正义观及其转变中寻找答案。基于上述认识,笔者认为,我们在讨论马克思的正义观之前,极有必要首先就马克思的早期正义观作一考察。

一 马克思的思想转变与正义观转变

马克思早期思想的研究,历来是马克思思想史研究中的一个难题。马克思早期和后期的思想如何划定?这样划定的依据是什么?马克思早期和后期的思想是一种什么样的关系?等等。对这一系列问题的回答历来见仁见智、众说纷纭。但是,这些问题的重要性却是公认的和显而易见的。对这些问题的回答,在一定意义上可以说,决定着对整个马克思主义的理解。

据我国学者张一兵教授的研究和归纳,在"对马克思哲学思想发展进行界说的逻辑地平"——即如何理解从青年马克思到马克思主义的发展转变——问题上,有五种解读模式。[①] 具体说来,第一种是西方马克思学的解读模式。它提出"两个马克思"的观点,将《1844年经济学哲学手

[①] 张一兵:《回到马克思——经济学语境中的哲学话语》,江苏人民出版社2005年版,第2—11页。以下对这五种解读模式的介绍即出自该处,对其评论则属笔者个人观点。

稿》中的马克思称为"人道主义的"青年马克思,而将《资本论》时期及其以后的马克思称为"停滞"与"衰退"的老年马克思,并认为这"两个马克思"相互反对。第二种是西方马克思主义人本学的解读模式。这一模式并不承认所谓的"两个马克思"的对立,而认为只有一个马克思,即人本主义的马克思,也只有一个马克思主义,即以消除异化获得人的解放为最高目的的马克思主义。第三种是法国西方马克思主义者阿尔都塞的模式。这一模式提出了马克思哲学思想的"断裂说",认为青年马克思与成熟马克思之间存在着一个思想上的断裂。第四种是前苏联学者的解读模式,即量变"进化说"。这一模式认为,1843年以前的马克思是仍然受着黑格尔唯心主义影响的青年马克思,而从1843年夏天到年底马克思开始了向新唯物主义和共产主义的转变,这一转变一直持续到《关于费尔巴哈的提纲》与《德意志意识形态》而告完成。这样,马克思主义的创立就是一个不断清除黑格尔和费尔巴哈哲学影响的量的渐进过程。对这四种解读模式,张一兵作了深入而中肯的批判,揭示了其中存在的误点和不足,这些都是笔者所赞成的。并且,笔者以为,这些解读模式及其引发的一系列问题,在我们研究马克思的早期正义观时,应当引以为镜鉴。

张一兵所理解的第五种解读模式则是我国学者孙伯鍨先生提出的"两次转变论"。即,认为马克思的思想转变有两次:一是由唯心主义转向费尔巴哈式的人本学唯物主义,从民主主义转向一般共产主义;二是进一步转变为实践的新唯物主义或科学的社会主义。后一转变是一种不同于量之渐进的整体转换,因之也更为关键。实际上,还有一些学者的研究与孙伯鍨先生的解读类似。例如,陈先达先生在《马克思早期思想研究》、《走向历史的深处——马克思历史观研究》等著作中提出,马克思从厌恶黑格尔转向黑格尔,从而黑格尔成为马克思的思想出发点;之后马克思从黑格尔转向费尔巴哈,又从费尔巴哈走向辩证唯物主义和历史唯物主义。陈先达提出,马克思思想的形成是一个充满着矛盾和包含着一系列质的不同的阶段的发展过程,但又是一个有着内在联系的、完整的上升过程。具体说来,可以把马克思思想发展简要地概括为四个主要阶段:(1)马克思世界观转变前的思想演变,包括1842年《莱茵报》以前的整个时期。此时马克思确立了革命民主主义观点,并用这种观点解释黑格尔哲学。(2)从《莱茵报》到《德法年鉴》的两年,是马克思世界观根本转变的时期。此时,马克思完成了向唯物主义和无产阶级政治立场的根本转变,但并未完全摆脱旧哲学的影响,更没有建立自己的世界观体系。(3)从1844年初到1845年春,是马克思学说的初创时期,他试图建立自己的理论体系,但还没有完全摆脱费尔巴哈的影响。(4)马克思在1845年和1846年从费尔巴哈走向历史和辩证唯物主义,完成了第一个伟大发现,成为成熟的马克思。①

如何理解青年马克思的思想转变历程,限于本书篇幅及主题所限,笔者不拟在此作出详细讨论。但是,仔细研读陈、孙等多位先生的相关研究成果,却可以从中得出以下一些共同的看法,可以为我们研究马克思早期正义观及其转变问题提供借鉴:(1)马克思在《莱茵报》时期前后(具体时限则有待讨论),持有革命民主主义的立场,尚未发生大的思想立场上的转变;(2)马克思曾转向黑格尔,继而又从黑格尔转向费尔巴哈,但马克思从来不是纯粹的黑格尔主义者或费尔巴哈主义者,在其思想转变过程中不断地对黑格尔和费尔巴哈哲学进行反思与批判;(3)在《德意志意识形态》中,马克思和恩格斯基本创立了历史唯物主义,思想转变大体完成。这几点看法,在学界关于马克思的思想转变问题上基本已经达成了共识。

实际上,笔者在研究马克思早期正义观转变问题时发现,以上几点也清晰地呈现在马克思早期正义观转变的过程中,为我们具体研究这一

---

① 陈先达:《马克思早期思想研究》(与靳辉明合著),中国人民大学出版社2006年版,第330—332页。第一章至第五章则是对这一转变过程的详细阐述。另可参见陈先达《走向历史的深处——马克思的历史观研究》,中国人民大学出版社2006年版,第一章到第十二章。

问题提供了几条线索。大体说来：

（1）马克思在《莱茵报》时期，基本上持一种革命民主主义的正义观。马克思自 1842 年 4 月开始为《莱茵报》撰稿，写作《第六届莱茵省议会的辩论》（第一篇论文），于当年 10 月 15 日担任该报主编，至 1843 年 3 月 17 日退出，历时约 12 个月。此一时期，马克思强烈反对当时的普鲁士封建专制制度，疾呼公民自由和政治地位上的平等，要求建立一种符合理性的新型国家，其正义观带有典型的革命民主主义和自由主义色彩。需要注意的是，从理论观点的一致性上看，马克思在给《莱茵报》撰稿之前写作的《评普鲁士的书报检查令》一文也应包括在这一时期之内。

（2）在为《莱茵报》写作《摩泽尔记者的辩护》时，马克思就遇到了"要对所谓物质利益发表意见的难事"①。为了解决这个苦恼的疑问，马克思在退出《莱茵报》之后，首先对黑格尔的法哲学进行了批判性的分析。众所周知，马克思的研究得出了不是国家决定市民社会，而是市民社会决定国家的结论。与本书主题密切相关的是，马克思把这一结论运用到他反对布鲁诺·鲍威尔的论战当中，从而揭示了政治革命与自由、平等、正义等资产阶级权利话语体系的局限性，超出了革命民主主义与激进自由主义的理论藩篱。

（3）批判黑格尔的法哲学，使马克思意识到必须深入现实，探究具体的经济生活规律，从而开始了政治经济学研究（当然，其中还有青年恩格斯发表《政治经济学批判大纲》等因素的影响）。这一研究，使得马克思得以在经济学的视域中审视平等、正义等范畴，从而进一步摆脱唯心主义正义观的影响，向着历史唯物主义正义观迈进。但此时，马克思还没有完全摆脱费尔巴哈的影响，因而在平等、正义问题上还存留着一定的人本主义色彩。

（4）随着研究的深入，马克思实现了世界观的整体转变，与恩格斯一

---

① 《马克思恩格斯选集》第 2 卷，人民出版社 1995 年版，第 31 页。

道在《德意志意识形态》中初步建构了历史唯物主义基本原理。这一阶段,也意味着马克思彻底摆脱了唯心主义的影响,确立了历史唯物主义的正义观,从而改变了之前对正义、平等、自由等价值范畴的整体看法;这也使得马克思在其后对正义问题的探讨上,呈现出完全不同的研究范式。

总的来看,马克思在《莱茵报》时期的正义观是比较明确和单一的,其后,就转入了复杂而深刻的思想转变过程,上述(2)(3)(4)实际上是他在确立历史唯物主义正义观历程中至为关键的三步,通过这三个步骤,马克思逐渐摆脱和告别了革命民主主义的正义观,转到历史唯物主义的立场上来。

下面,就让我们回溯着马克思的早期文本,去追寻他那思想风云激荡冲突的早期岁月。

二 社会环境、家庭熏陶与理论启蒙

思想家的诞生不是偶然的,而是与其身处的社会环境、时代背景、家庭影响以及理论熏陶、个人志趣等因素息息相关。因而,在分析马克思早期正义观时,我们有必要考察一下青年马克思的成长环境以及他所接受的理论渊源。

马克思是在德意志"一个最黑暗的反动时期出世的"[①]。1815年拿破仑失败之后,欧洲各国的封建复辟逆流纷纷回潮,欧洲陷入了一个极其黑暗的时代。德意志各邦莫不如此。马克思成长的19世纪40年代初,德国正处在资产阶级革命的前夜,封建贵族对广大民众的压迫极为严酷。在马克思所在的普鲁士邦,国王威廉四世于1840年即位。他为了挽救即将崩溃的封建专制制度,通过欺骗与镇压等多种手段,对劳动

[①] [德]海因里希·格姆科夫等:《马克思传》,易廷镇、侯焕良译,人民出版社2000年版,第3页。

人民和其他阶级展开了残酷的剥削。人民被剥夺了起码的平等、自由权利,生活在封建专制的铁笼之中。残酷的现实状况激起了青年马克思的愤慨,也促使他不断地反思现实和批判现实,从而在踏上社会之初即选择了一条与专制制度毫不妥协、英勇抗争的道路。

但同时,马克思的出生地莱茵省特立尔城也受过了法国资产阶级大革命的强烈影响。"十八世纪九十年代,法兰西的革命军队曾在莱茵地区剥夺了各邦王侯和教会的产业,废除了农奴制度,取消了一切封建捐税,并宣布在法律面前人人——当然只限于男人——平等。自此以后,城市和乡村都享有比较广泛的行政自治权。实现了职业自由,人们不再被强迫加入行会。甚至在形式上法律还规定了教学自由和新闻自由。"①资产阶级革命所带来的这些进步对马克思的成长有着深深的吸引力。恩格斯也就此写道:"法国革命像霹雳一样击中了这个叫做德国的混乱世界。它的影响非常大。极其无知的、长期习惯于受虐待的人民仍然无动于衷。但是整个资产阶级和贵族中的优秀人物都为法国国民议会和法国人民齐声欢呼。成千上万的德国诗人没有一个不歌颂光荣的法国人民。"②这种社会环境及其相关思想对马克思的影响,在马克思于《莱茵报》时期反对封建专制、追求自由、民主的斗争中可以看得非常清楚。

家庭对马克思的思想成长也起着极其重要的、甚至是不可替代的作用,但以往我们对这一问题不是十分关注。马克思从小生活在自由主义精神十分浓厚的家庭环境中,其父亨利希·马克思是一位推崇 18 世纪的法国启蒙运动、追求自由和民主的开明律师。亨利希·马克思特别推崇莱辛和法国启蒙运动者伏尔泰与卢梭等资产阶级人道主义精神的先驱,他甚至于1834 年 1 月在特立尔"文学俱乐部"的一次宴会上向法国

---

① [德]海因里希·格姆科夫等:《马克思传》,易廷镇、侯焕良译,人民出版社2000年版,第2页。
② 《马克思恩格斯全集》第 2 卷,人民出版社 1957 年版,第 635 页。

国旗致敬并高唱马赛曲。①马克思思想的形成和发展,不能不受到来自父亲与家庭的巨大而积极的影响。日本著名马克思主义研究者城塚登曾就此指出:"毫无疑问,父亲对启蒙思想的崇拜、进步的自由主义思想、亲法的态度以及理神论的宗教观都深深地感染了儿子马克思。"②在中学毕业论文《青年在选择职业时的考虑》中,马克思写道:"能给人以尊严的只有这样的职业,在从事这种职业时我们不是作为奴隶般的工具,而是在自己的领域内独立地进行创造;这种职业不需要有不体面的行动,甚至最优秀的人物也会怀着崇高的自豪感去从事它。"③这段话未必表达了什么深刻的观点,但是,从中我们可以读出马克思对于人的尊严、人的理性以及人本身的尊重和重视。这在当时封建气氛浓厚的普鲁士邦,不能不说是来自法国启蒙思想家的影响。日本学者城塚登正确地指出:"在这里(指马克思的中学毕业论文里——引者注),并没有什么特殊的理论值得我们大书特书,但是,字里行间却洋溢着对人和理性的信任,在这一点上,我们可以看到法国启蒙思想对他的影响。……如果我们能仔细深入地阅读这篇作文,不难看出马克思思想的出发点就在于法国的启蒙思想。"④英国学者约翰·霍夫曼也就此写道:"马克思是在莱茵省长大的,那里对法国大革命和启蒙运动的理想是采取同情态度的。还在少年时代,他的未来的岳父就给他介绍了傅立叶和圣西门的理论。马克思在中学毕业时写的那篇著名作文中说道,作'著名学者、大哲人、卓越诗人'是不够的。为了成为真正的人,每一个人应该'为同时代人的完美、为他们的幸福而工作'"⑤。

---

① [德]海因里希·格姆科夫等:《马克思传》,易廷镇、侯焕良译,人民出版社2000年版,第3页。
② [日]城塚登:《青年马克思的思想——社会主义思想的创立》,尚晶晶、李成鼎等译校,求实出版社1988年版,第16页。
③《马克思恩格斯全集》第1卷,人民出版社1995年版,第458页。
④ [日]城塚登:《青年马克思的思想——社会主义思想的创立》,尚晶晶、李成鼎等译校,求实出版社1988年版,第17页。
⑤ [英]约翰霍夫曼:《实践派理论和马克思主义》,周裕昶、杜章智译,社会科学文献出版社1988年版,第170页。

除了社会环境及家庭潜移默化的影响外,在进入大学之后,马克思正义观的形成,还直接受到了卢梭、康德等自由主义思想家的极大启发。在升入波恩大学学习法律期间,马克思一度倾向于康德和费希特,受到了康德主义的很大影响。在当时德国的法学界,较有影响的是康德主义法学、黑格尔主义法学和以胡果、萨维尼为代表的历史法学派。在当时马克思的眼中,黑格尔主义似乎是在为现有的一切大唱赞歌,并且黑格尔哲学的叙述方式也不为马克思所欣赏。在1837年11月10日给父亲的信中,马克思就写道:"先前我读过黑格尔哲学的一些片断,我不喜欢它那离奇古怪的调子。"①历史法学派则带有浓厚的封建主义和保守主义色彩。这两种观点自然都无法提起马克思的注意力。在这种情况下,康德的理性自由主义首先被马克思纳入了视野。康德哲学的一个重要特征是重视人,强调每一个社会成员的自由、平等权利,宣扬卢梭"作为公民人人平等"的思想。可以说,康德哲学的整个思想体系都渗透着对人的自由的描述。在康德看来,"自由是独立于别人的强制意志,而且根据普遍的原则,它能够和所有人的自由并存,它是每个人由于他的人性而具有的独一无二的、原生的、与生俱来的权利。当然,每个人都享有天赋的平等,这是他不受别人约束的权利,但同时,这种权利并大于人们可以彼此约束的权利。"②也就是说,每个人都享有天赋的自由、平等的权利,每个人都可以不受其他人的约束,并且这些权利可以相容共处。这些观点深深地吸引着青年马克思。在本书的下一节我们就会看到,马克思在反对封建专制的斗争中,所使用的自由、平等、正义的武器无一不深深浸染着康德理性自由主义的色彩。在1842年2月初到2月10日写作的第一篇政论文章《评普鲁士的书报检查令》中,马克思就曾经提到过康德的思想:"道德只承认自己普遍的和合乎理性的宗教,宗教则只承认自己特

---

① 《马克思恩格斯全集》第40卷,人民出版社1982年版,第15页。
② [德]康德:《法的形而上学原理——权利的科学》,沈叔平译,商务印书馆1991年版,第50页。

殊的现实的道德。因此,根据这一检查令,书报检查应该排斥像康德、费希特和斯宾诺莎这样一些道德领域内的思想巨人,因为他们不信仰宗教,并且要损害礼仪、习俗和外表礼貌。所有这些道德家都是从道德和宗教之间的根本矛盾出发的,因为**道德的**基础是人类精神的**自律**,而**宗教的**基础则是人类精神的**他律**。"①马克思在这里虽然没有直接谈到康德的影响,但他承认,康德是道德领域内的思想巨人,并且对康德思想中的理性标准持肯定态度。在马克思于1842年7月底到8月6日写作的《历史法学派的哲学宣言》一文中,他谴责了历史法学派和反动的浪漫主义代表借口维护历史传统来为封建专制制度辩护的企图,并谈到了康德哲学的性质。马克思指出,历史法学派创始人胡果的自然法是法国旧制度的德国理论,人们却有充分的理由把康德的哲学看成是法国革命的德国理论。也正因为此,"胡果亵渎了在正义的、有道德的和政治的人看来是神圣的一切"。②

其后,马克思发现,在康德哲学中,主体与客体、思维和存在之间存有一条不可逾越的鸿沟。"这里首先出现的严重障碍正是现实的东西和应有的东西之间的对立,这种对立是唯心主义所固有的;它又成了拙劣的、错误的划分的根源。开头我搞的是我慨然称为法的形而上学的东西,也就是脱离了任何实际的法和法的任何实际形式的原则、思维、定义,这一切都是按费希特的那一套,只不过我的东西比他的更现代化,内容更空洞而已。"③在这里,"应有"与"实有"之间的深刻矛盾,康德思想的丰赡华美与现实世界的昏聩黑暗之间的巨大分立,深深地触动了青年马克思。依笔者看来,正是从这里开始,马克思走上了一条与西方自柏拉图开始的政治哲学运思传统完全不同的探究路线。后者更加注重对观念、理念、思想的讨论,并努力以之规范现实,借"应然"批判"实

---

① 《马克思恩格斯全集》第1卷,人民出版社1995年版,第119页。
② 同上书,第231页。
③ 《马克思恩格斯全集》第40卷,人民出版社1982年版,第10页。

然"，使"实然"走向"应然"；只有马克思才真正开辟了一条从"实然"出发、改变现实的路径。在马克思这里，"应然"不是价值的预设，而是从"实然"中"必然"生长出来的、通过奋斗可得的未来图景。在包括康德在内的传统政治哲学"实然"与"应然"的二分逻辑当中，马克思增加了一个"必然"的维度。只此一点，就历史地标示了马克思所能达致的思想高度，也把马克思与其他政治哲学家区分开来。值得说明的是，正由于此，不加深入分析地把马克思的哲学等同为一种政治哲学的作法，实不足取。

在1835—1836年写的《黑格尔·讽刺短诗·3》①一诗中，马克思更就康德哲学的上述缺陷写道："康德和费希特喜欢在太空遨游/寻找一个遥远的未知国度/而我只求能真正领悟/在街头巷尾遇到的日常事物！"②马克思已经看到，"在生动的思想世界的具体表现方面，例如，在法、国家、自然界、全部哲学方面，情况就完全不同：在这里，我们必须从对象的发展上细心研究对象本身，决不应任意分割它们；事物本身的理性在这里应当作为一种自身矛盾的东西展开，并且在自身求得自己的统一。"③从这里开始，马克思"想再钻到大海里一次"④，从而转向黑格尔哲学。

可以说，就正义观这一问题而言，法国启蒙思想与康德理性主义精神所倡扬的自由、平等价值观给了马克思极大的影响，但也给他留下了需要付出更大精力才能解答的难题，并奠定了马克思在《莱茵报》时期革命民主主义正义观的底色。

---

① 这首诗收录在马克思献给父亲1837年生日的诗歌集之中，但其具体写作日期已很难考证。参见《马克思恩格斯全集》第1卷，人民出版社1995年版，第689页。
② 《马克思恩格斯全集》第1卷，人民出版社1995年版，第736页。
③ 《马克思恩格斯全集》第40卷，人民出版社1982年版，第10—11页。
④ 同上书，第15页。

三 《莱茵报》时期的新理性主义正义观

马克思在《莱茵报》时期对正义的看法及其社会运动实践,具有十分丰富和独特的内容。下面我们分几个方面加以阐述。

1. 基本内容:吁求自由平等

马克思早期正义观的基本内容,主要是站在劳动人民的立场上,反对当时的普鲁士封建专制统治,要求建立一种理性国家,追求资产阶级革命的自由和平等目标。

马克思此时持有的正义观,首先是由当时德国的社会历史状况所直接决定的。如前所述,从中世纪以来,德国一直处于分裂和落后的状态。恩格斯在写到18世纪末叶的德国状况时说:"这是一堆正在腐朽和解体的讨厌的东西。没有一个人感到舒服。国内的手工业、商业、工业和农业极端凋敝。农民、手工业者和企业主遭到双重的苦难——政府的搜刮,商业的不景气。贵族和王公都感到,尽管他们榨尽了臣民的膏血,他们的收入还是弥补不了他们的日益庞大的支出。一切都很糟糕,不满情绪笼罩了全国。没有教育,没有影响群众意识的工具,没有出版自由,没有社会舆论,甚至连比较大宗的对外贸易也没有,除了卑鄙和自私就什么也没有;一种卑鄙的、奴颜婢膝的、可怜的商人习气渗透了全体人民。一切都烂透了,动摇了,眼看就要坍塌了,简直没有一线好转的希望,因为这个民族连清除已经死亡了的制度的腐烂尸骸的力量都没有。"①到了马克思走上历史舞台的19世纪40年代,全国总共有30多个邦国。各个邦国各自为政,大大小小的君主对人民进行残酷的剥削和压迫。此时的德国,还属于半封建半殖民地社会,正处于资产阶级革命的前夜。在普

---

① 《马克思恩格斯全集》第2卷,人民出版社1957年版,第633—634页。

鲁士邦,国王威廉四世于 1840 年即位。他为了挽救即将崩溃的封建专制制度,采用欺骗与镇压两种手段,对劳动群众等其他阶级展开了严酷的剥削和压迫。人民没有起码的自由,各种进步思想都要遭到镇压,每一本书、每一份报,甚至每一首诗都要经过检查才能出版。这种情况妨碍了德国社会和经济的发展。马克思就是在这种情况下,走上了反对封建制度、呼吁革命民主主义价值观的战场。在博士毕业谋求大学教席不成的情况下,马克思从 1842 年初起,作为《莱茵报》的撰稿人(1842 年 5 月)和主编(1842 年 10 月)参与到现实政治问题的讨论中来,开始了直接反对普鲁士封建专制制度的斗争。

应当说,马克思在这一时期,很少就正义范畴本身作出明确的规定和丰富的探讨(马克思此时对此也没有表现出太多的理论兴趣),他更多的是将自己的自由、民主追求当做一种正义的事业、正义的活动来进行的。在 1842 年 12 月写的《评奥格斯堡〈总汇报〉第 335 号和 336 号论普鲁士等级委员会的文章》中,马克思指出:"为自己的家园而奋斗的**讲求功利的**智力,跟不顾自己的家园为正义事业而斗争的**自由的**智力当然是不同的,服务于某个特定目的、某种特定事物的智力同支配一切事物和只为自己服务的智力是有根本区别的。"[①]也就是说,在当时马克思的视域中,反对普鲁士邦的专制统治,给人民以自由、民主权利,这是一项超越了具体地域的正义的事业。质言之,何为正义?在当时的马克思看来,就是进行民主主义革命,建立一种与专制国家相对立的理性国家。实际上,马克思在《莱茵报》时期的活动都是围绕着上述而展开的。从马克思的现有文献来看,他这一时期进行的民主、正义活动主要包括以下几方面:

第一,马克思激烈地抨击了普鲁士的书报检查制度,捍卫思想自由的原则。通过《莱茵报》的撰稿、发行,马克思广泛宣传了他的革命民主

[①]《马克思恩格斯全集》第 1 卷,人民出版社 1995 年版,第 339 页。

主义观点,呼吁广大公民的自由权利。面对普鲁士警察、官僚阶层肆意践踏公民权利和压制进步报刊的作法,马克思愤慨地指出:"没有一种动物,尤其是有思想的人,是戴着镣铐出世的"。① 马克思还指出:"自由确实是人的本质,因此就连自由的反对者在反对自由的现实的同时也实现着自由;因此,他们想把曾被他们当作人类本性的装饰品而屏弃了的东西攫取过来,作为自己最珍贵的装饰品。"②也就是说,在马克思看来,人之所以为人,正是在于自由这一本质。而统治阶级无非就是想维护自己的"自由",而剥夺其他阶层的自由权利。所以,实际上,"没有一个人反对自由,如果有的话,最多也只是反对别人的自由。可见,各种自由向来就是存在的,不过有时表现为特殊的特权,有时表现为普遍的权利而已。"③

第二,马克思强烈抗议普鲁士当时的区乡建制制度,维护人人平等的原则。当时,围绕着普鲁士政府打算在莱茵省实行城乡地方管理机构改革而展开了一场激烈的辩论。18世纪90年代以后,在未来的普鲁士莱茵省建立了新的区乡制度,大大削减了乡村封建土地占有制的特权,实现了城市的区和农村的乡在法律上的平等。但是,随着1815年普鲁士统治地位的确定,政府和封建贵族企图废除区和乡的平等权利,以恢复贵族势力的特权。这一企图遭到了莱茵省进步的资产阶级和具有民主意识的知识分子的强烈反对。他们竭力维护区和乡的平等权利。《莱茵报》在8月到12月期间发表了一系列反对实施普鲁士的等级原则、扩大封建贵族特权、维护区乡权利平等的文章。然而,与《莱茵报》的立场相对立,《科隆日报》从9月中旬开始,连续发表文章攻击区乡权利平等原则,鼓吹封建等级制度原则。例如,科隆公证人杜比安就要求,城市和农村的区乡制度改革分开进行,因为"农村的乡落后,不容许享有和城市

---

① 《马克思恩格斯全集》第1卷,人民出版社1995年版,第171页。
②③ 同上书,第167页。

的区一样的权利"①。针对这种谬论,马克思在《莱茵报》上发表文章进行了驳斥,提出"全体公民一律平等"是实行区乡制度改革的重要原则。在《论普鲁士等级委员会》等文章中,马克思还提出,封建君主制的社会基础是贵族统治和等级特权,并对其进行了深入批判,要求人民代表制。

第三,马克思揭露了离婚法草案、林木盗窃法等封建法规的专制色彩与反动性质。在1842年12月18日写的《论离婚法草案》中,马克思写道:"任何一个有理性的人都不会有一种非分的要求,认为自己的行为是**他一个人**才可以做的享有特权的行为;相反,每个有理性的人都会认为自己的行为是合法的,**一切人都可以做的**行为。"②也就是说,消灭特权、维护每一个人的自由、平等权利是一个正当的要求。否则,社会成员就会"像专制政体下面人人一律平等一样,虽然不是在价值上平等,但是在无价值上是平等的。"③针对反动的林木盗窃法,马克思指出:"**城市、乡村和诸侯**……不但不想消除违犯林木管理条例者的权利和林木所有者的要求之间的距离,反而认为这一距离还不够大。在这里他们并不是想要同样地保护林木所有者和违反林木管理条例者,他们只是想把大小林木所有者一视同仁地加以保护。当问题涉及林木所有者时,大小林木所有者之间的完全平等就成为定理,而当问题涉及违反林木管理条例者时,不平等就变成公理。为什么小林木所有者要求得到和大林木所有者同样的保护呢?因为他们两者都是林木所有者。但是,难道林木所有者和违反森林管理条例者不都是国家的公民吗?既然大小林木所有者都有同样的权利要求国家的保护,那么,难道国家的大小公民不是更有同样的权利要求这种保护吗?"④可以看出,当时的普鲁士国家实际上不过是维护贵族和有产者的工具而已,对贫苦农民和无产者是没有什么平等可

---

① 《马克思恩格斯全集》第1卷,人民出版社1995年版,注释130、131。
② 同上书,第347—348页。
③ 同上书,第195页。
④ 同上书,第260页。

言的。同时,马克思也正是从这里的"二律背反"出发,对现实与他的理论之间的分立进行深刻反思,从而逐步接近和完成思想转变的。

2. 运思路径:法哲学论证

马克思在《莱茵报》时期论证自由、平等、正义时,还是站在唯心主义的立场上进行的,因而其论证带有典型的法哲学与唯心史观色彩。在马克思此时的思想中,"权利"是一个核心范畴。换言之,马克思对封建专制制度的抨击和对人民群众利益的维护,主要是以"权利"范畴为武器而进行的。我国学者张一兵对此也评论说:"1841年,年轻的哲学博士马克思走进社会时,是一位地道的唯心主义哲学家,占据他脑海的是反映资产阶级民主主义政治的理性观念论,这种唯心主义理念论,只是在他接触到现实社会问题(《莱茵报》时期对经济利益关系的评论)时才开始出现裂痕。"①但同时,需要指出的一点是,马克思此时虽然抱持资产阶级民主主义理念,但他的目的却不是为资产阶级利益作辩护,而是站在处于被统治地位的人民大众的立场上,为了被统治阶层的自由、民主权利而展开激辩。

在马克思的第一篇政论文章《评普鲁士最近的书报检查令》中,他针对书报检查令中对真理要作"严肃"和"谦逊"的探讨这一规定,写道:"法律允许我写作,但是不允许我用自己的风格去写,我只能用另一种风格去写!我有权利表露自己的精神面貌,但是首先必须使这种面貌具有一种指定的表情!哪一个正直的人不为这种无礼的要求脸红,而宁愿把自己的脑袋藏到罗马式长袍里去呢?"②在这里,马克思旗帜鲜明地指出,人们有表达自己思想观点的权利,这种权利即使是法律和宗教立场也不能剥夺。关于自由,资产阶级革命时期的洛克曾有一段名言:"唯一实称其

---

① 张一兵:《回到马克思——经济学语境中的哲学话语》,江苏人民出版社2005年版,第142页。
②《马克思恩格斯全集》第1卷,人民出版社1995年版,第111页。

名的自由,乃是按照我们自己的道路去追求我们自己的好处的自由,只要我们不试图剥夺他人的这种自由,不试图阻碍他们取得这种自由的努力。每个人是其自身健康的适当监护者,不论是身体的健康,或者是智力的健康,或者是精神的健康。人类若彼此容忍各照自己所认为好的样子去生活,比强迫每人都照其余的人们所认为好的样子去生活,所获是要较多的。"①马克思早期的正义观,由于尚未确立起唯物史观和剩余价值理论的支撑,因此,还属于资产阶级革命时期的话语体系,带有浓厚的理性主义色彩和自由主义倾向。马克思还指出:"新闻出版是个人表达其精神存在的最普遍的方式。它不知道尊重个人,它只知道尊重理性。你们要以官方的方式用特殊的外在的标志来确定精神的表达能力吗?对别人我不可能是什么样的人,对自己我就不是而且也不可能是这样的人。如果对别人我没有权利成为英才,那么,对自己我也就没有权利成为英才;难道你们想把成为英才的特权只赋予个别人吗?每个人都在学习写作和阅读,同样,每个人也应当**有权利**写作和阅读。"②马克思在这里更加明确地反对那种只允许个别人享有某种权利的特权思想,而主张每个人都是平等的权利主体。针对基督教宣扬忍让、压制反抗的观点,马克思针锋相对地指出:"难道你们认为你们因权利被侵犯而诉诸法庭是不正确的吗?然而使徒却说,这样做不对。当有人打了你们的左脸时,你们是连右脸也送过去呢,还是相反,去控告这种侮辱行为呢?但是,福音书却禁止这样做。难道你们在这个世界上不要求合理的权利吗?难道你们不因为稍微提高捐税而抱怨吗?难道你们不因为个人自由稍被侵犯就怒不可遏吗?③"

如上所述,马克思早期正义观还具有激进的革命民主主义倾向,它坚定地站在劳苦大众一边,猛烈抨击封建阶级和资产阶级的奴役制度,

---

① [英]约翰·密尔:《论自由》,许宝骙译,商务印书馆1959年版,第14页。
② 《马克思恩格斯全集》第1卷,人民出版社1995年版,第196页。
③ 同上书,第224页。

因此,与资产阶级思想家的理性主义和自由主义具有相当大的差异。从 1842 年 10 月撰写的《第六届莱茵省议会的辩论(第三篇论文)关于林木盗窃法的辩论》,到 1842 年 12 月底至 1843 年 1 月中旬撰写的《摩泽尔记者的辩护》,马克思的人民民主立场更加显明。针对当时维护土地所有者的林木盗窃法,马克思指出:"这种为了幼树的权利而牺牲人的权利(注——着重号为引者所加)的做法真是最巧妙而又最简单不过了。如果法律的这一条款被通过,那么就必然会把一大批不是存心犯罪的人从活生生的道德之树上砍下来,把他们当作枯树抛入犯罪、耻辱和贫困的地狱。"①

不仅如此,马克思还以权利范畴为理论武器,从正面来论证贫苦农民的正当权利。马克思指出:"有些所有物按其本质来说永远也不能具有那种预先被确定的私有财产的性质。这就是那些由于它们的自然发生的本质和偶然存在的属于先占权范围的对象,也就是这样一个阶级的先占权的对象,这个阶级正是由于这种先占权而丧失了任何其他财产,它在市民社会中的地位与这些对象在自然界中的地位相同。"②也就是说,贫苦农民阶级不占有任何财产,因而在社会中的地位就如同枯枝在自然界中的地位一样。只是由于如此,"贫民在自己的**活动**中已经发现了自己的权利(注——着重号为引者所加)。人类社会的自然阶级在**捡拾**活动中接触到自然界自然力的产物,并把它们加以处理。那些野生果实的情况就是这样,它们只不过是财产的十分偶然的附属品……"③从这一观点出发,马克思认为,贫苦农民捡拾枯枝是一项正当的、甚至是天然合理的权利。

联系马克思在创建唯物史观之后对权利范畴的看法,可以更鲜明地看出,马克思此时呼求自由、民主、正义价值观的思路的确仍然还是黑格

---

① 《马克思恩格斯全集》第 1 卷,人民出版社 1995 年版,第 243 页。
② 同上书,第 252 页。
③ 同上书,第 253 页。

尔式的法哲学论证模式。到了《德意志意识形态》中,马克思和恩格斯就已经开始指出:"至于谈到权利,我们和其他许多人都曾强调指出了共产主义对政治权利、私人权利及权利的最一般形式即人权所采取的反对立场。"①为什么要采取反对立场呢?是因为马克思已经认识到:"创造这种权利的,是生产关系。一旦生产关系达到必须改变外壳的程度,这种权利和一切以它为依据的交易的物质源泉,即一种有经济上和历史上的存在理由的、从社会生活的生产过程产生的源泉,就会消失。"②从黑格尔式的法哲学论证模式到马克思主义正义观,马克思在认识上之所以会发生如许大的飞跃,是与我们在下面谈到的迈向历史唯物主义正义观的关键三步直接联系在一起的。

四 迈向历史唯物主义正义观:关键三步

如前所述,马克思在《莱茵报》时期的正义观具有比较明确的内容和明确的目的,其后,由于复杂原因的影响,马克思处于激烈的思想转变时期。从退出《莱茵报》到《德意志意识形态》的发表,马克思逐步从革命民主主义正义观走向历史唯物主义正义观。其间,市民社会探究、政治经济学研究与唯物史观的创立,是马克思正义观转变完成的关键性三步。下面,我们结合马克思在这三个时期的有关文本,对这一过程进行阐述与分析。

1. 法哲学批判:突破资产阶级革命的局限

马克思通过批判黑格尔法哲学和研究资产阶级革命史,认识到了资产阶级政治革命以及政治平等要求的局限性,开始逐步把注意力转向关注经济与社会平等。

---

① 《马克思恩格斯全集》第3卷,人民出版社1960年版,第228—229页。
② 《马克思恩格斯全集》第23卷,人民出版社1965年版,第874—875页。

如上所述,马克思在《莱茵报》时期,曾激烈地抨击专制统治,呼吁自由、民主、正义的资产阶级价值观体系,并设想通过理性国家来解决这些社会问题;但同时,马克思也注意到,在现实社会中,国家并不像黑格尔所说的那样是普遍利益的代表,而是财产占有者进行统治的工具。由此,马克思对黑格尔法哲学的信念发生了动摇:按照黑格尔理性国家的路径,真的能够解决这些问题吗?答案显然是否定的。

为了解决这一"苦恼的疑问"(马克思语),马克思于1843年3月中到9月底对黑格尔《法哲学原理》第三篇第三章的第261节—313节作了全面的分析批判。其中,马克思批判了黑格尔颠倒国家和市民社会关系的唯心主义观点,初步指出,不是国家决定市民社会,而是市民社会决定国家。除此而外,在马克思的思想中还出现了一点重要的转变:即,马克思不再从市民的权利这一角度批判现实社会,而倾向于将其视作历史的和实然的东西,强调从中找出它们的客观规律。马克思就此指出:"私有财产的真正基础,即**占有**,是一个**事实,是无可解释的事实,而不是权利**。只是由于社会赋予实际占有以法律规定,实际占有才具有合法占有的性质,才具有私有财产的性质。"①可以清楚地看到,马克思已经告别了从权利话语出发的法哲学论证思路,转而走向历史唯物主义的研究路径。

在写作《黑格尔法哲学批判》的同时,马克思从科伦移居莱茵省的小城克罗茨纳赫(1843年5—10月),在那里研究了以法国资产阶级革命史为中心的大量历史著作,写下了厚厚的五本笔记,这就是著名的《克罗茨纳赫笔记》。通过这一研究,马克思认识到了资产阶级政治革命的局限性,看清了资产阶级议会借口把主权交给人民,其实不过是把它从王权手中夺走,留在自己手中。马克思对瓦克斯穆特在《革命时代法国史》中

---

① 《马克思恩格斯全集》第2卷,人民出版社2002年版,第137页。

引用的一句话表示赞同:"唯一的真正的平等,财产平等。"①换言之,资产阶级革命史的研究,促使马克思认识到,要实现真正的人类平等,不能仅仅停留在要求政治地位平等的资产阶级革命的水平,而必须将关注点置放于财产和经济方面。这一认识,自然要求马克思走向政治经济学研究。

《克罗茨纳赫笔记》之后,马克思于1843年10月中至12月中完成了《论犹太人问题》一文。在这篇文章中,马克思深刻地揭示了资产阶级政治革命的局限性,提出以人类解放来取代政治解放的观点。当时,犹太人在德国的地位问题是一个受到了各方关注的、颇有争议的问题。一方面,犹太人非常富有,在经济生活中起着重要作用;另一方面,他们在政治生活中又处于无权地位。这就使得他们在现实生活中处于一种非常矛盾的地位。19世纪初,普鲁士政府曾公开发布命令,规定犹太人不得担任公职。犹太人一直在进行斗争,要求与基督教徒享有平等的权利。随着德国资本主义的发展,犹太人要求自由、平等权利的要求日益强烈。在马克思看来,犹太人要想通过政治解放获得解放是不可能的。因为政治解放实质上是资产阶级革命的同义语,其局限性就在于,它是以私有财产为前提的。政治解放的一个主要表现,是国家取消了选举权和被选举权的财产资格限制,这样,"国家作为国家就废除了**私有财产**,人就以政治方式宣布私有财产已**被废除**。"②然而,从国家方面废除私有财产,并不意味着私有财产真正被废除了。马克思就此指出:"从政治上废除私有财产不仅没有废除私有财产,反而以私有财产为前提,当国家宣布出身、等级、文化程度、职业为**非政治的**差别,当它不考虑这些差别而宣告

---

① 转引自孙伯鍨:《探索者道路的探索》,安徽人民出版社1985年版,第122页。笔者按:这几句话是维尼奥讲的,马克思摘引的原文是:"有几个巴黎市区……赞成公社的无政府主义者的主张(1793年3月31日)……篡权的企图,即组织社会福利中央大会……坦白地……其目的是确立真正的平等,财产平等……确立……唯一的真正的平等,财产平等"。参见《马列著作编译资料》第12辑,人民出版社1982年版,第27页。
② 《马克思恩格斯全集》第3卷,人民出版社2002年版,第171页。

人民的每一成员都是人民主权的平等享有者,当它从国家的观点来观察人民现实生活的一切要素的时候,国家是以自己的方式废除了**出身**、**等级**、**文化程度**、**职业**的差别。尽管如此,国家还是让私有财产、文化程度、职业以**它们固有**的方式,即作为私有财产、作为文化程度、作为职业来**发挥作用**并表现它们的**特殊**本质。国家根本没有废除这些实际差别,相反,只有以这些差别为前提,它才存在,只有同自己的这些要素处于对立的状态,它才感到自己是**政治国家**,才会实现自己的**普遍性**。"①也就是说,取消财产资格限制,事实上并没有取消实际上存在的种种社会差别,因而并不能真正实现平等。资产阶级革命,以及通过资产阶级革命建立起来的资产阶级国家,消灭了身份、等级等方面的政治差别,但仍然无法解决私有财产方面的不平等。实际上,资产阶级国家内部,由于政治不平等的废除,反而更加凸显了私有财产在人们之间设置的藩篱,更加强调了私有财产造成的不平等。这里,马克思敏锐地指出了资本主义社会形式上的平等与实际内容之间的深刻矛盾。要想解决这一矛盾,真正实现平等,就必须超越资产阶级政治革命的局限,进行人类革命,突破私有财产给人造成的制限。

2. 政治经济学研究:思考共产主义的基础

马克思对黑格尔法哲学的批判与研究"得出这样一个结果:法的关系正像国家的形式一样,既不能从它们本身来理解,也不能从所谓人类精神的一般发展来理解,相反,它们根源于物质的生活关系,这种物质的生活关系的总和,黑格尔按照18世纪的英国人和法国人的先例,概括为'市民社会',而对市民社会的解剖应该到政治经济学中去寻求。"②主要是基于这样的认识,马克思深入到政治经济学的研究中去。

---

① 《马克思恩格斯全集》第3卷,人民出版社2002年版,第172页。
② 《马克思恩格斯选集》第2卷,人民出版社1995年版,第32页。

实际上，在1843年10月到1845年1月，马克思就开始了政治经济学研究，写下了七本笔记，即我们现在经常提到的《巴黎笔记》。在这些笔记中，马克思主要对萨伊、斯密、李嘉图、穆勒、麦克库洛赫、特拉西与李斯特等人的经济学著作作了摘录，同时还摘录了恩格斯的《政治经济学批判大纲》。这是马克思研究政治经济学的开始，但在这一阶段，马克思主要是进行资料积累、吸收和分析的工作，还没有提出多少经济学见解。其后，马克思投身于法国大革命与国民公会史的研究，直到1844年4月，才重新开始政治经济学研究，并于当年4到8月写下了著名的《1844年经济学哲学手稿》。

对这份手稿的研究和争论可谓多矣，但限于本书主题所限，笔者只想提出一点：即，马克思这一时期所作的政治经济学研究，从经济学视域着眼，对正义、平等等范畴进行了探索，对将平等、正义作为共产主义目标作了深层次分析，从而摆脱了过去那种仅仅依靠法哲学与政治哲学思辨的或抽象的批判来研究正义、平等问题的不足，使得马克思的正义观沿着科学的轨道不断向上升华。

在《1844年经济学哲学手稿》中，马克思首先提出了这样一个问题："主张细小改革的人不是希望**提高**工资并以此来改善工人阶级的状况，就是（像蒲鲁东那样）把工资的**平等**看做社会革命的目标，他们究竟犯了什么错误？"①从这个问题中可以看出：第一，马克思不同意对社会进行细小的改革；第二，马克思不认可将提高工资和工资平等作为改造社会的目标。那么，原因何在呢？马克思认为，在资本主义条件下，劳动和工人都发生了异化，而私有财产既是异化的原因，又是异化劳动的结果，二者相互作用，造成了资本主义社会的全面异化。因此，要消灭异化劳动和工人的异化，就必须消灭私有制度，舍此别无他途。因此，马克思指出："**强制提高工资**（且不谈其他一切困难，不谈强制提高工资这种反常情况

---

① 马克思：《1844年经济学哲学手稿》，人民出版社2000年版，第14页。

也只有靠强制才能维持),无非是**给奴隶以较多工资**,而且既不会使工人也不会使劳动获得人的身份和尊严。甚至蒲鲁东所要求的**工资平等**,也只能使今天的工人对自己的劳动的关系变成一切人对劳动的关系。这时社会就被理解为抽象的资本家。"①也就是说,即使给工人提高工资,既不能改变工人受奴役的地位,也无法改变劳动异化和社会全面异化的状况。给奴隶再多的收入,奴隶还是奴隶。蒲鲁东所主张的工资平等也不能实现这一目的。蒲鲁东提出,在未来社会中,每个生产者将以平等的小占有的形式占有财产,其交换则要求平等地进行。在工人的交换中,双方的差额产品将处于交换之外,不成为社会的财产,这样就不会破坏工资的平等。马克思指出,蒲鲁东的这种做法并未摆脱私有制,而是企图在私有制的范围内来克服私有制。他使每个生产者平均占有一份财产,这并不能消除异化,实现平等,而只能使工人遭受的异化劳动关系成为所有社会成员的异化关系。此时,社会就将作为总资本家对生产者进行剥削。

在1844年秋写的《神圣家族》中,马克思坚持和深化了对蒲鲁东的批判:"蒲鲁东仍以政治经济学的**占有**形式来表现实物世界的重新争得。……他宣称占有是'**社会的职能**'。在这种职能中'利益'不是要'排斥'别人,而是要把自己的力量、自己的本质力量使用出来和发挥出来。蒲鲁东未能用恰当的话来表达自己的这个思想。'平等占有'是政治经济的观念,因而还是下面这个事实的异化表现:**实物是为人的存在**,是**人的实物存在**,同时也就是**人为他人的定在**,是**他对他人的人的关系**,是**人对人的社会关系**。蒲鲁东**在政治经济的异化范围内来克服政治经济的异化**。"②也就是说,对物的平等占有,还并不是人对物的关系,而仅仅是通过物来实现的人与人的关系。因此,在蒲鲁东所主张的平均占有的情况下,人与人的社会关系仍然是物化形式,仍然表现为物与物的关系,通

---

① 马克思:《1844年经济学哲学手稿》,人民出版社2000年版,第62页。
②《马克思恩格斯全集》第2卷,人民出版社1956年版,第52页。

过一条曲折的道路进行。因此,人对物的平等占有,表明人们还是作为私有者进行相互交往。换言之,蒲鲁东根本没有克服异化。如同城塚登所说的:"马克思尖锐地指出,蒲鲁东不像恩格斯的《国民经济学批判》那样,把工资、通商、价值、价格和货币等私有财产的具体形式理解为私有财产的各种形式,由于他对政治经济学的批判还受着政治经济学前提的支配,因此,蒲鲁东仍以政治经济学的占有形式来实现实物世界的重新争得,他不得不把平等占有作为自己的奋斗目标。"①

在《1844年经济学哲学手稿》中,马克思进一步指出:"**平等**不过是德国人所说的自我=自我译成法国的形式即政治的形式。平等,作为共产主义的**基础**,是共产主义的**政治的**论据。这同德国人借助于把人理解为**普遍的自我意识**来论证共产主义,是一回事。不言而喻,异化的扬弃总是从作为**统治**力量的异化形式出发:在德国是**自我意识**;在法国是**平等**,因为这是政治;在英国是现实的、物质的、仅仅以自身来衡量自身的**实际需要**。"②这段话表明,此时马克思已经认识到,平等,只不过是政治革命的目标。法国资产阶级革命将平等作为目标,而在德国,鲍威尔等人把自我意识作为革命的目标,但事实上,两者都没有超出政治革命的界限,都不可能成为共产主义的基础。这进一步深化了马克思在《论犹太人问题》一文中提出的观点。

3. 创立唯物史观:刷新正义问题研究范式

写作《1844年经济学哲学手稿》之后,马克思继续深入研究政治经济学,③并与巴黎的出版商卡·威·列斯凯签订了一份出版合同,出版两卷

---

① [日]城塚登:《青年马克思的思想——社会主义思想的创立》,尚晶晶、李成鼎等译校,求实出版社1988年版,第105页。
② 马克思:《1844年经济学哲学手稿》,人民出版社2000年版,第128页。
③ 例如,1844年2月到7月初,马克思写下了7册《布鲁塞尔笔记》,对毕莱、萨伊、西斯蒙第、麦克库洛赫、加尼尔、布朗基以及西尼尔、布阿吉尔贝尔、罗德戴尔、Б拉丹等人的经济学著作作了摘录;同年7月下半月到8月上半月,马克思写下了9本《曼彻斯特笔记》,对配第、图克、伯克、布雷、欧文、汤普逊等人的著作作了摘录。详见聂锦芳:《清理与超越——重读马克思文本的意旨、基础和方法》,北京大学出版社2005年版,第三章第三节。

本的经济学著作《政治和政治经济学批判》。① 但是,到了当年11月,马克思和恩格斯决定在出版经济学著作之前,先发表一部批判当时德意志的各种思想潮流的书,这就是他们合作撰写的巨著《德意志意识形态》。在这部著作中,马克思和恩格斯第一次以广博而系统的方式制定了马克思主义的理论基础,明确了生产力决定"交往形式"、市民社会决定上层建筑等历史唯物主义基本原理,并以此为理论依据,深刻地揭示了正义问题产生的根源,阐述了历史唯物主义视域中的正义、平等观。

我们先来看一下马克思后来写作《〈政治经济学批判〉序言》时,对他这一研究过程及其结论的回忆:"我所得到的、并且一经得到就用于指导我的研究工作的总的结果,可以简要地表述如下:人们在自己生活的社会生产中发生一定的、必然的、不以他们的意志为转移的关系,即同他们的物质生产力的一定发展阶段相适合的生产关系。这些生产关系的总和构成社会的经济结构,即有法律的和政治的上层建筑竖立其上并有一定的社会意识形式与之相适应的现实基础。物质生活的生产方式制约着整个社会生活、政治生活和精神生活的过程。不是人们的意识决定人们的存在,相反,是人们的社会存在决定人们的意识。社会的物质生产力发展到一定阶段,便同它们一直在其中运动的现存生产关系或财产关系(这只是生产关系的法律用语)发生矛盾。于是这些关系便由生产力的发展形式变成生产力的桎梏。那时社会革命的时代就到来了。随着经济基础的变更,全部庞大的上层建筑也或慢或快地发生变革。"②

在这一段论述中,马克思简洁明了地表达了历史唯物主义的基本原则:物质生产方式决定着社会、政治以及精神生活;经济基础决定上层建筑,它们的矛盾运动推动着人类社会向前发展。对这一点学者们多有论及,此处不赘。但需要笔者着重说明的是,马克思随后的几句论述同本

---

① 张一兵:《回到马克思——经济学语境中的哲学话语》,江苏人民出版社2005年版,附录《马克思的重要学术研究及文本年表》,第684页。
② 《马克思恩格斯选集》第2卷,人民出版社1995年版,第32—33页。

书的研究主题有着极其密切的关系,对于我们理解马克思为何在思想成熟时期激烈地批判正义这一问题有着极大的帮助。这几句论述是:"在考察这些变革时,必须时刻把下面两者区别开来:一种是生产的经济条件方面所发生的物质的、可以用自然科学的精确性指明的变革,一种是人们借以意识到这个冲突并力求把它克服的那些法律的、政治的、宗教的、艺术的或哲学的,简言之,意识形态的形式。我们判断一个人不能以他对自己的看法为根据,同样,我们判断这样一个变革时代也不能以它的意识为根据;相反,这个意识必须从物质生活的矛盾中,从社会生产力和生产关系之间的现存冲突中去解释。"①在这里,马克思清晰地作了一个分类:一是生产的经济条件发生的变革,这是一种物质的、客观的、可以精确地进行考察和研究的变革;二是人们在经济基础与上层建筑的冲突中,生长起来的对这个冲突的意识以及随之产生的力求克服这一冲突的意识,这是次生的、主观的、和人们的利益关系紧密联系在一起的意识。显然,依马克思的看法,前者是本原,是基础,也应当成为人们研究的主要对象。(事实上,从此时起经马克思的《资本论》写作,一直到他晚年的人类学笔记等等,都很明显地贯穿马克思对前者的考察,而对意识形式的考察始终是排在后位的。)这一思想洞见昭示我们,马克思从《莱茵报》时期追求自由、民主等资产阶级价值系统的正义观,经过法哲学批判、市民社会研究、政治经济学研究终于达致历史唯物主义的视域。也就是说,在此时的马克思看来,社会的发展和变迁,其根本原因要到该社会的生产方式以及其与生产力的辩证运动中去寻求,这才是决定社会走向和发展趋势的"发动机";而决不应该到人们的意识观念中去寻找变革社会的力量。对正义、自由、平等这些范畴我们正应当如此看待。它们都是人们在社会变革中,对社会变革进行解释、说明、回应甚而反抗的价值观念,归根到底,是在思想观念领域中徒劳地进行改造现实的努力。

---

① 《马克思恩格斯选集》第 2 卷,人民出版社 1995 年版,第 33 页。

正是因为这一洞见,我们在阅读马克思此时及其以后的文本著作时,可以清楚地发现,与早期倡扬自由、平等、正义等价值追求,希图通过建立理性国家以解决社会问题的路径相比,马克思的论述、观点以及研究正义问题的整体范式已经发生了明显的改变。例如,在随后为批判蒲鲁东而撰写的《哲学的贫困》中,我们通过马克思的批判可以清晰地感受到这一点(详见本书下一章)。

在《德意志意识形态》中,马克思和恩格斯没有直接谈到正义问题,但是,他们深入地考察了人类社会的不平等现象,对平等问题作了深入的剖析。这一研究,可以为我们理解马克思正义问题研究范式的转变提供一个典型范例。下面,我们就先分析一下马克思和恩格斯对平等范畴的考察和说明。

马克思首先从人类物质生产实践的演进过程着手,探讨了不平等现象产生的历史根源。他认为,不平等是一种历史的现象,是人类社会发展初期低下的生产力水平以及由此而来的社会分工的必然产物。马克思、恩格斯在考察人类社会所有制的衍变形式时指出,任何新的生产力的发展,都会引起分工的进一步发展;分工的发展,则推动生产力与生产关系的矛盾运动,导致私有制的出现。在部落所有制阶段,生产力水平极端低下,人们只是凭借狩猎、捕鱼、畜牧,或者最多是靠务农为生。在这个阶段上,分工也很不发达,起初只是性别方面的分工,后来由于天赋、需要、偶然性等因素,仅限于家庭中的现有的自然产生的分工进一步扩大。此后,随着社会生产力水平的逐步提高,原始共同体分裂为单独的、互相对立的家庭,"与这种分工同时出现的还有**分配**,而且是劳动及其产品的**不平等**的分配(无论在数量上或质量上);因而也产生了所有制,它的萌芽和原始形态在家庭中已经出现,在那里妻子和孩子是丈夫的奴隶"①。也就是说,此时形成所谓父权制时代的"家务奴隶制",即在

---

① 《马克思恩格斯全集》第3卷,人民出版社1960年版,第36页。

家庭内部,妻子和孩子是丈夫的奴隶,同时,开始出现了劳动及其产品的不平等分配。可见,不平等的产生,不是由于人没有"意识到别人是和自己平等的人",没有"把别人当做和自己平等的人来对待"①,而纯粹是客观的物质生产过程的产物。既然不平等现象是随着分工以及物质生产力的发展而不断变化的,那么,只能说明,平等是一个历史的、具体的范畴,在不同的历史时期和社会发展的不同阶段,平等要求具有不同的实际内容。马克思和恩格斯指出:"人们每次都不是在他们关于人的理想所决定和所容许的范围之内,而是在现有的生产力所决定和所容许的范围之内取得自由的。"②这句话虽然是马克思和恩格斯在论述自由问题时提出的,但同样适合于平等问题。在他们看来,人们提出什么样的平等要求以及能否实现这些要求,关键要看现实生产力发展的程度。

不平等现象既然是随着分工等经济活动出现的,那么,要想消除不平等现象,就应当从消灭分工等经济途径入手。马克思和恩格斯认为,分工导致了私有制的出现,私有制的出现又进一步强化了旧式分工,因此,"分工和私有制是两个同义语,讲的是同一件事情,一个是就活动而言,另一个是就活动的产品而言"③。所以,要想消灭不平等现象,就要消灭旧式分工与私有制。马克思和恩格斯认为,正是这一点将共产主义革命与其他一切革命区分了开来。"过去的一切革命始终没有触动活动的性质,始终不过是按另外的方式分配这种活动,不过是在另一些人中间重新分配劳动,而共产主义革命则反对活动的旧有**性质**,消灭**劳动**,并消灭任何阶级的统治以及这些阶级本身。"④也就是说,只要私有制继续存在,社会正义、平等问题就无法获得真正解决,而共产主义革命将通过消灭私有制、消灭剥削真正实现社会正义和平等。总的来看,马克思恩格

---

① 《马克思恩格斯全集》第 2 卷,人民出版社 1957 年版,第 48 页。
② 《马克思恩格斯全集》第 3 卷,人民出版社 1960 年版,第 507 页。
③ 同上书,第 37 页。
④ 同上书,第 78 页。

斯决不是主张从人类天性、生命自由表现等抽象原则入手,而是坚持结合物质生产状况及其具体历史发展,对社会公平正义问题作出客观的分析和科学的说明,并进而通过现实的实践运动寻求社会正义的实现。这是马克思所开创的研究社会正义问题的崭新范式。

需要指出的是,正是在这一时期,在对人类社会历史的实证性的真实探索中,马克思恩格斯把研究的出发点锁定在"现实的个人"上,从而告别了费尔巴哈抽象的"人",清算了费尔巴哈在历史观上的唯心虚设。"这是一些现实的个人,是他们的活动和他们的物质生活条件,包括他们已有的和由他们自己的活动创造出来的物质生活条件。"①由此出发,马克思恩格斯详细考察了人类社会分工发展的不同阶段、所有制的各种不同形式等问题,并把这些问题作为研究平等、正义等问题的基本理论平台。从这一研究立场出发,马克思恩格斯对费尔巴哈进行了批判:"当他看到的是大批患瘰疬病的、积劳成疾的和患肺痨的穷苦人而不是健康人的时候,他便不得不求助于'最高的直观'和观念上的'类的平等化',这就是说,正是在共产主义的唯物主义者看到改造工业和社会结构的必要性和条件的地方,他却重新陷入唯心主义。"②费尔巴哈的错误在于,他努力使现实符合于观念,希图把问题消弭于原则中,然而,他的观念和原则不是来源于现实、来源于问题,而是从抽象的、理想化的人"类"中概括出来的,因而毫无现实指导意义,除了抒发个人的感情外,不能解决任何现实问题。

马克思恩格斯还依据这一研究立场对鲁道夫·马特伊等"真正的社会主义者"等从人性出发研究正义问题的作法进行了深入剖析与批判。马特伊在《社会主义的建筑基石》一文中曾经提出:"我认识到每一个人都是由于本身的特殊性而同我对立、又由于本身的普遍性而同我相等的

---

① 马克思、恩格斯:《德意志意识形态》(节选本),人民出版社2003年版,第11页。
② 同上书,第22页。

人。因此,承认人类平等,承认每个人生存的权利,是以一切人所共有的对人的本性的意识为基础的,正像爱、友谊、正义以及一切社会美德是以对人类自然联系和一致的感觉为基础的一样。如果我们一向把它们称为义务,要求人们来履行这些义务,那么在不是以外界的强制为基础的、而是以对内在人类本性的意识即理性为基础的社会中,它们就变成了生命的自由的、自然的表现了。因此,在符合于人类天性的、即合理的社会中,一切成员的生活条件应当是相同的,也就是说应当是普遍的。"①也就是说,在马特伊看来,之所以承认人类平等,是因为人们都具有"对人的本性的意识",正义等社会美德也是以某些感觉为基础的,正由于此,人们的生活条件也应当是平等的。否则,就违背了人类的天性。马克思恩格斯就此针锋相对地指出:这种理解无非是"从**普遍的**本性引申出'人类平等'和共同性。因此,一切人所共有的关系在这里成了'人的本质'的产物、人的**本性**的产物,而实际上,这些关系像对于平等的意识一样是历史的产物"②。马克思恩格斯在这里明确提出,平等的意识,以及马特伊视作平等的基础的人的本性都是历史的产物,都是历史地产生和发展的,从来就没有什么抽象的人的本性、人的本质。试图从这些所谓本性、本质中概括和推演出正义、公平原则,并以之为圭臬规范社会现实的设想,是对人类丰富绵长的物质生产发展史以及社会发展史的遗忘,也是希望用头脑中的理性设定超越人类社会真实而复杂的实践生活的僭妄。

　　经过了这样一个探索、扬弃的过程,马克思在正义问题研究上实现了从早期革命民主主义和理性正义观到历史唯物主义正义观的理论转型。需要指出的是,对马克思早期正义观及其理论转型的梳理和分析提示我们,在确定当代中国社会公平正义问题研究的方法论原则和理论起点时,至少应当留意以下两点:

―――――――

①②《马克思恩格斯全集》第 3 卷,人民出版社 1960 年版,第 566 页。

第一,研究社会公平正义问题必须以唯物史观为指导,而决不能盲目追求话语的新异,忽视或抛弃唯物史观在这一研究上的指导意义。

从上述分析中可以看出,马克思经历了一个漫长而艰苦的理论探索过程,才达致唯物史观的方法论原则。背离了唯物史观,看似时髦,实则是滑落到唯物史观创立之前较低层级的研究方法和研究范式上。

当前,西方政治哲学界涌现了多种正义理论,其中不乏真知灼见。譬如,罗尔斯所创立的作为公平之正义的思想体系即为影响深远的思想结构。然而,罗氏据以立论的方法,仍然是社会契约论的自然状态学说。如同他所反复申明的,原初状态不是历史上的实存状态,而仅仅是一种理性的试验和在思维中的存在。这让我们不能不产生一个疑问:由此出发构建的正义理论体系,其理论基础是否稍显薄弱?答案是肯定的。在这一问题上,《正义论》一书的译者何怀宏教授就提出,罗尔斯论证正义原则的社会契约论方法,一般以自然法的某些概念为基础,而自然法实际上是一种运用理性去发现的、有关人类权利和社会正义、被认为是高于"实在法"的普遍适用的一套价值体系。契约论的特征主要在于它的理性主义和对道德或者说正义的强调。① 在这种契约论和自然法理论中,蕴含着非历史主义的倾向,其结论的析出不是立足于对历史事实的把握与历史规律的概括,而是建立在理性推衍的基础上。因此,恰如何怀宏教授所说:"正义乃至正当的理论还应当有更深厚的根基,应当依据某种深刻的对于人类历史和社会发展的认识,依据某种有关人及其文化的哲学,这样才可能使理论彻底,才可能根基稳固,才可能不仅揭示'应然',而且指明从'实然'到'应然'的现实道路,才可能最终地说服和把握人。"正是由于此,"马克思在研究政治经济学时采用了一种从抽象上升

---

① [美]罗尔斯:《正义论》,何怀宏等译,中国社会科学出版社 1988 年版,译者前言,第 20—21 页。

到具体、由简单上升到复杂的方法……然而,马克思在这一具体方法之上,还握有一种更根本的方法即唯物史观。"①这也从一个方面提示我们,在进行社会公平正义问题研究时,除了各种具体的、微观的方法之外,应当始终以唯物史观作为更根本、更基础也更宏观的研究方法。

第二,研究正义问题的出发点不是理性、人性以及由此生发出来的种种看似严密且充满伦理温情的原则、观念、公理、规范、预设等,而是现实的物质生产活动及其实践。

依据唯物史观的方法论原则,只有社会物质生产以及"在社会中进行生产的个人"②,才能成为提出富有生命力的正义原则的理论起点。也只有深入到这些物质生产主体的生产和生活之中,切实考察他们的世界以及他们的利益、愿望、要求和发展,才能为进一步扩大社会公平正义找到正确的锁钥。

马克思在思想早期尽管从理性出发追逐过符合正义原则的理性国家,但在完成包括正义观在内的思想转变之后,马克思从未再回到这一立场上来,他坚决反对将公平、正义等当做一成不变的、高居于社会之上的普遍价值预设,而是始终把公平正义等范畴当做社会现实的征兆和反映,力图在社会生产方式的变革和革命活动的实际展开中推动社会公平正义的进一步实现。实际上,在马克思以及恩格斯其后的革命和学术生涯中,他们对以蒲鲁东、拉萨尔、杜林等为代表的小资产阶级正义观进行了深刻而犀利的批判,其中一个最主要的原因,就是因为后者都希望从理性中找到某些正义原则,按照这些正义原则改造社会,从而在原则中为消除现实社会的非正义铺设道路。

当代中国的发展道路是独一无二的,当代中国的发展经验也是独一无二的,当代中国解决在发展中遇到的问题和困难没有成法和范本可

---

① [美]罗尔斯:《正义论》,何怀宏等译,中国社会科学出版社1988年版,译者前言,第20—21页。
② 《马克思恩格斯全集》第30卷,人民出版社1995年版,第22页。

依。要顺利解决当代中国的社会公平正义问题,中国学术界应当遵循唯物史观的方法论原则,从放任思维信马由缰的云霄半空走入当代中国的实际和实践,在那里探索更加富有现实解释力和实践引领力的学术原创。放弃了这一点,执著于在纯粹的理性、原则、价值规范中推衍正义的逻辑,即使搭建起再宏大的理论叙事和再新异的话语体系,即使引述再多的西方学者的论述,也只能如日本学者川本隆史所说,是"在脑子里做着很有意思的体操"①。

综上所述,马克思和恩格斯对平等范畴的研究提示我们,对于正义问题的研究,也不能从什么人类天性、生命自由表现入手,而必须结合物质生产状况与具体历史发展作出客观的分析和科学的说明。然而,在当时的学术研究与实际斗争中,很多学者、思想家、社会活动家甚至无产阶级运动的领导者、同路人都没有达到马克思、恩格斯的认识高度,依然坚持种种抽象地、空洞地探讨正义问题的途径,并且以他们的这种研究,影响、阻碍甚至取消无产阶级运动。

对于这种情况,马克思和恩格斯的做法正如 1843 年 9 月马克思给阿尔诺德·卢格的信中所写到的:"通过批判旧世界发现新世界","对现存的一切进行无情的批判"②。下面,就让我们追随着马克思恩格斯的脚步走进他们批判各种正义观的思想战场。

---

① 川本隆史:《罗尔斯:正义原理》,詹献斌译,河北教育出版社 2001 年版,第 8 页。
② 《马克思恩格斯全集》第 47 卷,人民出版社 2004 年版,第 64 页。

第二章　对蒲鲁东主义正义观的批判

如导论中所提及,在正义问题上,蒲鲁东主义可以说是马克思恩格斯用力最勤、着墨最多、花费时间最长的批判对象之一。在马克思恩格斯的理论生涯中,蒲鲁东及其他蒲鲁东主义者的正义观被他们在多篇文章、多本著作以及不同时期反复提及、多次批判。甚至蒲鲁东去世之后,马克思还专门写了文章为其"盖棺论定"①。恩格斯在1872年还就住宅问题深刻地批判蒲鲁东主义者米尔柏格,责备他"同老师蒲鲁东本人在集市上的叫卖声一模一样"②。正由于此,从马克思恩格斯对蒲鲁东的批判开始,论述与分析他们的正义观,是一个有着充足的文本支撑和充分的理论依据的开端。

一提到蒲鲁东,人们马上就会想到,这是法国一个小资产阶级经济学家和无政府主义者。马克思对蒲鲁东经济思想和无政府主义所作的批判,也早已为人所熟知。但是,对蒲鲁东思想的另一面,我们也许并不

---

① 参见《马克思恩格斯全集》第16卷,人民出版社1964年版,第36页。这是马克思于1865年1月24日写给施韦泽的信,但是,马克思为这封信加了一个明确的标题:《论蒲鲁东》。按照常理来讲,给一个人的信件是没有必要加标题的,所以,马克思在这里的意图很明确——这封信就是一篇对蒲鲁东进行全面评价的文章。
② 《马克思恩格斯选集》第3卷,人民出版社1995年版,第153页。

十分熟悉。这就是蒲鲁东的法哲学与政治哲学思想。实际上,蒲鲁东的经济思想和无政府主义观点,是以其法哲学与政治哲学思想作为深层理论支撑的。可以说,蒲鲁东的经济思想与无政府主义是他为当时社会开出的药方,而他的法哲学与政治哲学观点则是他对当时社会的诊断及其依据。蒲鲁东的法哲学与政治哲学思想,集中围绕着正义、公平等范畴而展开。从某种意义上可以说,正义、公平观是蒲鲁东整个思想体系的基点,他的经济观与无政府主义主张,都是为了实现他心目中的正义、公平原则而提出的。很长一段时间以来,我们对蒲鲁东后一方面思想的关注和研究是较为欠缺的。

马克思恩格斯对蒲鲁东主义正义观的批判涉及的时间长、著作多、线索杂、问题广,因而,笔者将首先对马克思恩格斯与蒲鲁东思想交锋的几个不同时期进行一下梳理和简要介绍,然后,笔者拟从几个不同方面具体分析马克思恩格斯的批判,以期准确呈现他们的思想真貌与批判意图。

一　引言

马克思和恩格斯对蒲鲁东主义的认识与批判经历了很长一段时期,也发生过很复杂的变化。了解这些,可以帮助我们更加深刻、清晰地把握马克思恩格斯对蒲鲁东正义观的批判。大致说来,马克思恩格斯与蒲鲁东的思想交锋可以分为以下三个阶段:

第一,从马克思和恩格斯投身历史舞台到他们合作撰写《神圣家族》,这是第一个阶段。此一时期,由于马克思和恩格斯还没有建构起历史唯物主义的理论平台,还不能站在唯物史观的立场上客观准确地估量蒲鲁东的思想,因而比较重视蒲鲁东的观点,并给予了他一些较高的评价。

早在《莱茵报》时期,马克思就提出,要认真地研究蒲鲁东的有关思想。1842年10月,奥格斯堡《总汇报》指责马克思担任编辑的《莱茵报》具有共产主义倾向,"向共产主义虚幻地卖弄风情和柏拉图式地频送秋波"①。时年24岁的马克思就此指出:"《莱茵报》甚至不承认现有形式的共产主义思想具有**理论上的现实性**,因此,更不会期望**在实际上去实现**它,甚至根本不认为这种实现是可能的事情。《莱茵报》将对这种思想进行认真的批判。但是,对于像勒鲁、孔西得朗的著作,特别是对于蒲鲁东的机智的著作,决不能根据肤浅的、片刻的想象去批判,只有在长期持续的、深入的研究之后才能加以批判。"②可以看出,在当时的一些著作家中,马克思较为重视蒲鲁东,并且认为要批判他的观点,必须经过"长期持续的、深入的研究"之后才可以进行。

恩格斯在1843年10月撰写的《大路上社会改革的进展》一文中,也对蒲鲁东作出了较高的评价:"这一派(指法国倾向于共产主义的思想家——引者注)的最重要的作家是蒲鲁东;两三年前,这位年轻人发表了他的著作《什么是财产》;他对这个问题的回答是:财产就是盗窃。这是共产主义者用法文写的所有著作中最有哲学意义的作品;如果我希望有一本法文书译成英文,那就是这本书。这本书用丰富的智慧和真正的科学研究阐明私有权以及这一制度所引起的后果即竞争、道德沦丧和贫困,这种把智慧和科学研究在一本书中结合起来的做法,是我从来没有见过的。"③

在马克思和恩格斯于1844年9—11月期间合著的《神圣家族》中,马克思写道:"蒲鲁东则对政治经济学的基础即**私有制**作了批判的考察,而且是第一次带有决定性的、严峻而又科学的考察。这就是蒲鲁东在科学上所完成的巨大进步,这个进步使政治经济学革命化了,并且第一次使政治经济学有可能成为真正的科学。蒲鲁东的'什么是财产?'这部著

---

① 《马克思恩格斯全集》第1卷,人民出版社1995年版,第291页。
② 同上书,第295页。
③ 《马克思恩格斯全集》第3卷,人民出版社2002年版,第483—484页。

作对现代政治经济学的意义,正如同**西哀士**的著作'什么是第三等级?'对现代政治学的意义一样。"①马克思还说:"**蒲鲁东**永远结束了这种不自觉的状态。他认真地对待经济关系的**合乎人性的**外观,并把它和经济关系的**违反人性的现实**尖锐地对立起来。他迫使这些关系真正符合于它们自己对自己的看法;或者更确切些说,他迫使这些关系抛弃关于自身的这种看法而承认自己是真正违反人性的。因此,蒲鲁东不同于其余的经济学家,他不是把私有制的这种或那种个别形式、而是把整个私有制十分透彻地描述为经济关系的伪造者。从政治经济学观点出发对政治经济学进行批判时所能做的一切,他都已经做了。"②从蒲鲁东在思想史上的实际贡献以及马克思恩格斯创建唯物史观之后的相关论述来看,上述考语对于蒲鲁东来说,显然是一个过高的评价。

需要说明的是,马克思和恩格斯虽然当时非常重视蒲鲁东,但从来没有完全认同过他的思想。在《1844年经济学哲学手稿》中,马克思就提出了这样的问题:蒲鲁东等人把工资的**平等**看做社会革命的目标,他们究竟犯了什么错误?③ 这些疑惑和反思在《神圣家族》中也得到了体现。马克思写道:"蒲鲁东仍以政治经济学的**占有**形式来表现实物世界的重新争得。……'**平等**占有'是政治经济的观念,因而还是下面这个事实的异化表现:**实物是为人的存在**,是**人的实物存在**,同时也就是**人为他人的定在**,是**他对他人的人的关系**,是**人对人的社会关系**。蒲鲁东**在政治经济的异化范围内来克服政治经济的异化**。"④把这段话用通俗的语言表达出来,也就是说,蒲鲁东认为,社会革命的目标是世界的平等占有,即人们应当公平地占有资源和财富;但是,马克思敏锐地发现,按照蒲鲁东的这一革命目标,在这种情况下,人们在作为平等的占有者瓜分社会资源

---

① 《马克思恩格斯全集》第2卷,人民出版社1957年版,第39页。
② 同上书,第40页。
③ 马克思:《1844年经济学哲学手稿》,人民出版社2000年版,第14页。我们在本文第一章第三节分析过这一问题,此处不赘。
④ 《马克思恩格斯全集》第2卷,人民出版社1957年版,第52页。

之后,人们都成为新的私有者;在这种情况下,人与人之间的关系依然不是真正的人的关系,而是借助于实物的形式表现出来的异化了的关系。这表明,蒲鲁东的方案不是对现存社会的彻底改造,而仍然是在异化的圈子内克服异化。从这里可以看出,马克思和蒲鲁东在社会革命的目标、途径等重大问题上存在着很深的差异。

列宁在他所作的《神圣家族》摘要中指出,在这本书里"马克思以很赞扬的口吻谈论蒲鲁东(然而有一些保留的口气,例如他提到了德法年鉴上恩格斯的《政治经济学批判大纲》)。"①笔者认为,在这里,与"很赞扬的口吻"相比,"保留的口气"是更重要的,正是这一"保留",标示着马克思对蒲鲁东观点的异议与马克思的独立思考。日本学者城塚登在谈到马克思与蒲鲁东在这一时期的关系时也作如是观:"马克思高度地评价了蒲鲁东的功绩。然而,正因为如此,我们不能像世人常常误解的那样,把马克思的立场说成与蒲鲁东的立场完全相同。……虽然马克思从法国社会主义和共产主义那里接受了种种宝贵的启发,但是,从根本的立场上说,他同他们始终存在分歧。"②这一分歧,随着马克思恩格斯研究的深入而日益扩大。

第二,从马克思和恩格斯合作撰写《德意志意识形态》,开始创立唯物史观,直到蒲鲁东去世,是他们思想交锋的第二个阶段。此时,马克思和恩格斯对包括正义、公平观在内的蒲鲁东的全部思想展开了全面、系统、深刻地批判,彻底划清了马克思主义正义观与蒲鲁东主义正义观的界限。

随着马克思和恩格斯思想的日益成熟明朗,以及蒲鲁东在小资产阶级社会主义道路上愈走愈远,他们之间的差别与分歧已经成为了"一条无法逾越的鸿沟"和"不可弥合的裂口"③。当蒲鲁东于1846年秋出版了

---

① 列宁:《哲学笔记》,人民出版社1956年版,第6—7页。在这一中译本中,并未翻译"德法年鉴"与"政治经济学批判大纲"这两个词组。
② [日]城塚登:《青年马克思的思想——社会主义思想的创立》,尚晶晶、李成鼎等译,求实出版社1988年版,第104页。
③ 《马克思恩格斯全集》第21卷,人民出版社1965年版,第205页。

《经济矛盾的体系,或贫困的哲学》一书,系统地宣扬唯心主义历史观和改良主义的社会经济理论,对这个社会开出了"救世良方"时,马克思对他的批判就已经是势在必行的了。"马克思直到1846年的圣诞才得到蒲鲁东的书,当时他马上给安年柯夫写了一封长信叙述了他对书的印象。在信中,马克思清晰简明地把自己的历史唯物主义概念实际地应用于蒲鲁东的思想。马克思批判的要点是蒲鲁东不理解人类的历史发展,因此他就诉诸于理性、正义这类永恒的概念。"①之后,马克思撰写了《哲学的贫困》一书,深刻地剖析了蒲鲁东主义的实质,对其小资产阶级经济思想以及正义、平等观进行了深入的批判。而"那时候,马克思已经彻底明确了自己的新的历史观和经济观的基本点"②,因而,"《哲学的贫困》的特点是异常的简练和明确。船已不再是在沼泽上逶迤行进,而是乘风破浪地扬帆疾驶了。"③其后,在《共产党宣言》第三节的(乙)部分,马克思恩格斯对以蒲鲁东为代表的小资产阶级社会主义思潮作出了简明而深刻的批判。美国学者唐纳德·坦嫩鲍姆与戴维·舒尔茨就此谈到:"马克思对资本主义的道德控诉具有使其有别于其他人的独特视角。他的观点也使他有别于《共产党宣言》所讨论到的那些人,他们也是社会主义者,但不是他这一派的。他赞同其他社会主义者对资本主义罪恶的反对,但他并不是简单地谴责罪恶。他相信他已经找到了实现真正的、物质性的社会变革所需要的代理人——无产阶级。其他社会主义者对历史根本原因的理解在他看来是有局限的。他们没有认识到历史发展的正确途径,他们之中有许多人反对革命行动,赞成通过小规模的试验来达到和平改良。马克思认为,这种想法不仅走错了方向,而且会起反作用。"④马克思恩格斯对蒲鲁东主义正义观的批判,就是如此。

---

① 戴维·麦克莱伦:《卡尔·马克思传》,王珍译,中国人民大学出版社2005年版,第149页。
② 《马克思恩格斯全集》第21卷,人民出版社1965年版,第205页。
③ [德]弗兰茨·梅林:《马克思传》,樊集译,人民出版社1972年版,第164页。
④ 唐纳德·坦嫩鲍姆、戴维·舒尔茨:《观念的发明者——西方政治哲学导论》,叶颖译,北京大学出版社2008年版,第343页。

1851年，蒲鲁东出版了新著《19世纪革命的总观念》。当年8月，马克思和恩格斯研究了这本书，并在相互通信中对其主要内容作了批判。他们指出，蒲鲁东为社会开出的药方，不过是建立在空想社会主义和假黑格尔主义基础上的虚构。恩格斯还专门写了《对蒲鲁东的〈19世纪革命的总观念〉一书的批判分析》。① 1856年10月之后，由于当时经济危机的临近，马克思加紧研究政治经济学，在《1857—1858年经济学手稿》及《资本论》等著作中，从经济学的视角进一步批判了蒲鲁东的正义、公平观。②

　　蒲鲁东于1865年1月19日——即第一国际成立之后的第二天——去世。其后不久，马克思应拉萨尔派机关报《社会民主党人报》的编辑施韦泽之请求，为该报读者撰写了《论蒲鲁东》一文。在这篇文章中，马克思对蒲鲁东的一生作了一个总结性的评价。马克思既肯定了蒲鲁东对宗教和教会的攻击以及对1848年六月起义的辩护，同时也批驳了蒲鲁东解决社会问题的方案。马克思特别指出，蒲鲁东企图通过"无息信贷"和以这种信贷为基础的"人民银行"来消除剥削，这种社会改革方案"完全是小市民的幻想"。马克思还批评蒲鲁东不懂得真正科学的辩证法，因此陷入了诡辩的泥坑。③ 这些论断坚持和深化了自40年代中期以来马克思恩格斯对蒲鲁东正义观以及哲学、经济和现实政治观点的批判。

---

① 参见马克思1851年8月8日给恩格斯的信、恩格斯1851年8月10日左右和8月11日左右给马克思的信、马克思1851年8月14日给恩格斯的信、恩格斯1851年8月21日给马克思的信等。载《马克思恩格斯全集》第27卷，人民出版社1972年版，第315—335页。

② 例如，马克思在《资本论》的一个注中写道："蒲鲁东先从与商品生产相适应的法权关系中提取他的公平的理想，永恒公平的理想。顺便说一下，这就给一切庸人提供了一个使他们感到宽慰的论据，说商品生产形式象公平一样也是永恒。然后，他反过来又想按照这种理想来改造现实的商品生产和与之相适应的现实的法权。如果一个化学家不去研究物质变换的现实规律，并根据这些规律解决一定的问题，却要按照'自然性'和'亲合性'这些'永恒观念'来改造物质变换，那么对于这样的化学家人们该怎样想呢？如果有人说，'高利贷'违背'永恒公平'、'永恒公道'、'永恒互助'以及其他种种'永恒真理'，那么这个人对高利贷的了解比那些说高利贷违背'永恒恩典'、'永恒信仰'和'永恒神意'的教父的了解又高明多少呢？"参见《资本论》第1卷，人民出版社2004年版，第103—104页，注(38)。

③《马克思恩格斯选集》第2卷，人民出版社1995年版，第620页。

第三,在蒲鲁东去世后,恩格斯和马克思继续批判了米尔柏格等蒲鲁东主义者的正义、公平观,进一步深化与丰富了历史唯物主义正义观。

自19世纪70年代开始,蒲鲁东主义在欧洲工人运动中又重新流行起来,其中比较突出的是蒲鲁东主义者阿·米尔柏格所宣扬的所谓"永恒正义论"。米尔柏格把所谓的"永恒正义"当做法权的永久不变的原则,散布对资产阶级统治秩序的幻想,希图在资本主义生产关系范围内通过各种调节消除社会矛盾。这完全是对蒲鲁东的效仿。恩格斯在《论住宅问题》等著作中深刻地批驳了这一论调。恩格斯指出,在资本主义条件下,住宅匮乏等社会问题不是靠什么正义原则就可以解决的,而总是和国家政权、生产资料所有制等根本问题的解决联系在一起。无产阶级只有通过社会革命,夺取政权,消灭雇佣劳动制,由工人占有劳动资料,才能解决这些社会问题。《论住宅问题》等相关著作,进一步丰富了马克思在《哲学的贫困》中开启的从理论上批判蒲鲁东主义正义观的工作。并且,这些批判对于清除蒲鲁东主义正义观在现实工人运动中的消极影响,提升马克思主义的实践指导力量,作出了重要贡献。

二 对永恒不变的正义原则的批判

蒲鲁东的正义观,最突出的表现就是其正义原则论。在蒲鲁东看来,正义是决定社会存在与发展的永恒不变的最高原则,是位居中央的支配着一切社会现象的明星,是政治世界绕着它旋转的中枢。正因为正义有如此崇高的地位,所以人类社会历史发展就是一个不断趋向正义、社会矛盾不断融合以达致正义的运动过程。马克思和恩格斯深刻地批判了蒲鲁东的错误观点,阐述了马克思主义在正义问题上的基本思想。他们指出,正义范畴是现实社会关系的抽象的、观念的表现,蒲鲁东的正义原则论是对范畴与现实之关系的歪曲;因而,社会历史发展不是在正义原则的牵系之下复归正义的过程,相反,是社会现实生产方式的辩证运动推动着历史不断向前发展,也造成了正义观念具体内涵的不断变迁。

1. 蒲鲁东的正义界定颠倒了正义与现实社会的关系

蒲鲁东在其成名作和代表作《什么是所有权》中,把正义作为政治哲学思考的核心理念,并且提出了一种新的正义界定方式。我们先来分析一下蒲鲁东对正义的界定以及马克思恩格斯的相应批判。

蒲鲁东对他之前的法学家、政论家、神学家、哲学家等人关于正义的界定不屑一顾,认为他们都没有搞清楚"什么是正义?它的原则、特征、公式是什么"①。蒲鲁东说:"附和各派哲学家说下列这些话是毫无用处的:这是一种神圣的本能,一种不朽的和天赐的心音,一种大自然所赋予的指南,一种给降生到世界上来的一切人启示的智慧,一种铭刻在我们心上的法律;这是良心的呼声,理性的箴言,情感的启发,感觉的倾向;这是爱人如己的感情,正确地理解的私利;或者这是一种先天的观念,这是起源于纯粹理性概念的实用理性的绝对的命令;这是一种热情的吸引力,等等,等等。"②在这短短的几句话里,蒲鲁东几乎把在他以前出现过的各种正义界定都否定了。这包括:(1) 从神意出发来界定正义的观点,例如奥古斯丁等基督教神学家;(2) 从良心出发来界定正义的观点,例如中国的孟子;(3) 从理性出发来界定正义的观点,例如孟德斯鸠;(4) 从情感出发来界定正义的观点,例如沙夫茨伯里;(5) 从正确的私利出发来界定正义的观点,例如边沁等功利主义者;(6) 从纯粹理性出发来界定正义的观点,例如康德。在蒲鲁东看来,这种种说法都没有真正把握住正义的实质,它们仅相当于向太阳祈祷的野蛮人所发出的"喔!——喔!"的叫声;虽然充满了热诚与强烈的情感色彩,却没有任何实际意义。

---

① [法]蒲鲁东:《什么是所有权》,孙署冰译,商务印书馆 1982 年版,第 51 页。
② 同上书,第 241 页。

那么,何为正义呢?蒲鲁东提出,所谓正义,就是平等,"就是在劳动的平等条件下使每个人分享一份相等的财产;就是像社会成员那样从事活动"①。即是说,蒲鲁东所认同的正义,是这样一种社会状态:每个人都享有一份等额财产,并且在平等的劳动条件下进行劳动创造;舍此,即无正义可言。那么,蒲鲁东是如何得出这一结论的呢?为了论证其观点,蒲鲁东首先援引了亚里士多德对"人"的界定加以说明。他说:"亚里士多德说过:人是一种有理性的社会动物。这个定义高出在它以后提出的一切定义。"②也就是说,"人是一种过着社会生活的动物"③。在蒲鲁东看来,这个定义包含着两个要点:(1) 人是一种动物,动物性是"人类的主要品质"④;(2) 人不是普通的动物,而是经营着社会生活的动物;除了动物性之外,人还具有社会性。换句话说,只有组织成社会或者存在于社会之中的人才是"人",破坏、消灭社会或者游离于社会之外的人都不成其为"人"。

那么,什么是社会呢?在蒲鲁东看来,"社会意味着各种关系的总和,总之就是体系"⑤。而一切体系都要遵循某些条件或规则才能存续,人类社会这一体系也不例外。在蒲鲁东看来,正义就是人类社会这一体系得以存续的条件,就是"人类社会的定律"⑥。为何如此呢?蒲鲁东进一步论证说,在现实社会中,由于各种规律的作用,人们必须联合在一起协作生产、共同劳动,因此,联合与协作是人类社会必然的也是最大的社会性行为。"即使我们不想联合,事物的力量、消费的必要、生产的规律、交换的数学原理还会使我们结合在一起。"⑦也就是说,离开了联合与协作,这个社会就会分崩离析,不复存在。而什么样的原则才能保证人们的联合与协作,从而保证这个社会存在发展下去呢?蒲鲁东认为,这个

---

① [法]蒲鲁东:《什么是所有权》,孙署冰译,商务印书馆1982年版,第249页。
②③④⑤ 同上书,第240页。
⑥ 同上书,第240—241页。
⑦ 同上书,第247页。

原则就是正义,就是等于平等的正义。因为"如果没有平等,无论商业、工业或农业的任何协作都是不可想象的;平等是协作的必要条件。所以,在与这种协作有关的一切问题上,侵犯协作关系就是侵犯正义与平等。你可以把这个原则应用于整个人类。"①这样,蒲鲁东就得出了正义即平等的结论。也正是在这个意义上,蒲鲁东提出:"社会、正义和平等是三个相等的名词,三个可以互相解释的用语,它们的互相代替使用是永远合理的。"②如此这般,正义就在这里获得了一种天然的合法性,成为社会之所以是"社会"的前提。

针对这一界定,马克思和恩格斯指出,蒲鲁东对正义的理解看似立足于现实社会,实际上纯粹是从主观想象出发的,颠倒了正义与现实社会的关系。蒲鲁东借以界定正义的社会观就是完全错误的。马克思就此指出:"社会——不管其形式如何——究竟是什么呢?是人们交互作用的产物。人们能否自由选择某一社会形式呢?决不能。在人们的生产力发展的一定状况下,就会有一定的交换(commerce)和消费形式。在生产、交换和消费发展的一定阶段上,就会有一定的社会制度、一定的家庭、等级或阶级组织,一句话,就会有一定的市民社会。"③也就是说,社会不是按照什么原则构想出来的,而是人们物质生产实践的产物。一定的生产力构成一个社会的物质基础和前提,在此基础上,人们建立起相应的交换关系、消费关系;而在这种种社会关系的基础上,才形成家庭、等级、阶级等构成社会整体的因素。"适应自己的物质生产水平而生产出社会关系的人,也生产出各种观念、范畴,即这些社会关系的抽象的、观念的表现。"④可见,各种观念、范畴不是预先存在的,也不是凭空产生的,而是对现实存在的社会关系的抽象和概括。在正义问题上也是如此,正

---

① [法]蒲鲁东:《什么是所有权》,孙署冰译,商务印书馆1982年版,第248页。
② 同上书,第246页。
③ 《马克思恩格斯全集》第27卷,人民出版社1972年版,第477页。
④ 同上书,第484页。

义范畴不过是社会关系抽象的、观念的表现,不是正义决定现实关系,而是恰恰相反。蒲鲁东"正义即平等"的命题却完全忽视了这一点。我们可以看到,在蒲鲁东对正义概念的推导中,他根本没有涉及现实关系的探讨,而只是强调,社会要想成其为社会,就需要某些原则,如果没有这些原则,社会就将不复存在。因此,蒲鲁东对正义的界定不是对现实社会关系的反映,而纯粹是在头脑中主观臆造的产物。

在《哲学的贫困》中,马克思再次指出:"经济学家蒲鲁东先生非常明白,人们是在一定的生产关系范围内制造呢绒、麻布和丝织品的。但是他不明白,这些一定的社会关系同麻布、亚麻等一样,也是人们生产出来的。社会关系和生产力密切相联。随着新生产力的获得,人们改变自己的生产方式,随着生产方式即保证自己生活的方式的改变,人们也就会改变自己的一切社会关系。手工磨产生的是封建主为首的社会,蒸汽磨产生的是工业资本家为首的社会。人们按照自己的物质生产的发展建立相应的社会关系,正是这些人又按照自己的社会关系创造了相应的原理、观念和范畴。"[1]这里依然是在强调,人们在现实生产活动中形成一定的社会关系,又从这些社会关系出发,概括、提炼出种种原理、观念和范畴。因而,对包括正义在内的各种范畴的研究和解析,必须着眼于它们所由以产生的社会关系,而不是相反。

可以看出,蒲鲁东将正义等人类思维抽象出来的范畴独立化、实体化,并进一步将之视为历史发展的永恒原则,这实质上颠倒了正义与现实社会关系之间的关联,扭曲了正义的涵义。正如德国学者乌特·威尔特尔所认为的:"他(指蒲鲁东——引者注)的理论特征是,他不是将经济范畴理解为现实过程在人的意识中的反映,而只是将其看成任意的东西。"[2]而马克思

---

[1]《马克思恩格斯全集》第4卷,人民出版社1958年版,第143—144页。
[2][德]乌特·威尔特尔:《论50年代马克思对蒲鲁东主义的批判及其对国际工人运动进一步发展的意义》,载《马克思恩格斯研究》,中共中央编译局马恩室编,1993年,第14期,第104页。

和恩格斯则与蒲鲁东正好相反:"强调经济范畴的物质基础和历史特征,并且把社会生产关系作为他研究的重点。"①

2. 对正义的理解在生产方式的推动下不断发生变化

蒲鲁东认为正义即平等,并且进一步认为,正义是一个永恒不变的原则,它拉动和牵引着社会向前发展。这一观点,是蒲鲁东从事学术研究以来一贯的指导思想。1837年,蒲鲁东出版了他的第一本小册子《普通语法论》。"这既是一部神学的、也是社会经济学的作品。蒲鲁东肯定地说,通过语言的研究可以确定人类的共同性以及所有各部族的起源。他力图证明在人类起源的时候就是人人平等的,平等原则是人类的共同性。"②也就是说,在蒲鲁东的第一本著作中,他就力图证明平等作为一条人类"原则"的重要性。正如陈汉楚所言:"维护小私有者的地位,保护小生产者的经济利益,争取财富的平等分配,这就是青少年时代蒲鲁东的基本思想倾向。"③

在《什么是所有权》中,蒲鲁东则更加明确地宣称:"正义是位居中央的支配着一切社会的明星,是政治世界绕着它旋转的中枢,是一切事务的原则和标准。人与人之间的一切行动,无一不是以公理的名义发生的,无一不是依赖于正义的。"④正由于此,"如果我们对正义和公理所形成的概念不明确,如果这个概念是不完全的甚或是错误的,那么显而易见,我们在立法上的一切措施就会是有害的,我们的制度就会是有缺点的,我们的政治就会是谬误的:因而就会产生骚动和社会的混乱。"⑤显然,蒲鲁东是要说明,正义是社会最基本和最重要的原则,一切社会事务

---

① [德]乌特·威尔特尔:《论50年代马克思对蒲鲁东主义的批判及其对国际工人运动进一步发展的意义》,载《马克思恩格斯研究》,中共中央编译局马恩室编,1993年,第14期,第105页。
②③ 陈汉楚:《蒲鲁东和蒲鲁东主义》,江苏人民出版社1981年版,第4页。
④⑤ [法]蒲鲁东:《什么是所有权》,孙署冰译,商务印书馆1982年版,第52页。

和现象都必须符合正义的要求,否则,经济、政治和各种制度都会存在缺陷,使社会不能建立在稳固的基础之上,从而引发骚动、混乱等各种社会问题。而现实社会中之所以充满了各种不正义的现象,在蒲鲁东看来,就是因为人们从来没有弄清正义的内涵。"我以为我们从来就没有懂得这些如此通俗和如此神圣的名词的意义:正义、公道、自由;关于这些原理的每一项,我们的观念一向是极端模糊的;并且最后以为这种愚昧无知的情况就是置我们于死地的贫困和人类所遭受的一切灾难的唯一原因。"①由此,蒲鲁东认为,要想消除人类的苦难,就必须准确把握正义等名词的涵义,使各种社会制度符合正义的要求。可以说,这一观点是蒲鲁东正义观的核心。在他后期的著作例如《战争与和平》中,蒲鲁东依然认为:"人类的进步完全在于正义和哲学。"②"事实不过是向肉眼显示理性概念的符号。"③在现实的社会财富分配问题上,他提出:"财富分配方面的不平等从何而来呢?它绝不可能来自经济历史发展的规律;而是像包括战争在内的一切其余的事物一样,来自心理学原理、来自**原则**,而原则就是我们对本身的价值和本身的品德的认识,也就是这样一种感情,它能转化为对自己的同类和整个人类的尊重并成为正义的基础。但包含着作为**自在之物**的正义的那个原则,迄今为止实际上却恰恰是对正义的否定;我们允许自己和自己亲近的人的事情比允许别人的事情要多。夸大自己和滥用自己的长处,就会迫使我们去破坏经济分配规律(在奖励劳动方面和分配服务和产品方面平等的规律)。"④可以清楚地看到,蒲鲁东仍然是在强调,平等、正义的原则是社会发展应当遵循的模式和目标。

如上所述,马克思恩格斯认为,正义是现实的经济关系的抽象的、观念的表现,不是正义范畴决定经济关系和社会现实,恰恰相反,是经济关

---

① [法]蒲鲁东:《什么是所有权》,孙署冰译,商务印书馆1982年版,第40—41页。
②③④ 转引自《马克思恩格斯全集》第45卷,人民出版社1985年版,第161页。

系和社会现实决定正义范畴。而人类的经济社会关系是不断改变的,所以各种范畴也是不断发生变化的,没有什么永恒不变的正义原则。马克思主义的一个基本观点是,生产方式的辩证运动推动着社会历史向前发展。每一个具体的社会形态承继一定的生产力,这一生产力状况是不能任意规定的,与此相适应,人们形成一定的生产关系;但同时,随着时代的发展和人们改造自然的能力的提高,这一社会形态的生产力水平不断提升,从而与其生产关系发生矛盾,要求突破这种生产关系的束缚以获得更大发展;正是这种辩证运动推动着人类历史不断向前迈进。马克思就此指出:"适应自己的物质生产水平而生产出社会关系的人,也生产出各种观念、范畴,即这些社会关系的抽象的、观念的表现。所以,范畴也和它们所表现的关系一样不是永恒的。这是历史的和暂时的产物。而在蒲鲁东先生看来却刚刚相反:抽象、范畴是原始的原因。根据他的意见,创造历史的,正是抽象、范畴,而不是人。抽象、范畴就其本身来说,即把它们同人们及其物质活动分离开来,自然是不朽的、不变的、固定的。"①

在1846年12月28日给安年科夫的信中,马克思强调指出,正义等观念、范畴不能脱离产生它们的现实条件,它们产生于人类思维对社会关系的抽象,而这种社会关系又根源于物质生产。物质生产与社会关系随着生产力的发展变化而发展变化,所以这些观念和范畴不是社会发展的推动力量,更不是固定不变的。在《哲学的贫困》中,马克思再次指出:"随着新生产力的获得,人们改变自己的生产方式,随着生产方式即保证自己生活的方式的改变,人们也就会改变自己的一切社会关系。手工磨产生的是封建主为首的社会,蒸汽磨产生的是工业资本家为首的社会。人们按照自己的物质生产的发展建立相应的社会关系,正是这些人又按照自己的社会关系创造了相应的原理、观念和范畴。

---

① 《马克思恩格斯全集》第27卷,人民出版社1972年版,第484—485页。

所以,这些观念、范畴也同它们所表现的关系一样,不是永恒的。它们是历史的暂时的产物。"①也就是说,生产力是社会发展的最终决定力量,人们随着生产力的发展相应地改变生产方式,从而也改变自己的社会关系;随着社会关系的改变,人们也不断地改变旧的观念、范畴和创造新的观念、范畴。归结起来,任何一种范畴,都不过是人类社会关系的一种抽象的、观念的表现。正义范畴,亦是如此。所以,"这些观念、范畴也同它们所表现的关系一样,不是永恒的。它们是历史的暂时的产物。"②马克思还举了"原理"与"世纪"之关系的例子来进一步说明此点:看上去每个原理都有其出现的世纪,例如,与权威原理相适应的是 11 世纪,与个人主义原理相适应的是 18 世纪。因而,似乎不是原理属于世纪,而是世纪属于原理;或者换句话说,不是历史创造原理,而是原理创造历史。但是,马克思指出:"如果为了顾全原理和历史我们再进一步自问一下,为什么该原理出现在 11 世纪或者 18 世纪,而不出现在其他某一世纪,我们就必然要仔细研究一下:11 世纪的人们是怎样的,18 世纪的人们是怎样的,在每个世纪中,人们的需求、生产力、生产方式以及生产中使用的原料是怎样的;最后,由这一切生存条件所产生的人与人之间的关系是怎样的。"③这就要求,我们不能停留在原理和范畴上,而必须深入探寻它们背后的物质动因——人们的生产关系以及社会关系。蒲鲁东对正义的理解实际上仅仅停留在事物的表面,而未能做出更深一步的钻研。他注意到人类社会要正常运行,需要一些规则、范畴的约束,但他不理解社会发展的真实过程,忽略了规则、范畴背后的深层物质根源,因而只能从头脑中去构造所谓的正义原则。正由于此,"真正的哲学家蒲鲁东先生对事物的理解是颠倒的,他认为现实关系只是睡在'人类的无人身的理性'怀抱里的一些原理和范畴的化身。"④

---

①②《马克思恩格斯全集》第 4 卷,人民出版社 1958 年版,第 144 页。
③ 同上书,第 148—149 页。
④ 同上书,第 143 页。

既然没有永恒不变的正义,那么将社会发展看做对正义的趋向和回归,就是完全误解了社会发展的本来面貌。马克思指出,蒲鲁东之所以如此,是由于他不理解社会发展的客观规律,不懂得是什么力量在推动着历史不断向前迈进,因而只能在头脑中寻求这种力量,把社会发展臆想成正义、平等观念不断实现的运动。依据马克思的唯物史观,社会历史变迁跃进的真实历程是这样的:"人们在自己生活的社会生产中发生一定的、必然的、不以他们的意志为转移的关系,即同他们的物质生产力的一定发展阶段相适合的生产关系。这些生产关系的总和构成社会的经济结构,即有法律的和政治的上层建筑竖立其上并有一定的社会意识形式与之相适应的现实基础。物质生活的生产方式制约着整个社会生活、政治生活和精神生活的过程。不是人们的意识决定人们的存在,相反,是人们的社会存在决定人们的意识。社会的物质生产力发展到一定阶段,便同它们一直在其中运动的现存生产关系或财产关系(这只是生产关系的法律用语)发生矛盾。于是这些关系便由生产力的发展形式变成生产力的桎梏。那时社会革命的时代就到来了。随着经济基础的变更,全部庞大的上层建筑也或慢或快地发生变革。"①马克思这段名言脍炙人口、屡被摘引,我们在此无意多谈,只是想指出,这段话在正义问题研究上至少给我们两点启示:(1)社会的整体变革,根本原因在于"物质生活的生产方式",而不是人们关于正义与非正义的观念;(2)社会的发展变革,是一个不以人的主观意志为转移的自然历史进程,虽然她不排斥人们对正义、平等的追求,但在这个自然历史进程中从来就不存在一个正义的价值悬设。在这一问题上,斯大林明确指出:"无政府主义者的'始祖'蒲鲁东说:世界上存在着一成不变的正义,这种正义应当成为未来社会的基础。因此蒲鲁东被称为形而上学者。马克思借助辩证方法和蒲鲁东作斗争,并证明说:既然世界上一切都在变化,那么'正义'也一

---

① 《马克思恩格斯选集》第2卷,人民出版社1995年版,第32—33页。

定要变化,因而'不变的正义'只是一种形而上学的呓语。"①

三 对"复归小私有制"之正义目的的批判

蒲鲁东所生活的年代,正值法国产业革命迅速兴起之际。当时,资本主义获得了显著发展,与之相反,小农经济和手工业生产则处于破产的境遇之中,广大农民和手工业者受着地主、富农、高利贷者和政府苛捐杂税的重重盘剥,生活极其贫困。在这种历史背景下,蒲鲁东从法学和政治哲学的角度出发,猛烈抨击资产阶级所有权制度,寻求所谓的正义与平等。蒲鲁东认为,要在人类社会中实现正义,消除各种非正义现象,使社会、正义、平等等同起来,就必须反对资本主义所有制,复归和巩固小资产阶级所有制,"在劳动的平等条件下使每个人分享一份相等的财产"②。简而言之,在蒲鲁东眼里,消灭资本主义,重返小生产制,这是永恒正义原则的要求。一旦实现了这一点,正义王国就降临世间了。

蒲鲁东的这一论断,同马克思恩格斯彻底推翻资本主义制度、消灭阶级、消灭剥削的共产主义革命理想显然是格格不入的,因而,受到了他们的严肃批判。下面,我们分三个方面来分析马克思恩格斯对蒲鲁东正义目的论的批判。

1. 蒲鲁东的正义目的论没有理解正义观的历史函变

在马克思看来,蒲鲁东之所以借助正义这一武器来批判资本主义制度,并且将一个平等的小私有者的社会状态确认为正义的,其中一个重要原因就是蒲鲁东不懂得正义观的历史函变,将正义看成固定不变、永恒如此的东西。

如前所述,蒲鲁东简单地把正义、平等、公平等同起来,并将其作为

---

① 《斯大林全集》第 1 卷,人民出版社 1953 年版,第 280 页。
② [法]蒲鲁东:《什么是所有权》,孙署冰译,商务印书馆 1982 年版,第 276 页。

社会存在发展的永恒原则。他之所以批判资本主义制度，正是因为这种制度违背了他的正义、公平原则。在蒲鲁东眼里，一个正义与理想的社会制度应当坚持绝对的等价交换原则，劳动者付出多少，就要得到多少，从而实现"价值和价值的老老实实的交换，在这种交换中，个人的自由得到了最高的实际的确认。"①而在资本主义制度下，个体劳动者被欺骗剥削，其劳动价值不能完全兑现，这就是蒲鲁东所认为的劳动者穷困的原因，也是他反对资本主义制度的原因。

这一观点正如马克思所说："这里恰好也暴露了社会主义者的愚蠢（特别是法国社会主义者的愚蠢，他们想要证明，社会主义就是实现由法国革命所宣告的**资产阶级**社会的理想），他们论证说，交换、交换价值等等**最初**（在时间上）或者按其**概念**（在其最适当的形式上）是普遍自由和平等的制度，但是被货币、资本等等歪曲了。或者他们论证说，历史迄今为止企图以适合自由和平等的真实性质的方式来实现自由和平等的一切尝试都失败了，而现在他们，例如蒲鲁东，发现了用这些关系的真正历史来代替它们的虚假历史的真正秘诀。"②也就是说，在蒲鲁东等人看来，交换和交换价值原本应当是一种自由、平等、正义的制度，但是由于资本主义社会里货币、资本等因素的影响，这种制度被歪曲了，从而使劳动者在交换中受到欺诈盘剥。在他们看来，要解决这一问题，就必须消灭货币、资本等因素，"刷新交换"（马克思讽刺布雷句），回复交换制度的正义本性。对此，马克思不客气地写道："对于这些社会主义者必须这样回答：交换价值，或者更确切地说，货币制度，事实上是平等和自由的制度，而在这个制度更进一步的发展中对平等和自由起干扰作用的，是这个制度所固有的干扰，这正好是**平等和自由**的实现，这种平等和自由证明本身就是不平等和不自由。认为交换价值不会发展成为资本，或者说，生

---

① 《马克思恩格斯全集》第44卷，人民出版社1982年版，第159页。
② 《马克思恩格斯全集》第30卷，人民出版社1995年版，第203—204页。

产交换价值的劳动不会发展成为雇佣劳动,这是一种虔诚而愚蠢的愿望。这些先生不同于资产阶级辩护论者的地方就是:一方面他们觉察到这种制度所包含的矛盾,另一方面抱有空想主义,不理解资产阶级社会的现实的形态和观念的形态之间必然存在的差别,因而愿意做那种徒劳无益的事情,希望重新实现观念的表现本身,而观念的表现实际上只是这种现实的映象。"①马克思在这里申明,在资本主义流通领域中,实行等价交换原则,这实际上已经实现了蒲鲁东等社会主义者所谓的"自由"、"平等"。"在货币制度充分发达的社会中,由此事实上造成了个人的实际的资产阶级平等——就他们拥有货币,而不管这种收入的来源而言。这里已经不是像古代社会那样,只有特权人物才能交换这个或那个,而是所有的人都能够获得一切,每个人都能够按照他的收入转化成的货币的数量来进行任何的物质变换。"②这就打破了封建专制时代的阶级制限,实现了人们在交换和流通领域的平等。然而,马克思进一步指出,虽然如此,资本主义制度却没有实现更深一层的自由、平等,而这就要到资本主义社会的生产领域当中去寻找原因。在资本主义社会的生产过程中,由于资本家拥有生产资料所有权,工人只能出卖给资本家劳动力,任由其无偿占有自己创造的剩余价值。显而易见,要想改变这一状况,必须变革资本主义社会的生产资料私有制,而不是试图使社会重返到简单商品生产时代,在简单商品交换的基础上实现所谓的公平正义。蒲鲁东不理解正义、平等等范畴的历史函变,不理解这些范畴内蕴的深刻的历史内容,因而企图反对非正义的资本主义制度,回复"纯净"的交换制度,这实在是一件"徒劳无益的事情"。

在1858年4月2日给恩格斯的信中,马克思再次指出:"从这种简单流通本身(它是资产阶级社会的表面,这里掩盖了产生简单流通的各种

---

① 《马克思恩格斯全集》第30卷,人民出版社1995年版,第204页。
② 《马克思恩格斯全集》第44卷,人民出版社1982年版,第161页。

较深刻的过程)来考察,除了形式上的和转瞬即逝的区别以外,它并不暴露各个交换主体之间的任何区别。就是**自由、平等和以'劳动'为基础的所有制的王国。**……蒲鲁东主义者以及类似的社会主义者……把适应于这种等价交换(或被认为是等价交换)的平等观念等等拿来同这种交换所导致和所由产生的不平等等等相对立。"①这仍然是在强调:流通领域不是什么非正义、不平等的根源所在,蒲鲁东等人一直把目光局限在这里,这实际上是被资本主义社会的表面现象所迷惑,而远未触及问题的根本。

2. 蒲鲁东的正义目的论只是对资本主义的法学批判

蒲鲁东对资本主义的批判和对所谓的正义的吁求,都是站在法学立场上思考问题而得出的结论,是一种彻底的法学思维方式,而这一运思路径正是马克思和恩格斯一贯反对的。

对于蒲鲁东的成名著作《什么是所有权》,恩格斯有一段评论:"该书包括的内容,部分是关于道德法律方面的论断,部分是关于道德经济方面的论断。其中每一个论断的目的都是想要证明:财产是以矛盾为基础的。……法学家认为它太偏重于经济,经济学家认为它太偏重于法律,而两者都认为它的道德气味太浓。"②也就是说,蒲鲁东的这本成名作不是从严格的科学的意义上出发讨论问题的,而主要是对资本主义社会的进行法学批判与道德抨击。马克思也曾经说过,蒲鲁东的这本著作在政治经济学的严格科学历史中,未必值得一提。③ 蒲鲁东在此之后的另一部大部头著作《贫困的哲学》,看似科学研讨,但实际上在其间贯穿的仍然是这种法学思维方式。我国学者陈汉楚指出:"蒲鲁东在这部书里,对于资产阶级所有制的问题只是从一般权利观点来考察,而不是从政治经

---

① 《马克思恩格斯全集》第 29 卷,人民出版社 1972 年版,第 305 页。
② 《马克思恩格斯全集》第 6 卷,人民出版社 1961 年版,第 688—689 页。
③ 《马克思恩格斯全集》第 16 卷,人民出版社 1964 年版,第 29 页。

济学的角度,把财产关系就其现实形态作为生产关系总和来进行分析的,这样就不可能揭露资产阶级所有制的真正性质。"①我国学者张一兵也认为:"这是一种来自政治法权逻辑的批判与否定。"②也就是说,蒲鲁东一贯的理论致思路径,是企图通过法权论证来驳倒资本主义,而不是希望通过现实斗争实际地推翻资本主义。这一点就连马克思的反对者巴枯宁都看得很清楚:"显然,马克思先生读遍了包括从圣西门到蒲鲁东在内的所有法国社会主义者的著作,大家知道,他痛恨蒲鲁东,他对蒲鲁东所作的无情批判无疑有许多正确的东西:蒲鲁东虽然尽力想站到现实的基础上来,但仍然是一个唯心主义者和形而上学者。他的出发点是抽象的法权观念;他从法权出发去考察经济事实,马克思先生则和他相反,说出了并且论证了为人类社会、各民族和国家过去和现在的全部历史所证实了的无容置疑的真理,就是无论在什么地方经济事实过去和现在都先于法律的和政治的法权。'阐述'和证明这个真理正是马克思先生的主要科学功绩之一。"③

在对资本主义私有制(蒲鲁东将其称为"所有")的批判中,蒲鲁东的这种法学思维方式表现得最为明显。为了说明自己的观点,蒲鲁东引用了古罗马执政官西塞罗的一个比喻来区分"所有"(即资本主义私有制)和"占有"(即蒲鲁东所主张的小生产私有制)的不同。西塞罗把土地比作一个广大的戏院,戏院中的座位是公共的,谁占的座位就是他自己的;这里的"占座"指这个座位是他临时占用的而并不归他所有。蒲鲁东认为,人们对社会资源的占有正如在戏院中"占座"一样,被私人据为己有的资源原本是社会共有的,私人只能"占有"而没有任何理由私有;同时,"占座"的比喻还规定了平等的原则:每个人都有权利"占有"一份平等的

---

① 陈汉楚:《蒲鲁东和蒲鲁东主义》,江苏人民出版社1981年版,第6页。
② 张一兵:《回到马克思——经济学语境中的哲学话语》,江苏人民出版社2005年版,第107页。
③ 转引自马克思亲手所作的《巴枯宁"国家制度和无政府状态"一书摘要》。参见《马克思恩格斯全集》第18卷,人民出版社1964年版,第690页。

资源,但不能多占别人的份额,正如人们只能坐一个座位而不能多坐一样。在此基础上,蒲鲁东对土地私有制提出了置疑:土地是大自然所赐予的,是上帝所创造的财富,它怎么会变成私有财产呢?资产阶级经济学家萨伊认为,土地不像空气和水那样是流动的,它是一个固定的有限度的空间,这种性质导致某些人会排斥其他人的占有而将其划归私有。蒲鲁东反驳说,这是把可能性当做权利,并没有回答占有的根据是什么。人们可以理解土地这样的东西比水和空气有更多被私有的机会,但是,我们追问的不是这个,而是人根据什么权利可以把大自然无偿赠与的而不是他自己创造的财富据为己有?萨伊显然回答不了这个问题。蒲鲁东进一步认为,如果因为土地的数量有限,所以要把土地进行私人分配的话,那么恰恰相反,这种分配就不应该仅仅为了少数人的利益,而应当为了所有人的利益进行分配。① 蒲鲁东在这里的逻辑根据是:人们的需要是平等的,所以权利也是平等的,因而占有也应当是平等的,惟此才能符合正义原则。

为了论证资本主义私有制的合法性,洛克等思想家从另一个角度给出了答案:劳动是所有权的动因。洛克说:"只要他(指劳动者——引者注)使任何东西脱离自然所提供的和那个东西所处的状态,他就已经掺进他的劳动,在这上面参加他自己所有的某些东西,因而使它成为他的财产。"②蒲鲁东明确反驳这种观点。他说,"我同意那个占有人可以得到双倍收获作为他的辛苦和努力的酬报,但他对于土地却不能得到任何权利。让劳动者享有他的劳动果实,这我是同意的;但是我却不了解为什么产品的所有权可以带来生产资料的所有权。"③也就是说,不管人们怎样劳动,土地的实质是不会发生改变的,这种实质就是土地是共有的,应该人人一份,不应该有人私吞霸占。因此,因为劳动而拥有所有权也是

---

① [法]蒲鲁东:《什么是所有权》,孙署冰译,商务印书馆1982年版,第79—117页。
② [英]洛克:《政府论》下篇,叶启芳、瞿菊农译,商务印书馆1964年版,第19页。
③ [法]蒲鲁东:《什么是所有权》,孙署冰译,商务印书馆1982年版,第131页。

不能成立的。在抨击资产阶级所有权时,蒲鲁东认为,人人都拥有平等的自然权利,所以,劳动者对自己的产品拥有天然的权利,这种权利是任何人通过任何手段都无法剥夺的。而在资本主义社会,地主剥削农民,资本家剥削工人,无偿占有了劳动者创造的产品而没有任何道德上的根据,因而是"盗窃",是不正义的。

通过上述阐述,可以很清晰地看出,蒲鲁东的论证方式承袭了西方古典政治哲学的传统理路,热衷于对抽象权利的论证和吁求,惯于在逻辑和思辨中寻找解决问题的方案。而实践证明,这一做法根本不能科学地说明工人受剥削的根源,因而无法给现实的工人运动提供指导,引领工人阶级走向彻底解放。马克思和恩格斯就此指出,蒲鲁东的做法仅仅是一种诉诸道义和正义感的做法,而脱离了现实的经济运行规律,脱离了对社会问题的实际分析,这在实践中是不会成功的。恩格斯说:"按照资产阶级经济学的规律,产品的绝大部分不是属于生产这些产品的工人。如果我们说:这是不公平的,不应该这样,那么这句话同经济学没有什么直接的关系。我们不过是说,这些经济事实同我们的道德感有矛盾。"①所以,"马克思从来不把他的共产主义要求建立在这样的基础上,而是建立在资本主义生产方式的必然的、我们眼见一天甚于一天的崩溃上"。②马克思同样指出:"对现存经济制度完全无知的人,当然更不能理解工人为什么要否定这种制度。他们当然不能理解,工人阶级企图实现的社会变革正是目前制度本身的必然的、历史的、不可避免的产物。"③这就是说,马克思和恩格斯反对从正义与公平出发、而主张从现实经济状况的发展变化出发去说明和批判资本主义私有制。在他们看来,随着生产力的愈益迅疾的发展,资本主义私人所有制越来越不能容纳庞大的生产力,因而这个私有制外壳必然要被炸开。而正义与公平只是法权观念

---

①②《马克思恩格斯全集》第21卷,人民出版社1965年版,第209页。
③《马克思恩格斯选集》第3卷,人民出版社1995年版,第113页。

和道德观念的抽象表现，单单从此出发是无法说明和批判现存的资本主义制度的。马克思和恩格斯强调，无产阶级的解放事业不是基于某种正义原则的论证，而是建立在资本主义发展必然趋势的基础上。

马克思在1870年4月19日给拉法格的信中，批判了巴枯宁创建的社会主义民主同盟"废除继承权"的错误纲领。蒲鲁东的做法同巴枯宁的错误纲领实际上如出一辙。马克思指出，"废除继承权"的要求只不过是圣西门派的旧废物，"十分明显，如果有可能通过全民投票在一天之内完成社会革命，那么对地产和资本的所有权马上会被废除，因而也就根本没有必要研究**继承权**。另一方面，如果没有这种可能性（当然，设想有这种可能性是荒谬的），那么宣布**废除继承权**就不是一个严肃的举动，而是一种愚蠢的威胁，这种威胁会使全体农民和整个小资产阶级围拢在反动派周围。请设想一下，比如美国佬未能用武力废除奴隶制。那么，宣布**废除奴隶继承权**是多么愚蠢的行为！这全部货色来源于一种陈旧的唯心主义，认为现在的法学是我们经济制度的基础，而不是把我们的经济制度看做我们法学的基础和根源！"①从这段论述中可以看出，继承权、私有权等权利不过是现实经济制度的反映，不去研究这种制度，而将主要注意力放在这种制度的表现——各种权利上，这是一种本末倒置的做法。

这一点实质上反映了马克思恩格斯与蒲鲁东在科学研究上的本质区别。恩格斯指出："描述是一回事，要求则是另一回事。德国科学社会主义与蒲鲁东之间的本质区别正好就在这里。我们描述……经济状况，描述经济状况的现状和发展，并且严格地从经济学上来证明经济状况的这种发展同时就是社会革命各种因素的发展：一方面是被本身的生活状况必然引向社会革命的那个阶级即无产阶级的发展，另一方面是生产力的发展……相反，蒲鲁东则要求现代社会不是依照本身经济发展的规

---

① 《马克思恩格斯选集》第4卷，人民出版社1995年版，第595页。

律,而是依照公平的规范来改造自己。"①可见,马克思主义严格地从现实经济运动过程中探索社会问题的根源,寻找解决问题的物质力量;蒲鲁东则无视客观经济规律,重视法权,热衷论证,满腔热情地呼吁、要求,甚至于为了达到"正义"的要求而妄图取消客观经济规律。蒲鲁东对资本主义私有制度的抨击和批判,在感情上是炽热的,在态度上是坚决的,却注定是无法成功的;因为探究与解决现实社会问题,不能指望主观热情,而必须进行科学的研究。

3. 蒲鲁东正义目的论的实质是对小私有制度的吁求

蒲鲁东在著作中对资本主义私有制大加抨击,但是,他并不是一般地反对所有权,而是为了恢复和巩固每一个劳动者都"平等"地占有一份生产资料的小资产阶级私有制。在这一点上,日本学者城塚登正确地指出:"他攻击的并不是所有的私有财产,他不过是反对造成大资本家有可能掠夺小生产者那样的财产。他一贯认为,人人都要有少量的财产,这是幸福的保证。因此,他所追求的目标是,工人用自己的储蓄购买工场成为小财产的所有者,而不是扬弃私有财产的本身。"②相对于他所作的"破"的工作,后者"立"的工作才是蒲鲁东的理论重心之所在。

蒲鲁东提出,即使人们承认劳动是所有权的动因,人们因劳动而享有对财富的所有权,那么,"为什么这个原则不是普遍的呢? 为什么享受这条所谓定律的利益的,仅限于极少数人,而对广大的劳动者则享以闭门羹呢?"③蒲鲁东说,开荒的人使土地的价值变为一,改良土壤的人把土地的价值提高到二,他们创造的价值是相等的,因此如果根据劳动创造所有权的原则,他们就应该对土地拥有平等的权利。由此推论,凡是劳

---

① 《马克思恩格斯选集》第 3 卷,人民出版社 1995 年版,第 207 页。
② [日]城塚登:《青年马克思的思想——社会主义思想的创立》,尚晶晶、李成鼎等译,求实出版社 1988 年版,第 124 页。
③ [法]蒲鲁东:《什么是所有权》,孙署冰译,商务印书馆 1982 年版,第 133 页。

动者都可以成为所有人,都对他创造的价值拥有所有权。所以,"劳动者即使在领到了工资以后,对他所生产出来的产物还是保有一种天然的所有权。"①而在现实的资本主义社会中,地主和资产者仅仅付给农民和工人微薄的工资,却占有了由他们创造的价值,这是一种违背了正义原则的"盗窃"行为。因此,无论从哪方面讲,地主和资产阶级所有权都是一种谬误,都不应该存在。因而,必须推翻资产阶级私有制,让每个人都成为小私有者,从而平等地"占有"生产资料、平等地参加劳动、平等地享有财产,这样才符合正义原则。在《战争与和平》一书中,蒲鲁东再次确认:"一切变化——政治的、经济的、宗教的……都可以归结为一个公式:保护劳动群众免受他们的寄生者的剥削和保证最低收入"②。这一观点正如美国学者杜娜叶夫斯卡娅所说:"蒲鲁东……把小生产者放在核心位置。他的目标是去掉资本家与工人之间的中间人;重新分配土地和工业;建立一个'平等的生产者的社会'。在他看来,只要商人和银行家不再拥有政府赋予他们的垄断权,'就可以把交换公正地组织起来'。"③

马克思或者恩格斯尖锐地指出,蒲鲁东的这一观点实质上仍然是希图整个社会重新返回到已经消逝的小资产阶级私有制当中去。"我们所批判的蒲鲁东先生的观点,是他的'空想的科学',他企图用这种科学来缓和资本和劳动的矛盾,无产阶级和资产阶级的矛盾。……他的整个银行制度,他的整个产品交换制度无非是小资产阶级的幻想。"④这一观点论其实质,就是要否定资本主义大工业时代的文明成果,抹杀历史进步,开历史的倒车。恩格斯就此指出:"整个蒲鲁东主义都渗透着一种反动的特性:厌恶工业革命,时而公开时而隐蔽地表示希望把全部现代工业、

---

① [法]蒲鲁东:《什么是所有权》,孙署冰译,商务印书馆1982年版,第135页。
② 转引自《马克思恩格斯全集》第45卷,人民出版社1985年版,第374页。
③ [美]杜娜叶夫斯卡娅:《马克思主义与自由》,傅小平译,辽宁教育出版社1998年版,第27页。
④ 这段论述出自《蒲鲁东反对梯也尔的演说》一文。这篇文章写于1848年8月3日,载于1848年8月5日"新莱茵报"第66号,但作者究竟是马克思还是恩格斯已很难查考。见《马克思恩格斯全集》第5卷,人民出版社1958年版,第358页。

蒸汽机、纺纱机以及其他一切坏东西统统抛弃,而返回到旧日的规规矩矩的手工劳动。哪怕这样做我们会丧失千分之九百九十九的生产力,整个人类注定会陷入极可怕的劳动奴隶状态,饥饿将成为一种常规,那也没什么了不起,只要我们能搞好交换,使每个人都能得到'十足的劳动所得'并且能实现'永恒公平'就行了!Fiat justitia, pereat mundus! 但有公平常在,哪怕世界毁灭!"①

蒲鲁东通过其正义理论系统地表达保存和重归小私有制的愿望,这并不是无缘无故的,而确实是因为他在现实的资本主义社会中看到了工人阶级遭受的深重苦难,他同情无产阶级的悲惨遭遇,愿意找出一条道路消除这些社会病症。然而,蒲鲁东的愿望是良好的,但他为社会开出的药方却是错误的。的确,资本主义制度造成了工人阶级和广大劳动人民的极度贫苦和深刻创伤,任何一个有良知、有理性的人都有理由对这种制度提出质疑,但是问题在于:解决这些采取什么样的解决途径?是把这个社会当做一堆垃圾彻底丢弃,要求社会历史倒退回从前?还是在其间寻找实现变革的力量?无疑,蒲鲁东采用的是前一路径,马克思和恩格斯关注的则是后一路径。

早在1844年9月到1845年3月撰写的《英国工人阶级状况》一书中,恩格斯就深刻地揭露了当时的土地所有者和工厂主对劳动者犯下的累累罪行,披露了劳动者所受的物质上和精神上的极度摧残。"但是,"恩格斯说,"我能想到要把这种可能是完全必然的历史发展过程看成一种退步,后退得'比野蛮人还低下'吗?绝对不能。1872年的英国无产者的发展程度比1772年的有自己的'家园'的农村织工不知要高出多少。有自己的洞穴的原始人,有自己的土屋的澳洲人,有自己的家园的印第安人,难道能够在什么时候举行六月起义或建立巴黎公

---

① 《马克思恩格斯选集》第3卷,人民出版社1995年版,第151页。

社吗?"①恩格斯接着指出:"自从资本主义生产被大规模采用时起,工人的物质状况总的来讲是更为恶化了,对于这一点只有资产者才表示怀疑。但是,难道我们因此就应当渴慕地惋惜(也是很贫乏的)埃及的肉锅,惋惜那仅仅培养奴隶精神的农村小工业或者惋惜'野蛮人'吗?恰恰相反。只有现代大工业所造成的、摆脱了一切历来的枷锁、也摆脱了将其束缚在土地上的枷锁并且被一起赶进大城市的无产阶级,才能实现消灭一切阶级剥削和一切阶级统治的伟大社会变革。"②也就是说,在马克思和恩格斯看来,正义要求的进一步提升,正义范围的进一步扩大,必须具备一定的物质基础;否则,仅有良好的愿望是无济于事的。"如果还没有具备这些实行全面变革的物质因素,就是说,一方面还没有一定的生产力,另一方面还没有形成不仅反抗旧社会的某种个别方面,而且反抗旧的'生活生产'本身、反抗旧社会所依据的'综合活动'的革命群众,那么,正如共产主义的历史所证明的,尽管这种变革的**思想**已经表述过千百次,但这一点对于实际发展没有任何意义。"③在为《民主周报》写的《资本论》第一卷的书评中,恩格斯再次强调指出:"正像马克思尖锐地着重指出资本主义生产的各个坏的方面一样,同时他也明白地证明这一社会形式是使社会生产力发展到这样高度的水平所必需的:在这个水平上,社会**全体**成员的平等的、合乎人的尊严的发展,才有可能。要达到这一点,以前的一切社会形式都太薄弱了。资本主义的生产才第一次创造出为达到这一点所必需的财富和生产力,但是它同时又创造出一个社会阶级,那就是被压迫的工人大众。他们越来越被迫起来利用这种财富和生产力来为全社会服务,以代替现在为一个垄断者阶级服务的状况。"④即是说,资本主义制度不仅造成了大量的不平等和非正义状况,但同时,它

---

① 《马克思恩格斯选集》第3卷,人民出版社1995年版,第149页。
② 同上书,第149—150页。
③ 《马克思恩格斯全集》第3卷,人民出版社1960年版,第43—44页。
④ 《马克思恩格斯选集》第2卷,人民出版社1995年版,第596—597页。

也在其内部的发展演化中,孕育着消除这些现象的伟大现实力量。因此,消除社会非正义现象的正确做法,不是把这个制度连同其成就彻底抛弃(事实上,这种彻底抛弃也是不可能的),而是科学地分析这一制度,把握其发展演变的客观规律,并寻找、培育和引导其间生长起来的变革因素,努力推动社会变革的实现与整个社会的发展跃迁。

四 对"构成价值"之正义实现途径的批判

蒲鲁东反对资本主义私有制,主张重新返回小资产阶级私有制,这是他正义观的实质。但是,在现实社会中,这一目标还必须通过具体的途径体现出来,即相应的经济措施。而这就需要蒲鲁东转而研究政治经济学,通过讨论交换、分配等经济活动来实现他的"正义"构想。正如蒲鲁东在《贫困的哲学》①一书中所宣称的:"既然贫困的直接原因是收入太少,那么,需要弄清楚除了天灾和恶意行为之外,究竟是什么原因使得工人的收入太少。归根结底,这还是一个世纪以前闹得满城风雨的那个老问题,即财富分配不均的问题。"②

概括说来,蒲鲁东解决社会正义问题的途径,是寻找出商品之间的"构成价值",按照这种"构成价值"进行"永恒公平"的交换;如此一来,劳动者付出多少就得到多少,给予与获得总是相称的;因而,社会的正义与公平就获得了彻底实现。马克思和恩格斯从严格的政治经济学出发,深入地批判了蒲鲁东以"构成价值"作为"正义"实现途径的空想,阐明了马克思主义在交换、分配与社会正义等问题上的一系列基本观点。

---

① 蒲鲁东的这本著作探讨的是困扰人类的贫困及其原因等问题。译作《贫困的哲学》有可能让人产生误解,以为蒲鲁东要表达的意思是哲学"贫困"。因此,意译作《关于贫困的哲学》似乎更好一些。
② [法]蒲鲁东:《贫困的哲学》第1卷,余叔通、王雪华译,商务印书馆1998年版,第28页。

1. "构成价值"的实质是现实生产消费活动的极端抽象

"构成价值"是蒲鲁东正义构想的理论基础。马克思和恩格斯指出,蒲鲁东构成价值的出发点和立足点,是对现实中的生产与消费等活动的过度的、极端的抽象,因而他的构成价值论是错误的和荒谬的。

我们首先看蒲鲁东对价值和构成价值的界定:在他看来,"价值是经济大厦的基石"①,而价值包括两个方面,一方面是使用价值或曰固有价值,指一切天然产物或工业产品所具有的那种维持人类生存的性能;另一方面是交换价值或曰议定价值,指这些产品具有的相互交换的性能。蒲鲁东认为,使用价值和交换价值是一对矛盾,在它们之间存在着对立;为了实现平等与公平的目的,就必须消除这种对立;而只有使生产出来的产品价值保持一定的比例,互相"构成价值",才能实现正义公平。正如他所言:"社会的公平不是别的,就是价值的比例;生产者的责任就是使公平得到保障和得以确立。"②这样,使用价值、交换价值与构成价值就构成了黑格尔的矛盾运动公式:正—反—合。

为了加强论证力度,蒲鲁东还以化学上的化合反应为例,进一步说明这一问题:在化合反应中,几种元素根据一定的化学定律以不同的比例形成一种新物质。某种元素的数量如果过多,则多余的部分不能参与反应,只有在添加其他几种元素重新达到比例后,才能引起反应。蒲鲁东认为,社会财富与此类似,也是由各种产品按照一定的比例构成的,各种产品只有符合一定的比例,才能构成财富,具有价值;如果某种产品超过了该比例所要求的数量,就不能互相交换,也不能成为社会财富,就是非价值。因此,蒲鲁东说,"产品的数量丰足、种类繁多和比例合适是构成财富的三大要件"③。在他看来,当劳动者的产品被社会承认为社会财

---

① [法]蒲鲁东:《贫困的哲学》第 1 卷,余叔通、王雪华译,商务印书馆 1998 年版,第 64 页。
② 同上书,第 83 页。
③ 同上书,第 82 页。

富而成为构成价值时,使用价值和交换价值的矛盾就解决了,劳动者之间就可以实现公平交换。

在《哲学的贫困》中,马克思指出,蒲鲁东对使用价值、交换价值以及构成价值的理解和推论,是对现实生产与消费等活动的极端抽象,是任意和错误的。马克思说:"蒲鲁东先生……使抽象达到极端,把一切生产者化为**一个唯一**的生产者,把一切消费者化为**一个唯一**的消费者,然后使这两个虚构的人物互相斗争。但在现实的世界里情况并不是这样。供给者之间的竞争和需求者之间的竞争构成购买者和出卖者之间斗争的必然要素,而交换价值就是这个斗争的产物。"①也就是说,现实世界的经济活动,其组成部分异常丰富,其间的各种联系也复杂多样;但是,丰富多彩的经济现实一到了蒲鲁东的视野里,就被抽象得只剩下了两种:生产和消费。而全体社会成员也只分为两类人:生产者和消费者。这样,要解决社会正义问题,就只需要在生产者与消费者之间做文章了。蒲鲁东认为,在生产与消费、生产者与消费者之间存在着斗争,而政治经济学的任务就是找出这个矛盾的合题,消弭矛盾。"蒲鲁东先生的整个辩证法……就是用抽象的和矛盾的概念,如稀少和众多、效用和意见、**一个生产者和一个消费者**(两者都是**自由意志的骑士**)来代替使用价值和交换价值、需求和供给。"②蒲鲁东的抽象概括,实际上只是他脱离了现实生产之真实基础的主观幻想与过度抽象。

2. 借"构成价值"以"构成"正义:李嘉图的乌托邦化

在对蒲鲁东"构成价值"的实质进行揭示之后,马克思接着从理论渊源的角度进一步批判了蒲鲁东借"构成价值"以"构成"正义的途径。马

---

① 《马克思恩格斯全集》第4卷,人民出版社1958年版,第87页。
② 同上书,第87—88页。

克思指出,从政治经济学思想史的角度看,蒲鲁东的整个"构成价值"论不过是平等主义地应用李嘉图价值理论的结果,是对李嘉图理论的乌托邦化。

英国古典政治经济学家李嘉图的价值理论认为,商品的价值决定于劳动时间。李嘉图对此明确提出:"衡量一种商品的贵贱,除了为取得这种商品而作出的劳动的牺牲以外,我不知道还有什么别的标准。任何东西原来都是用劳动购买的;没有它,就没有一样具有价值的东西能够生产出来。……投入商品的劳动量的或多或少,是其价值变动的唯一成因。"①蒲鲁东对李嘉图的价值理论进行了改造,认为劳动产品只应当平等地属于作为唯一制造者的劳动群众,因此必须在劳动者之间进行平均分配与公平交换。具体说来,蒲鲁东的正义观认为,只要找到劳动者之间的价值比例关系,就可以解决生产者与消费者之间的矛盾,就能够消除各种冲突和混乱现象,彻底实现正义与公平。"人与人的平等是依靠严格和不可变更的劳动规律和价值的比例关系,依靠交换的诚实和职业的平等而建立起来的,一句话,就是依靠精确地解决一切对抗而建立起来的。"②因此,"只有当每一个人的产品都和产品总量成比例时,劳动才能成为福利与平等的保证,因为劳动所交换或购买到的价值始终只能等于它本身所包含的价值。"③而"如果没有这样奇妙和必要的比例,人类的一部分劳动便被弃置了,也就是说,白白浪费了,不和谐了,不真实了,因而,这部分劳动便与贫困和虚无同义。"④甚至可以说,"公平交易中的任何错误,都等于拿劳动者作牺牲品,从一个人身上输血给另一个人"⑤。正由于此,"农夫以某种数量的小麦卖给消费者,在称好分量之后,他伸手到量器中抓出一把粮食来,那就是盗窃;主讲的教授是由国家支付薪

---

① 《李嘉图著作和通信集》第4卷,蔡受百译,商务印书馆1962年版,第371页。
② [法]蒲鲁东:《贫困的哲学》第1卷,余叔通、王雪华译,商务印书馆1998年版,第239页。
③ 同上书,第96页。
④ 同上书第2卷,第825页。
⑤ 同上书第1卷,第105页。

给的,如果他通过书店又把讲课的内容再出卖一次,那就是盗窃;领取干薪的人利用虚名作为代价而得到很大的利益,那就是盗窃;公务员、劳动者,无论是谁,当他所生产的仅仅是一,而领取的工资却是四、一百或一千,那就是盗窃;这本书的发行人和我这个作者,如果所取的代价高出它的价值一倍,那我们就是在盗窃。"①因此,"一切交换的条件是产品的等值性,所以利润是不可能的,并且是不合乎正义的"。

马克思就此指出:"李嘉图的价值论是对现代经济生活的科学解释;而蒲鲁东先生的价值论却是对李嘉图理论的乌托邦式的解释。"②具体说来,马克思认为,蒲鲁东从李嘉图理论的曲解中得出了两个结论:(1)一定的劳动量和同一劳动量所创造的产品是等价的。(2)任何一个劳动日和另一个劳动日都是相等的,即两个人的劳动只要数量相等就是等值的,没有质的差别。在这种情况下,一个人的产品和另一个人的产品相交换,所有的人都是雇佣工人,而且都是以相等劳动时间换取相等报酬的工人,交换在完全平等的基础上得以实现。这就是蒲鲁东设想出构成价值论的理论根基。

在1869年11月26日给恩格斯的信中,马克思更清晰地回顾了这一点:"在我还完全接受**李嘉图**的地租论时所写的反对蒲鲁东的著作中,我就已经分析了其中即使从他的观点(即李嘉图的观点——引者注)看来也是错误的东西。'尽管李嘉图已经假定资产阶级的生产是地租存在的必要条件,但是他仍然把他的地租概念用于一切时代和一切国家的土地所有权。这就是把资产阶级的生产关系当作永恒范畴的一切经济学家的通病。'蒲鲁东先生当然立刻把李嘉图的理论转变为平等的道德词句,并因此在李嘉图所确定的地租里看到:'所有者和土地经营者……为了更高的目的而从相反的角度编成的一份巨大的**土地清册**,其最终结果将

---

① [法]蒲鲁东:《什么是所有权》,孙署冰译,商务印书馆1963年版,第155页。
② 《马克思恩格斯全集》第4卷,人民出版社1958年版,第93页。

是土地使用者和产业家平均占有土地。'"①在这一点上,美国学者杜娜叶夫斯卡娅也正确地指出:"蒲鲁东不是对群众的实际历史发展进行分析,更没有将自身投入到这些运动中去,而是醉心于'普遍理性'的发展,醉心于'绝对真理',这个绝对真理产生出来的是几个'超阶级的'道德观念,例如'正义'、'平等'等等。他论证说,一旦把这些道德观念灌输到政治经济学中去,价值就会回归自身;而一旦承认每一个人都有拥有财产的资格,李嘉图的理论就得到了纠正。"②

3. "构成价值""构成"的不是正义,而是倒退的历史

蒲鲁东"把构成价值当做出发点,用它来构成一个新的社会世界"③。然而,这个"新的社会世界",不过是一个全体小生产者用自己的劳动产品按照一定的价值比例关系互相进行"公平交换"的制度。按照蒲鲁东所设想的构成价值论,在商品的生产者和消费者之间将严格地按照这种价值关系的比例进行交换。这样,人们付出的和得到的都是相称的、平衡的和公平的。这就是蒲鲁东梦寐以求的正义社会状态。反之,"公平交易中的任何错误,都等于拿劳动者作牺牲品,从一个人身上输血给另一个人"④。也正由于此,"一切交换的条件是产品的等值性,所以利润是不可能的,并且是不合乎正义的"。

可以说,蒲鲁东勾画构成价值论的主要目的就是论证"公平交换"的合法性。针对此点,马克思在《剩余价值理论》中曾经指出:"在蒲鲁东看来,一切东西都应当**出售**,但任何东西也不应当**贷放**。换句话说,正像蒲鲁东想保存商品,但不想使商品变成'货币'一样,他在这里想保存商品

---

① 《马克思恩格斯全集》第32卷,人民出版社1975年版,第383页。
② [美]杜娜叶夫斯卡娅:《马克思主义与自由》,傅小平译,辽宁教育出版社1998年版,第24—25页。
③ 《马克思恩格斯全集》第4卷,人民出版社1958年版,第93页。
④ [法]蒲鲁东:《贫困的哲学》第1卷,余叔通、王雪华译,商务印书馆1998年版,第105页。

和货币,但是它们不应当发展成资本。如果把一切空想的表达形式抛开,那就不过是说,不应当从小市民—农民的和手工业的小生产过渡到大工业。"①换句话说,蒲鲁东在经济活动中,要求绝对地、不折不扣地相互交换,交换双方谁也没有损失什么,谁也没有额外获得什么,一切都是百分之百地公平进行的。在这种情况下,虽然还存在着交换,因而也存在着商品和货币,但是,却不产生丝毫利润。

蒲鲁东的这一目的正如恩格斯所言:蒲鲁东主义者"只要'永恒公平',旁的什么都不要。每个人应当用自己的产品换得自己的十足的劳动所得、自己的劳动的十足价值。"②蒲鲁东的这一要求不是凭空而降的,而是像前面提到的那样,是站在小生产者的立场和地位上考虑问题得出的结论。"……小资产者,他们的诚实劳动——即使只是他的帮工和学徒的劳动——在大生产和机器的竞争下天天跌价,特别是小生产者,必然会迫切希望有这样一个社会,在这个社会里产品按它的劳动价值来交换终于成为完全的毫无例外的真理,换句话说,他们必然迫切希望有这样一个社会,在这个社会里只有商品生产的一个规律绝对地不折不扣地发生作用,而唯一能够保证这条规律发生作用的那些条件、即商品生产以至资本主义生产的其他规律都排除了。"③

然而,蒲鲁东要求社会经济生活永远按照这种"构成价值"进行"公平交换"的方案可行吗?答案显然是否定的。马克思和恩格斯指出,蒲鲁东的"公平交换"实际上只是小资产阶级在资本主义大工业发展使他们生产凋敝、生活没落之后产生的乌托邦,是要求返回小生产时代的梦想。

首先,随着社会历史的发展,资本主义大工业发展正在消灭并且已经基本消灭了那种手工作坊式的小生产方式,劳动者开始在大工业生产

---

① 马克思:《剩余价值理论》第3册,人民出版社1975年版,第585页。
②《马克思恩格斯选集》第3卷,人民出版社1995年版,第151页。
③《马克思恩格斯全集》第21卷,人民出版社1965年版,第211页。

的条件下,进行大规模的集体作业。在这种情况下,再想将劳动者的生产成果按照个体生产者的劳动份额区分开来并进行所谓的"公平交换",这是一种不切实际的幻想。

恩格斯指出:"在蒲鲁东看来,近百年来的全部工业革命、蒸汽力、用机器代替手工劳动并把劳动生产力增加千倍的大工厂生产,却是一种极其可恶的事情,一种本来不应当发生的事情。小资产者蒲鲁东向往的世界是这样的:每个人制造各自的产品,可以立即用来消费,也可以拿到市场上去交换;如果那时每个人能以另一种产品补偿自己劳动产品的十足价值,那么'永恒公平'就得到满足,而最好的世界就建立起来了。但是,这个蒲鲁东向往的最好的世界在萌芽状态就已经被不断前进的工业发展的脚步踏碎了。这种工业发展早已在大工业的一切部门中消灭了单独劳动,并且在较小的和最小的部门中日益消灭着这种劳动,而代之以依靠机器和已可利用的自然力来进行的社会劳动,它所生产的可以立即用来交换或消费的产品是许多人共同劳动的成果。这种产品必须经过许多人的手才能生产出来。"①这段论述表明,在大工业已经迅速发展了起来的情况下,再要像小生产时代那样计算个体劳动者的成果份额,进行公平交换,这已经是一件"不可能完成的任务"。"在现代工业产品上进行这样的计算,却不是一件容易的事情。单个人在总产品中所占的份额,在先前单独手工劳动的条件下自然而然表现在生产出的产品中,而现代工业则正好把这个份额掩蔽起来了。其次,现代工业日益消灭着作为蒲鲁东全部体系基础的单独交换,即互相换取产品来供自己消费的两个生产者间的直接交换。"②恩格斯在《反杜林论》中再次谈到:"正如马克思在那里(指《资本论》中的论证——引者注)所证明的,资产阶级要是不把这些有限的生产资料从个人的生产资料变为**社会的**,即只能由**一批人**

---

① 《马克思恩格斯选集》第3卷,人民出版社1995年版,第150页。
② 同上书,第151页。

共同使用的生产资料,就不能把它们变成强大的生产力。纺纱机、机械织机和蒸汽锤代替了纺车、手工织机和手工锻锤;需要成百上千的人进行协作的工厂代替了小作坊。同生产资料一样,生产本身也从一系列的个人行动变成了一系列的社会行动,而产品也从个人的产品变成了社会的产品。现在工厂所出产的纱、布、金属制品,都是许多工人的共同产品,都必须顺次经过他们的手,然后才变为成品。他们当中没有一个人能够说:这是**我**做的,这是**我**的产品。"①那么,在这种情况下,如何再进行所谓的"公平交换"呢?答案显然是不可能的。

其次,蒲鲁东的"构成价值"和"公平交换"仅把注意力集中到交换领域,而忽视了物质生产领域,这是一种本末倒置的做法,不能从根本上解决问题。

马克思在论述产品的交换形式与生产形式的关系时曾经指出:"在原则上,没有产品的交换,只有参加生产的各种劳动的交换。产品的交换方式取决于生产力的交换方式。总的说来,产品的交换形式是和生产的形式相适应的。生产形式一有变化,交换形式也就随之变化。因此在社会的历史中,我们就看到产品交换方式常常是由它的生产方式来调节。个人交换也和一定的生产方式相适应,而这种生产方式又是和阶级对抗相适应的。"②也就是说,产品如何交换不是固定不变的,而是取决于如何生产,生产方式改变了,交换形式也随之改变。而蒲鲁东之所以持有"构成价值"与"公平交换"的幻想,正是因为他没有看到:交换关系是由所有制决定的,是对所有制关系的反映,因此,仅仅强调"公平交换"是无法实现的,丝毫不能触动和改变现存的资本主义生产关系。这一方案如同希望在不触动客观事物的情况下裁剪事物的影子。换言之,蒲鲁东要建立的公平交换制度,实际上是试图把交换这一环节从整个经济链条

---

① 《马克思恩格斯选集》第 3 卷,人民出版社 1995 年版,第 619 页。
② 《马克思恩格斯全集》第 4 卷,人民出版社 1958 年版,第 116—117 页。

中抽离出来,使交换独立于整个经济过程。这是根本无法实现的。要想改变资本主义社会中的交换关系,就必须改变现存的资本主义所有制。马克思同时指出,生产方式又是和阶级关系相适应的。在资本主义社会中,无产阶级和资产阶级是两个利益根本对立的社会集团,资产阶级靠剥削工人发财致富,这两者之间的交换中根本不存在蒲鲁东所设想的"公平"。蒲鲁东"刷新个人交换,清除个人交换中的一切对抗因素,他以为这样就找到了他希望社会采用的'平均主义的'关系"。但实际上,"这个平均主义的关系,即他想应用到世界上去的这个具有纠正作用的理想本身,只不过是现实世界的反映;因此,要想在不过是这个社会美化了的影子的基础上来改造社会是绝对不可能的"[①]。

总之,依据蒲鲁东对"构成价值"的设想,我们所达致的社会不是什么正义状态,而是一段倒退的历史。实质上,这样的倒退也是不可能实现的。而马克思恩格斯批判蒲鲁东的"构成价值"与"公平交换"观点的深刻意义在于,由于生产力的推动作用,社会发展是一个必然的、不可逆转的进步过程,而社会正是在这个发展进程中创造着解决社会问题的条件。因此,不应该基于公平正义而要求社会停滞甚至退回到已经逝去的历史中去,而应当在现实的经济运行中寻找改变现实的锁钥。应该说,马克思恩格斯和蒲鲁东一样关心劳动群众的苦难,痛恨资本主义社会的不正义现象,但是他们比蒲鲁东高明和伟大之处就在于:他们既不是站在历史车头的后面,曳住历史发展的车轮使其倒退;也不是站在社会发展的一旁,对工人阶级的不幸发出空洞的同情和迂阔的设想;而是挺立在历史发展的潮头,深刻地揭示了社会历史发展的规律和人民的努力方向,给无产阶级和人类的解放事业注入强大的理论生机和源源不竭的思想力量。

[①]《马克思恩格斯全集》第 4 卷,人民出版社 1958 年版,第 117 页。

第三章　对拉萨尔主义正义观的批判

在批判了蒲鲁东的小资产阶级社会主义正义观之后,马克思和恩格斯又花费很大精力深入批判了拉萨尔主义的正义观。通过剖析拉萨尔主义正义观的理论误点,马克思恩格斯进一步申明和展开了他们在正义问题上的基本立场与主要观点,尤其是阐述了他们在分配正义问题上的基本思想。拉萨尔和蒲鲁东在正义问题上,都是站在小资产阶级立场上思考问题,因而持有一些相似的看法。从这个意义上说,马克思恩格斯对拉萨尔主义正义观的批判是对蒲鲁东主义正义观批判的延伸与深化。

在本章的引言中,笔者首先阐述拉萨尔主义及其正义观的主要观点,梳理马克思和恩格斯对其批判的主要历程;然后,从三个方面分析马克思和恩格斯对拉萨尔主义正义观的批判,挖掘马克思和恩格斯在正义以及分配正义问题上的思想创见。

一　引言

1. 拉萨尔主义及其正义观的主要观点

与蒲鲁东相比较,斐迪南·拉萨尔(1825—1864)是一个更为复杂的、极具两面性的人物。他既是德国工人运动史上一个很重要的人物，曾帮助工人摆脱自由资产阶级的消极影响，为建立德国工人阶级独立的政治组织作出了很大贡献；又暗中勾结俾斯麦政府，企图使新建立起来的工人组织成为普鲁士王朝的御用工具，从而背叛和出卖了无产阶级运动。正如马克思在1868年10月13日给施韦泽的信中所指出的："关于拉萨尔的联合会，它是在一个反动时期成立的。在德国工人运动沉寂了15年之后，拉萨尔又唤醒了这个运动，这是他的不朽的功绩。但是，他犯了很大的错误。他受直接的时代条件的影响太深了。……他不过是重新提出了**天主教**社会主义的首领**毕舍**为反对法国的真正的工人运动而于1843年和以后几年提出的口号。……他不得不断言这个口号在**最近的将来就会实现。因此，这种'国家'**就变成了普鲁士国家。这样一来，他就不得不向普鲁士君主制、向普鲁士反动派（封建党派）、甚至向教权派让步。"①恩格斯在1891年2月23日给考茨基的信中也指出："无论把拉萨尔对运动的功绩评价得多么高，他在运动中的历史作用仍然具有两重性。同社会主义者拉萨尔形影不离的是蛊惑家拉萨尔。透过鼓动者和组织者的拉萨尔，到处显露出一个办理过哈茨费尔特诉讼案②的律师面孔：在手法上还是那样无耻，还是那样极力把一些面目不清和卖身求荣的人拉在自己周围，并把他们当做单纯的工具加以使用，然后一脚踢开。1862年前，他实际上还是一个具有强烈的波拿巴主义倾向的、典型普鲁士式的庸俗民主主义者，由于纯粹个人的原因，他突然改变了方针并开始了他的鼓动工作。过了还不到两年，他就开始要求工人站到王权方面来反对资产阶级，并且同性格和他相近的俾斯麦勾结

---

① 《马克思恩格斯选集》第4卷，人民出版社1995年版，第582页。
② 指拉萨尔在1846—1854年办理的索菲娅·哈茨费尔特伯爵夫人的离婚案。拉萨尔同哈茨费尔特伯爵诉讼八年，都未能胜诉，只是靠着一个偶然机会赢了这个件。拉萨尔过分夸大了这件为一个古老贵族家庭成员作辩护的诉讼案的意义，将自己视作反对封建贵族、为压迫者的事业作斗争的斗士。参见张文焕《拉萨尔评传》，人民出版社1983年版，第50—51页。

在一起。"①

与拉萨尔的政治实践活动相适应,拉萨尔所创制的拉萨尔主义也充满了矛盾,显示出复杂的多面性特征。概括地说,拉萨尔主义集各种小资产阶级社会主义思想之大成,甚至还包括资产阶级社会主义和封建社会主义思想在内。可以说,拉萨尔主义集中反映了小资产阶级的各种情绪、愿望、想法和企盼。在现实的物质生产中,小资产阶级依托于小生产方式,组织分散、力量软弱,既留恋旧的生产方式和交换手段,又没有力量把握自己的命运,于是常常希望有一个"救世主"来解脱自身的苦难。拉萨尔主义作为一种充满矛盾的思想体系,充分显示了小资产阶级这种既反对地主阶级和资产阶级的压迫,又幻想保存私有制的天真幻想。

拉萨尔较为短暂的一生留下了很多著述,而他的主要观点集中体现在1863年他写的《给筹备全德工人代表大会的莱比锡中央委员会的公开答复》一文中②。在这篇《公开答复》中,拉萨尔提出了一个系统的改良主义纲领,基本涵盖了他最主要的社会政治观点,也鲜明地反映出他的正义观。这篇《公开答复》的要点有:(1)在资本主义制度下,工人阶级的贫困是由所谓"铁的工资规律"③造成的;(2)要废除这个规律,就必须建立生产合作社,使工人成为自己企业的企业主,"不折不扣地获得全部劳动所得";(3)要建立合作社,就必须依靠国家帮助;(4)要取得国家帮助,就必须争取普选权;(5)要争取普选权,就必须建立全德工人联合会以进行和平和合法的宣传鼓动。④ 这些观点中,使工人"不折不扣地获得

---

① 《马克思恩格斯选集》第4卷,人民出版社1995年版,第707页。
② 1863年2月,莱比锡工人委员会决定正式邀请拉萨尔撰写工人运动的纲领性文件,拉萨尔在接到正式邀请信后写了复信,就是这里所说的《公开答复》。
③ 所谓"铁的工资规律",是拉萨尔所持的一个错误的经济学观点。这个观点认为,工人的平均工资始终停留在一国人民为了维持生存和繁殖后代按照习惯所要求的必要的生活水平上。这个必要的生活水平成为一个中心点,实际的工资总是在它周围摆动,既不能长久地高于它,也不能长久地低于它。拉萨尔认为,这是一个"铁的工资规律"。拉萨尔在《公开答复》中,首次论述了这个所谓的规律。
④ 张文焕:《拉萨尔评传》,人民出版社1983年版,第140页。

全部劳动所得",就是拉萨尔主义所认可的正义观,而其实现路径则在于依靠当时的普鲁士政府帮助工人建立合作社。因此,拉萨尔主义正义观除了理论上的错误,还隐藏着向当时反动政权妥协甚至投降的倾向。正如马克思和恩格斯尖锐指出的:"拉萨尔的全部社会主义在于辱骂资本家,而向落后的普鲁士容克献媚",是一种地道的"普鲁士王国政府的社会主义"①。

哥达纲领就是以拉萨尔主义为指导思想而制定的,鲜明地体现了拉萨尔的上述观点。这一纲领认为,社会主义运动最主要的目标是实现正义和公平的分配,这种公平分配要求让每个工人获得自己"不折不扣的劳动所得"。这一结论是建立在以下几个判断的基础之上的:第一,劳动是一切财富的源泉,所以理所当然地财富应当属于劳动者;第二,因为劳动必须在社会中进行,没有社会的存在,劳动也无法存在,所以一切社会成员都应当对劳动产品享有平等的权利;第三,据此,劳动产品在社会成员之间按照平等的权利进行公平的分配,正义的千年王国得以实现。对于这一系列推论的谬误,笔者将在引言之后的几节里逐一加以分析。

2. 马克思和恩格斯批判拉萨尔主义正义观的过程

马克思和恩格斯对拉萨尔主义以及拉萨尔主义正义观的批判,也经历了一个较为复杂、曲折的过程。如上所述,拉萨尔是一个具有两面性的人物,其思想经常摇摆不定。马克思和恩格斯很早就看出了这一点,但是,他们总是希望拉萨尔尽早摆脱错误观点的影响,回到正确的理论立场和现实战场上来,他们也竭尽全力地帮助拉萨尔。但拉萨尔始终没有真正实现思想转变。

到了 19 世纪 60 年代,拉萨尔的各种错误观点逐渐汇成体系,在工人运动中的消极影响越来越大(例如拉萨尔的《公开答复》),与马克思主

---

① 《马克思恩格斯全集》第 16 卷,人民出版社 1964 年版,第 255—256 页。

义之间的分歧也愈益清晰和巨大。这就迫使马克思和恩格斯不得不展开对拉萨尔主义的深入批判。在上一章中,我们曾经提到,蒲鲁东于1865年1月19日去世,之后不久,马克思应《社会民主党人报》编辑施韦泽的请求,为该报读者撰写了《论蒲鲁东》一文。在这篇文章中,马克思深入剖析了蒲鲁东的错误观点,在社会主义思想史上为蒲鲁东盖棺定论。需要注意的是,这篇文章同时也将批判的锋芒指向了拉萨尔。在1865年(即拉萨尔死去的第二年和撰写批判拉萨尔主义的主要著作《哥达纲领批判》的前十年)1月25日给恩格斯的信中,马克思就指出,他对蒲鲁东的某些评论实际上也是针对拉萨尔的。① 可见,当时拉萨尔的观点已经引发了马克思的批判性关注。在1868年10月13日给施韦泽的信中,马克思再次指出:"就像每一个说自己的口袋里装有能为群众医治百病的万应灵丹的人一样,他(指拉萨尔——引者注)一开始就使自己的鼓动带有宗教的、宗派的性质。实际上,任何宗派都有宗教性质。……正因为他是一个宗派的创始人,所以他否认同德国和外国以前的工人运动有任何天然的联系。他陷入了蒲鲁东的错误之中,他不是从阶级运动的实际因素中去寻找自己的鼓动的现实基础,而是想根据某种教条式的处方来规定这一运动的进程。"②从这段话中可以看出,拉萨尔重蹈了蒲鲁东的错误,他不是从工人运动的现实状况出发,而是幻想根据某种抽象的主观原则来预设工人运动的历史进程。马克思在这封信中还指出,"我不能向您保证,我不会在某一天——在我认为是工人运动的利益所绝对需要的时候——以个人名义公开批判拉萨尔派的偏见,就像当时我对待蒲鲁东派的偏见那样。(指马克思的《哲学的贫困》、《论蒲鲁东》——引者注)"③七年之后,拉萨尔派与爱森纳赫派在哥达城举行合并大会,后者接受了前者提出的带有浓厚拉萨尔主义色彩的合并纲领。马

---

① 《马克思恩格斯全集》第31卷,人民出版社1972年版,第46页。
② 《马克思恩格斯全集》第32卷,人民出版社1975年版,第557页。
③ 《马克思恩格斯选集》第4卷,人民出版社1995年版,第582页。

克思就此认为,已经到了这种"工人运动的利益所绝对需要的时候"了,因而抱病撰写了《哥达纲领批判》这一科学社会主义的经典文本,全面、系统、深刻地批判了拉萨尔主义及其正义观。

由上述可见,马克思和恩格斯之所以批判拉萨尔主义及其正义观,主要是出于以下几点原因:第一,马克思主义与拉萨尔主义之间的分歧无法弥合,而后者对工人运动存有巨大的消极影响;第二,拉萨尔主义站在与蒲鲁东主义相似的立场上思考问题,其正义观都是小资产阶级社会主义思想的反映,马克思和恩格斯对之进行批判,也是为了进一步消除小资产阶级社会主义正义观对工人运动的腐蚀,廓清马克思主义在正义、公平问题上的主要思想。从这一点来讲,本论文在阐述马克思恩格斯对蒲鲁东主义正义观的批判之后,紧接着分析他们对拉萨尔主义正义观的批判,具有充分的学理依据。

3. 马克思和恩格斯批判拉萨尔主义正义观的著作文献

拉萨尔在世时,马克思和恩格斯就经常在通信中交换对拉萨尔及其著作的看法,对其思想实质进行揭示。拉萨尔的主要作品《爱非斯的晦涩哲人赫拉克利特的哲学》出版后,马克思在1858年2月1日给恩格斯的信中说,拉萨尔"对黑格尔在《哲学史》中所说的话**绝对没有**加进**一点新的东西。……这家伙更没有想到要说出关于辩证法本身的某些批判思想**"[1]。马克思在这里还指出:"通过批判使一门科学第一次达到能把它辩证地叙述出来的那种水平,这是一回事,而把一种抽象的、现成的逻辑体系应用到关于这一体系的模糊观念上,那完全是另外一回事。"[2]也就是说,拉萨尔根本没有超出黑格尔唯心主义辩证法的思想藩篱。

马克思和恩格斯批判拉萨尔主义正义观的最主要的著作,是马克思

---

[1]《马克思恩格斯全集》第29卷,人民出版社1972年版,第263页。
[2] 同上书,第264页。

的《哥达纲领批判》。这篇文章虽然篇幅不长,但是蕴含的思想却极其丰富和深刻。而恩格斯在此前不久,即1875年3月18—28日给倍倍尔的信中,也对拉萨尔主义进行了深入的剖析与批判。我们在本章中分析拉萨尔主义及其正义观的误点,以《哥达纲领批判》为主要文本依据,间或也运用了马克思和恩格斯的其他文著。

马克思写作《哥达纲领批判》之后,由于看到拉萨尔派与爱森纳赫派合并的情况比预想的要好,因此从大局出发,没有立即发表这一批判。这样,拉萨尔主义在德国工人运动中的消极影响就不可能立即完全消失。到了1879年,德国社会民主党内的资产阶级知识分子赫希柏格、伯恩施坦、施拉姆①等人又出来宣扬拉萨尔主义,反对无产阶级政党的阶级性质,要按照拉萨尔的精神把社会民主党变成"一切富有仁爱精神的人"的全面的党。马克思和恩格斯为此写了著名的《给倍倍尔、李卜克内西、白拉克等人的通告信》②,对这些人宣扬的拉萨尔主义论调进行了深刻的批判。③

二 对"劳动构成正义基础"观点的批判

拉萨尔主义的分配正义观是从"劳动"这一范畴推导而出的。可以说,"劳动"这个范畴构成了拉萨尔主义分配正义观的第一块"理论"基石。

集中反映拉萨尔主义分配正义观的哥达纲领一开始即提出:"劳动是一切财富和一切文化的源泉,而因为有益的劳动只有在社会中和通过社会才是可能的,所以劳动所得应当不折不扣和按照平等的权利属于社会一切成员。"④细加分析,这短短的几句话里实际上暗含着这样几步推

---

① 即所谓的"三颗星花"。
② 通告信详见《马克思恩格斯全集》第34卷,人民出版社1972年版,第368—384页。
③ 参见张文焕:《拉萨尔评传》,人民出版社1983年版,第178页。
④ 参见《马克思恩格斯选集》第3卷,人民出版社1995年版,第298页。

论:(1)劳动是创造社会财富和文化的源泉,不劳动,就没有任何财富和文化;(2)而劳动显然是劳动者所进行的活动,因此,社会财富是劳动者所创造出来的,劳动者理所当然地对劳动产品享有所有权;(3)因为劳动者不能孤立地进行生产,而必须进行社会合作或者运用社会提供的各种手段才可能进行生产,所以,社会成为劳动的必要条件——用哥达纲领的原话来表达,就是说,"有益的劳动"只有在社会中和通过社会才是可能的——因而,劳动产品应当"不折不扣地"和"按照平等的权利"分配给一切社会成员;(4)这样,哥达纲领就通过分配领域实现了社会正义。从反面讲,如果社会成员不能"不折不扣地"和根据"平等的权利"获得公平分配,那么这个社会就是非正义的。因而,工人运动和社会主义革命的目标就是想方设法在社会中实行这种正义的分配。可以看出,拉萨尔主义分配正义观的第一个理论范畴确乎是劳动,劳动成了正义的内在根据。

那么,马克思恩格斯是如何反驳这一观点的呢?

1. "劳动构成正义基础"忽视了生产资料问题

针对哥达纲领在开头部分即提出的"劳动是一切财富和一切文化的源泉",马克思在《哥达纲领批判》这一名作中针锋相对、立场鲜明地指出"**劳动不是一切财富的源泉**"①。

对马克思的这一反驳,有人持反对意见。例如,我国思想家顾准提出:"这一段的反驳,一般说来是很奇特的。因为,强调劳动是一切财富的源泉,不可以证明,劳动产品的占有是违反'正义'的吗。现在反过来责备:赋予劳动以超自然的创造力,等于为资本家和地主占有劳动资料辩护,这里和'常识'之间要拐几个弯才能走得到。"②那么,马克思为什么

---

① 《马克思恩格斯选集》第 3 卷,人民出版社 1995 年版,第 298 页。
② 《顾准笔记》,中国青年出版社 2002 年版,第 659 页。

会进行这样的反驳呢？顾准认为,马克思在这里实际上是为了重申他早年在《1844年经济学哲学手稿》等著作中所提出的异化及其复归理论。在《手稿》中,马克思曾经提出,资本主义社会造成了普遍的、全面的异化,而共产主义社会则是对这种异化的扬弃。"这种共产主义,作为完成了的自然主义＝人道主义,而作为完成了的人道主义＝自然主义,它是人和自然界之间、人和人之间的矛盾的**真正**解决,是存在和本质、对象化和自我确证、自由和必然、个体和类之间的矛盾的真正解决。"①在顾准看来,异化及其复归理论,不是马克思早年的不成熟观点,而是贯穿马克思思想始终的一个理论创见。他认为,在《哥达纲领批判》中,马克思重申了这一思想:自然界同劳动一样,也是实用价值即物质财富的构成者的源泉,而在前共产主义的社会中,自然界和劳动都被异化了,都成为一部分人占有另一部分人劳动成果的工具。共产主义社会则要克服这种异化状态,实现人与自然界的真正和解。

还有一种看法则属于顾准上面所提到的"常识"。这种"常识"认为,马克思的反驳是没有道理的。因为如果坚持产品是劳动创造的,也就是坚持产品是工人创造的,那么工人就理所当然地拥有对劳动产品的权利,产品就应当归工人所有。在资本主义社会中,资本家通过剥削无偿占有了工人创造的产品,这是一种缺乏合法依据的非正义行为。而资本主义社会正是建立在这种普遍的剥削行为之上,因此,资本主义制度是一种不正义的制度,理应被社会主义所取代。马克思对这一理论进行批判,实际上削弱了社会主义运动在道义上的根据。

笔者认为,以上这两种看法都不正确,都未能准确地把握马克思的原意。马克思在这里批判劳动是财富源泉的理论,一不是为了重申异化及其复归思想,二没有削弱社会主义运动的道义支持。这两种看法都没有深入地了解马克思的理论意旨。实质上,马克思的这种批判是要阐

---

① 马克思:《1844年经济学哲学手稿》,人民出版社2000年版,第81页。

明，社会主义的理论根据在于社会历史发展的客观规律，在于资本主义社会内部基本矛盾的演化发展，而不是基于正义的呼声和权利的要求。从劳动是财富源泉的观点，只能导出立足于正义、权利范畴对资本主义所作的道德批判。而这种道德批判不能科学地说明工人阶级受剥削的根源，也不能给工人阶级指明解放的道路。

马克思的看法则是，劳动产品的生产与创造是劳动者以自然界为劳动资料和劳动对象，对自然界加以改造的物质变换过程。因此，这一过程涉及两方面：劳动者与生产资料。哥达纲领仅仅将劳动作为一切财富和一切文化的源泉，错误地理解了劳动的性质，也忽视了自然界与生产资料在劳动过程中极其重要的地位。

在对政治经济学进行深一步探索的《1861—1863年经济学手稿》中，马克思就已经指出："资本主义生产的前提是：人必须出卖自己的**劳动**，因为他没有能力**出卖商品**，从而没有能力**生产**商品；从而，生产商品的手段——劳动的客观条件——作为他人的财产同他相对立。一个地方只要以某种形式存在着**私有权**和**商品交换**，存在着这种私有权的产品的交换，那里就可以产生**资本主义生产的条件**：**丧失**了生产资料，劳动条件的**个人**，迫于种种使**他**丧失这种私有权，从而丧失这些生产资料的原因，已经**再也不能取得**这种生产资料。"[1]马克思在这里确认，生产商品的劳动需要一定的客观条件，即生产资料。而劳动者由于种种原因丧失了对生产资料的所有权，所能操控的只剩下了自身的劳动力，在这种情况下，劳动者就只能屈服于资本主义生产方式，出卖自己的劳动力以求得生存。

在《资本论》中，马克思更加明确地指出："种种商品体，是自然物质和劳动这两者要素的结合。如果把上衣、麻布等等包含的各种不同的有用劳动的总和除外，总还剩有一种不借人力而天然存在的物质基质。人在生产中只能像自然本身那样发挥作用，就是说，只能改变物质的形态。

---

[1]《马克思恩格斯全集》第48卷，人民出版社1985年版，第121页。

不仅如此,他在这种改变形态的劳动中还要经常依靠自然力的帮助。因此,劳动并不是它所生产的使用价值即物质财富的唯一源泉。正像威廉·配第所说,劳动是财富之父,土地是财富之母。"①马克思在这里的意见非常清楚:物质财富或曰使用价值,是劳动加上自然物质共同创造出来的,因而不能单独将劳动作为财富的源泉。正如他在《哥达纲领批判》中所写到的:"**自然界**同劳动一样也是使用价值(而物质财富就是由使用价值构成的!)的源泉,劳动本身不过是一种自然力即人的劳动力的表现。"②

2. 生产资料私有制是社会非正义现象的总根源

马克思申明劳动涉及劳动者与生产资料两个方面,绝不仅仅是指出一个事实,更关键的是要人们关注生产资料问题,后者才是工人运动更应关注的对象。实际上,劳动者对劳动产品拥有所有权是一个朴素的、很容易理解的道理,但是,如果我们进一步追问:既然如此,那么为什么劳动者总是不能得到自己的劳动成果,而总有那么多不劳而获的现象存在呢?答案总是要归结到生产资料所有制问题上去。从某种意义上可以说,生产资料私有制是社会非正义现象的总根源。

早在《政治经济学批判大纲》中,恩格斯就曾提出:"私有制最初的结果就是生产分为两个对立面(自然的方面和人的方面),即分为土地和人的活动。土地没有人耕作仅仅是不毛之地,而人的活动的首要条件恰恰就是土地。"③也就是说,自从私有制出现起,人类的生产劳动就开始出现了分裂,劳动者和生产资料不能直接结合在一起。换言之,在原始社会之后和共产主义社会之前的社会形态中,生产资料从来就不是公有的或是无主的,相反,它总是被某一个阶级所牢牢掌控着。而哪一个阶级控

---

① 马克思:《资本论》第1卷,人民出版社1975年版,第56—57页。
② 《马克思恩格斯选集》第3卷,人民出版社1995年版,第298页。
③ 《马克思恩格斯全集》第1卷,人民出版社1956年版,第612页。

制着生产资料,就会在生产中处于绝对性的主导地位。

马克思在《1857—1858年经济学手稿》中谈到分配问题时也指出:"在分配上,他们(指资产阶级经济学家——引者注)则相反地认为,人们事实上可以随心所欲。即使根本不谈生产和分配的这种粗暴割裂以及生产和分配的现实关系,总应该从一开始就清楚地看到:无论在不同社会阶段上分配方式如何不同,总是可以像在生产中那样提出一些共同的规定来,可以把一切历史差别混合或融化在一般人类规律之中。"①可以看出,马克思在这里实际上包涵着三层相互联系的意思:(1)认为人们可以在分配上随心所欲的观点粗暴地割裂了生产与分配的关系;(2)生产与分配的现实关系有着与资产阶级政治经济学所概括的内容完全不同的表现;(3)各个历史时期的具体分配方式可以千变万化,但在其中,可以总结归纳出一些共同规定,涵摄这些不同的分配方式。那么,这些共同规定包括什么呢?这就是生产资料的占有问题,各个不同的阶级由于是否占有生产资料而在分配上处于完全不同的地位。在《资本论》中,马克思更加明确地对这一问题进行了界说:"凡是社会上一部分人享有生产资料垄断权的地方,劳动者,无论是自由的或不自由的,都必须在维持自身生活所必需的劳动时间以外,追加超额的劳动时间来为生产资料的所有者生产生活资料,不论这些所有者是雅典的贵族,伊特剌斯坎的僧侣,罗马的市民,诺曼的男爵,美国的奴隶主,瓦拉几亚的领主,现代的地主,还是资本家。"②这就是说,社会上一部分人独占了生产资料,而劳动者却一无所有,于是劳动者必须去和别人的生产资料相结合,通过劳动维持自身生活,同时进行超额劳动,为生产资料所有者创造剩余价值、增加财富。因此,"一个除自己的劳动力以外没有任何其他财产的人,在任何社会的和文化的状态中,都不得不为另一些已经成了劳动的物质条件

---

① 《马克思恩格斯全集》第30卷,人民出版社1995年版,第28页。
② 马克思:《资本论》第1卷,人民出版社1975年版,第263页。

的所有者的人做奴隶,他只有得到他们的允许才能劳动,因而只有得到他们的允许才能生存。"①也正是由于此,劳动产品和社会财富的分配总是贯彻着这一阶级的意志和要求。可以说,掌握着生产资料的阶级也就控制了其他阶级的生死存亡。正是不同的生产资料所有制,导致了不同的产品分配方式。因此,要想解决分配问题,生产资料所有制问题才是根本。正是在这个意义上,马克思才尖锐地批判了哥达纲领中劳动构成财富源泉的观点。换言之,马克思把劳动与生产资料、自然资源并列,不是要抹煞劳动的创造性作用,而是着意突出生产资料的基础地位,使人们的注意力集中到生产资料所有制上来。在1880年5月撰写的《法国工人党纲领宣言(草案)》中,马克思写道:"生产者只有在占有生产资料之后才能获得自由"②。也就是说,生产者在不占有生产资料的情况下,没有可能谈到自由,而只有受剥削的"自由"。这一判断同样适用于正义、公平等范畴。可以看出,生产资料所有制问题才是马克思恩格斯关注的重点,也是工人阶级和人类消除社会非正义现象的关键所在。

这一观点实际上涉及拉萨尔本人对历史的片面看法和错误理解。马克思和恩格斯所创立的历史唯物主义中有一个极其鲜明的观点,即,到目前为止的有文字记载的历史都是阶级斗争的历史;而拉萨尔则抽掉了历史的阶级斗争内容,仅仅将历史理解成人类同自然界斗争的过程。拉萨尔说:"所谓历史,就是同自然的斗争;就是同贫困、愚昧、穷苦、软弱无力以及人类在历史初期遭受的种种不自由所进行的斗争。逐渐克服这种软弱无力就是历史所表现的自由的发展。"③拉萨尔对历史的这种理解,正如我国学者张文焕先生所指出的:"不错,人类在其发展的每一个阶段,都存在着同自然的斗争,这是事实。但是,拉萨尔不了解,

---

① 《马克思恩格斯选集》第3卷,人民出版社1995年版,第298页。
② 《马克思恩格斯全集》第25卷,人民出版社2001年版,第442页。
③ 《拉萨尔全集》第2卷,1919年德文版,第196页。转引自张文焕《拉萨尔评传》,人民出版社1983年版,第116页。

或者他不愿意了解,人类同自然的斗争,都是在一定的社会发展形式中进行的,都受到社会组织形式的制约。除了原始社会阶段外,人类社会分裂为对立的阶级。每个社会阶段的社会统治阶级在其没落阶段不仅不能促进人类同自然的斗争,而且由于它束缚生产力的发展,反而阻碍人类同自然的斗争,甚至成为贫困、愚昧、穷苦的根源。"①张文焕先生在这里所说的"社会组织形式",其中一个很重要的因素即是生产资料所有制。

人们一旦注意到生产资料所有制问题,就会发现,在不同的历史时期存在着各不相同的所有制。正如马克思早在《哲学的贫困》中就曾指出的:"在每个历史时代中所有权以各种不同的方式、在完全不同的社会关系下面发展着。"②这就意味着必须对各种具体的所有制模式进行深入具体的研究,否则,"要想把所有权作为一种独立的关系、一种特殊的范畴、一种抽象的和永恒的观念来下定义,这只能是形而上学或法学的幻想"③。在无产阶级革命时期和在资本主义制度的条件下,就必须对资本主义所有制进行探讨。只有如此,才能深刻把握资本主义社会的运作方式和必然命运,找到劳动者解放的现实道路。所以在这里,最根本的问题不是讨论劳动的权利是什么、劳动能够带来什么,而是关注生产资料为谁所占有,并通过实际的运动和斗争改变这种状况,从而使广大人民真正共享劳动所创造的成果。

3. 仅仅关注劳动的观点仍然囿于空想社会主义

拉萨尔主义分配正义观关于劳动创造财富及其暗含的一系列推论,实际上是资产阶级革命时期洛克等思想家提出的劳动起源论的翻版。它实际上是在试图回答政治哲学中一个非常重要也是非常古老的问题:

---

① 张文焕:《拉萨尔评传》,人民出版社1983年版,第116页。
②③《马克思恩格斯全集》第4卷,人民出版社1958年版,第180页。

人们占有或持有物品的合法性是什么？或者说，人们凭什么拥有某些物品，另外的一些人又凭什么不能拥有这些物品？通过解答这一系列问题，人们便可以得出结论说，某些人对某物品的占有是有充足理由的，是正义的，而某些人对某物品的占有却没有充足理由，是非正义的。这一理论逻辑构成了马克思恩格斯之前的空想社会主义正义理论的一个重要维度。

对分配正义之标准的寻求为时已久。我国学者何怀宏认为，正义的界定，可以从形式与具体内容两方面着手。从形式上定义的正义，可以把各种具体内容不同的正义观都包括进去。这种形式上的定义可以概括为：平等地对待属于同一等级或类型的人，不平等地对待不属于同一等级或类型的人。这里，更为关键也更具实质性的问题是，把人们划分成不同的等级或类型的基本标准是什么，换言之，根据什么东西来给予人们同等的或区别的对待。"按照社会变迁的历史形态，我们可以说：有的社会主要是根据血统、出身来进行分配；有的社会主要是根据土地、官职来进行分配；有的社会主要是根据金钱、财富之间的某种等价交换来进行分配；有的社会主要是按照贡献或需求来进行分配；还有的社会则是混合了各种原则进行分配。"①可见，对拥有的合法性根据——或者说这种分配正义的根据的回答，是多种多样的。但随着历史的发展与人类文明的进步，人们越来越不能容忍将血统、出身、土地、官职等东西当作这种分配的标准，而倾向于将劳动作为拥有具有合法性的依据。在哥达纲领的讨论会议上，就有人提出，劳动不仅是一切财富的源泉，而且是一切权利的源泉。②

早在资产阶级革命初期，霍布斯、洛克等为资本主义制度进行辩护

---

① 何怀宏：《伦理学是什么》，北京大学出版社2002年版，第177页。
② 例如，哥达城的文特尔斯贝格建议：第一部分第一段开头的"劳动是一切财富的源泉"这句话应改为"劳动是一切权利的源泉"。参见《在哥达举行的德国社会民主党人合并大会记录》，载《研究〈哥达纲领批判〉参考史料》，三联书店1978年版，第8页。

的思想家就提出了"劳动决定论"的观点。① 按照马克思的意见,"洛克是同封建社会相对立的资产阶级社会的法观念的经典表达者;此外,洛克哲学成了以后整个英国政治经济学的一切观念的基础,所以他的观点就更加重要。"② 因而,我们在这里重点考察一下洛克这一方面的有关思想。

洛克认为,世界上的一切物品,包括土地以及果实、兽类等等,都是自然自发地产生出来的,因此,它们归人类共同所有,没有人能够对这些东西享有排斥其余人类的私人所有权。但是,洛克紧接着指出,这些东西既然是给人类使用的,那么必然要通过某种拨归私用的方式,然后才能对于某一个人有用处或者有好处。洛克举例说,野蛮的印第安人不懂得圈用土地,还是无主土地的住户,因此,就必须把养活他的鹿肉或果实变为己有,即变为他的一部分,从而使别人不能再对它享有任何权利,才能对维持他的生命有好处。换言之,世界本来是公有的,但是要想对每一个个体有好处,就必须将公有的世界划归到每一个个体的名下,这样才能对个体有益。换言之,在洛克看来,世界确实是始终归全体人类共同占有的,但是,因为任何一个个人都不能代表全体人类,所以,任何一人都不能动用世界上的任何东西,人类就只能眼睁睁地看着这些物品而饿死。要解决这个难题,就只有使世界上的东西通过一种正当的途径,被个人所占有。那么,如何才能进行这种"正当的"占有呢? 洛克借助的就是个人的"劳动"。洛克认为:"每人对他自己的人身享有一种所有权,除他以外任何人都没有这种权利。他的身体所从事的劳动和他的双手所进行的工作,我们可以说,是正当地属于他的(着重号为引者所加)。所以只要他使任何东西脱离自然所提供的和那个东西所处的状态,他就

---

① 马克思曾经就霍布斯的观点写道:"在**霍布斯**那里,除了处于直接可供消费状态的自然赐予之外,劳动也是一切财富的唯一源泉。"马克思还就洛克的观点写道:"在洛克看来,如果劳动条件的数量大于一个人用自己的劳动所能利用的数量,那么,对这些劳动条件的所有权,就是一种同私有制的自然法基础相矛盾的**政治**发明。"参见马克思《剩余价值理论》第 1 册,人民出版社 1975 年版,第 390 页。
② 马克思:《剩余价值理论》第 1 册,人民出版社 1975 年版,第 393 页。

已经掺进他的劳动,在这上面参加他自己所有的某些东西,因而使它成为他的财产。既然是由他来使这件东西脱离自然所安排给它的一般状态,那么在这上面就由他的劳动加上了一些东西,从而排斥了其他人的共有权利。"①也就是说,在洛克看来,劳动者对自己的人身拥有所有权,因而对自己的劳动拥有所有权,正由于此,劳动者对自己的劳动产品也就拥有所有权。正如洛克所言:"劳动在万物之母的自然所已完成的作业上面加上一些东西,这样它们就成为他的私有的权利了。"②

其后,启蒙学者和资产阶级政治经济学家继承和发展了这一思想。例如,大卫·李嘉图认为"衡量一种商品的贵贱,除了为取得这种商品而作出的劳动的牺牲以外,我不知道还有什么别的标准。任何东西原来都是用劳动购买的;没有它,就没有一样具有价值的东西能够生产出来。……投入商品的劳动量的或多或少,是其价值变动的唯一成因。"③这种劳动所有权理论,实际上是为了推翻封建特权、论证资产阶级私有权的合法性而提出的。但是,在后来的发展中,这一思想逐渐为空想社会主义者所汲取,并反过来将其作为理论武器来批判资本主义制度。在威廉·汤普逊、约翰·格雷、约翰·勃雷、托马斯·霍奇斯金等社会主义思想家的著作中,我们到处都可以发现这一思想。他们普遍认为,劳动创造物质财富,所以劳动产品应当归劳动者所有,而资本家和地主不劳动却无偿占有了大量劳动产品,这是极端的不公平和不正义。因此,应当改变现有的资本主义制度。汤普逊是秉持这一观点的典型代表。汤普逊提出,在把自然界提供的天然物质转变成社会财富的过程中,也即物质生产过程中,"大自然对于这个转变做了些什么呢?什么也没有做。人,人的劳动,做了些什么呢?什么都做了"④。也就是说,劳动是社会财

---

① [英]洛克:《政府论》下篇,叶启芳、瞿菊农译,商务印书馆1964年版,第19页。
② 同上书,第19—20页。
③ 《李嘉图著作和通信集》第4卷,蔡受百译,商务印书馆1980年版,第371页。
④ [英]威廉·汤普逊:《最能促进人类幸福的财富分配原理的研究》,何慕李译,商务印书馆1986年版,第34页。

富的唯一源泉,既然如此,那么为什么每个劳动者不能获得自己的全部等价物呢?汤普逊实际上可以从这个疑问出发去探究资本主义制度,进而发现劳动者受剥削的秘密。但遗憾的是,汤普逊没有迈出这一步,而是停留在分配领域,希图通过研究"财富分配原理"来"促进人类幸福"。格雷在《人类幸福论》一书中也认为,劳动是财富的基础,而地主和资本家却把劳动产品据为己有,"这就是极大的不公平"①。而这种状况的起因就在于资本主义制度,因此"我们要谴责制度,并且指出:'不公平是这种制度的主要基础。'"所以,"我们恳切地征求每一个正直的人的意见,请他们说一说,这样的社会状态该不该继续存在下去?它与一切基本的公平原则有没有矛盾?"②由对社会非正义的判断出发,格雷构想了"劳动货币论"的方案,希望以之解决社会问题。可以说,"劳动货币论"这一方案的空想性,实际上导源于格雷对劳动的推重与对生产资料的忽视。从汤普逊到格雷再到拉萨尔主义正义观的分配纲领,实际上都忽视了同一个问题——生产资料所有制。

可以看出,哥达纲领所提出的劳动构成正义基础的观点,实际上是资产阶级思想家与空想社会主义者理论基础的承继与延伸,了无新意。而且,在当时,马克思主义早已提出明确的任务,要对生产发展和社会变迁的客观规律进行科学地探索与分析,并且在这方面已经取得了卓然成果。在这种情况下,何必再倒退回社会的往昔,重新捡拾被历史车轮远远抛在后面的淡淡沙尘呢?

三 对"正义依赖平等权利"观点的批判

如上所述,哥达纲领认为,劳动是一切社会财富的源泉,因而,劳动者自然就对劳动产品拥有所有权;同时,哥达纲领还认为,劳动者不能孤

---

① [英]约翰·格雷:《人类幸福论》,张草纫译,商务印书馆1984年版,第35页。
② 同上书,第30页。

立地进行生产,而必须"在社会中和通过社会才是可能的",因而,"劳动所得应当不折不扣和按照平等的权利属于一切社会成员"①。也就是说,拉萨尔主义的分配正义观认为,社会成员应当同等地占有和分配劳动产品,这是一种平等的权利。或者反过来说,社会成员应当根据平等的权利,平等地占有劳动产品。在拉萨尔主义者看来,这样做,就是一种"公平的分配",就是社会主义社会比其他社会更加正义的表现。在上面这段论述中,我们可以看到,拉萨尔主义分配正义观还有两个范畴作为其理论支撑,这就是"平等"和"权利"。换言之,"平等"与"权利"构成了拉萨尔主义正义观的两个主要维度。而前一节中分析过的劳动产生所有权的观点,不过是要为这种"平等"和"权利"作铺垫而已。这种"平等"和"权利"构成了拉萨尔主义分配正义观的两个理论武器,它们力图表明,公平的分配是社会主义运动所应追求的目标,是无产阶级应当努力寻求的方向。

那么,这种要求与论证正确吗?能够准确地反映无产阶级运动的要求和利益吗?下面,我们结合马克思和恩格斯的相关论述,具体阐述这些问题。

1. "平等权利"与"不折不扣的劳动所得"的内在冲突

针对哥达纲领所提出的平等权利论,马克思首先指出,这些所谓的"平等"和"权利"都是一些空话,在现实中什么问题也解决不了。马克思就哥达纲领的论证写道:劳动产品"'属于社会一切成员'?也属于不劳动的成员吗?那么'不折不扣的劳动所得'又在哪里呢?只属于社会中劳动的成员吗?那么社会一切成员的'平等的权利'又在哪里呢?"②也就是说,按照平等权利论,劳动产品应当平等地属于一切社会成员,因为大

---

① 《德意志工人党纲领》,载《研究〈哥达纲领批判〉参考史料》,三联书店1978年版,第1—2页。
② 《马克思恩格斯选集》第3卷,人民出版社1995年版,第302页。

家都拥有平等的权利;但是,一个社会当中总会有一些社会成员因为譬如残疾、智障等问题不能参加社会劳动,这样的话,这部分不能参加社会劳动的成员享有劳动产品吗?这对哥达纲领来说成了一个很大的问题:如果这部分社会成员享有劳动产品,而产品总是劳动者参与劳动过程生产出来的,那么他们就侵犯了其他社会成员对劳动产品的所有权,其他社会成员的平等权利就无法实现;如果这部分社会成员不能占有任何劳动产品,那么他们自身的"平等权利"又如何体现出来呢?这样做岂不是侵犯了这部分不能劳动的社会成员的"平等权利"吗?对于哥达纲领来说,这是一个无法解决的难题,它用"平等"和"权利"这两个范畴,把自己逼进了一个死角。

马克思进一步指出,实际上,"'社会一切成员'和'平等的权利'显然只是些空话。问题的实质在于:在这个共产主义社会中,每个劳动者都应当得到拉萨尔的'不折不扣的劳动所得'。"[1]也就是说,拉萨尔主义分配正义观的主要目的,其实不是抽象地论证社会成员的平等与权利,而是要求每个劳动者在社会产品的分配中,"得到拉萨尔的'不折不扣的劳动所得'"[2]。那么,劳动所得能够"不折不扣地"实现吗?马克思指出,这一观点完全是一种幻想,在现实中是根本无法实现的。如同马克思所言,一个社会为了能够正常运转,在社会总产品中总是要扣除如下部分:(1)用来补偿消耗掉的生产资料的部分。(2)用来扩大生产的追加部分。(3)用来应付不幸事故、自然灾害等的后备基金或保险基金。除此之外,在进行个人分配之前,还必须从里面扣除以下部分:(1)同生产没有直接关系的一般管理费用。(2)用来满足共同需要的部分,如学校、保健设施等。(3)为丧失劳动能力的人等等设立的基金。[3] 不预先扣除这些部分,整个社会就无法保障自己的存续和发展。如此看来,拉萨尔所

---

[1][2]《马克思恩格斯选集》第3卷,人民出版社1995年版,第302页。
[3] 参见《马克思恩格斯选集》第3卷,人民出版社1995年版,第302—303页。

主张的"不折不扣的劳动所得",实在是一个脱离了现实的物质生产与经济运行规律的空想,在理论上是一个"不折不扣的"虚构出来的产物。

2. "平等权利"是资产阶级民主革命时期的旧理论范畴

实际上,借"平等"和"权利"的口号要求改造社会的观点,不是拉萨尔主义的独创,也不是偶然的和个别的思想产物,而是资产阶级民主革命思想的反映。如所周知,在资产阶级反对封建贵族阶级、争夺统治权的时期,资产阶级思想家和学者立足于实际斗争的需要,从各个方面抨击当时的等级制度,论证和讴歌人的平等权利。从那个时候起,"平等"和"权利"就成了被统治者和被压迫者寻求解放、反抗既有社会秩序的理论武器。其后,空想社会主义者吸取了资产阶级学者的某些观点,继续以平等、权利为武器向资本主义制度发起攻击。勃雷在《对劳动的迫害及其救治方案》一书中就曾提出:"权利平等是社会的真正灵魂";同时勃雷还认为:"但是权利平等必须与义务平等并存。这就是平等的总体和实质。"[1]勃雷举例说,设想我们安置了三个人在荒岛上面,他们各出了相等的劳动,同时也各自得到等份的报酬,那么,这样的共享就是平等的。但是,如果其中一人用强力或者欺骗的方法,仍然用一份的工作换取两份的报酬,那么显而易见,这三人之间就不再具有平等的利益。如果这一个人强迫其他二人给他两份的报酬却不拿出一点劳动,那么,这里就没有丝毫的平等与公正了。由此勃雷认为:"不平等的错误的症结所在,就是个人所尽的义务与所得的报酬的不平衡。没有一个主张权利平等的人是不主张义务平等的。倘使义务是不平等,或者同样的义务有了不同的报酬,那么这一公正原则就立时受到侵犯了,同时权利平等的原则也是被毁灭了。"[2]勃雷愤怒地指责说:"在一切所谓文明国家里,社会就

---

[1] [英]勃雷:《对劳动的迫害及其救治方案》,袁贤能译,商务印书馆1959年版,第23页。
[2] 同上书,第24页。

这样地分成懒惰者与生产者,分成为什么事不做而得到双份的人和那些工作加倍而只获得一般份额的人。只要是这种地位不同和不平等倾向准其存在的时候,当然权利、法律和享受的不平等也将存在。……为何一些人只做一份工作而应得二份报酬,甚至于不做什么而得四份报酬呢？一切国家的劳动阶级的过分辛劳、穷困、和苦痛,都是从这种最不公正和最狠毒的对于工作和报酬的分配方法而来的(着重号为引者所加)；而且我们一天不改变这种不公平由以产生和维持的社会设施,我们就一天不能得到拯救。"①可见,拉萨尔主义分配正义观所倚仗的平等权利论,不是无产阶级革命的崭新理论创造,而只是对已经过时了的资产阶级民主革命武器的全盘接受。

马克思深刻地剖析了权利与平等范畴,揭示了拉萨尔主义分配正义观的失误。马克思指出,从本质上讲,平等、权利和正义等范畴仍然局限于资产阶级革命的理论视野,不能够充分表达出劳动者和人类解放的伟大目标。在资产阶级革命时期,启蒙思想家所提出的平等、权利、正义等范畴在反对封建专制和特权、建立资本主义自由交换制度的斗争中发挥了积极的作用,扩大了人民的自由平等权利。但是,这种平等和权利是不彻底的。在资本主义制度下,资产阶级占有生产资料,工人阶级不得不出卖自己的劳动力,因此,他们所享有的平等和权利仅仅是表面上的。要想使工人阶级摆脱受剥削和奴役的地位,只有实行生产资料公有制,消灭阶级。如同马克思所说的："至于谈到权利,我们和其他许多人都曾强调指出了共产主义对政治权利、私人权利以及权利的最一般的形式即人权所采取的反对立场。请看一下'德法年鉴',那里指出特权、优先权符合于与等级相联系的私有制,而权利符合于竞争、自由私有制的状态；指出人权本身就是特权,而私有制就是垄断。"②

---

① [英]勃雷:《对劳动的迫害及其救治方案》,袁贤能译,商务印书馆1959年版,第24页。
②《马克思恩格斯全集》第3卷,人民出版社1960年版,第228—229页。

在《德意志意识形态》中,马克思和恩格斯从人类物质生产实践的演进过程着眼,探讨了不平等现象产生的历史根源。他们认为,不平等是一种历史的现象,是人类社会发展之初低下的生产力水平以及由此而来的社会分工的必然产物。马克思、恩格斯在考察人类社会所有制的演变形式时指出,任何新的生产力的发展,都会引起分工的进一步发展;分工的发展,则推动生产力与生产关系的矛盾运动,导致私有制的出现。在部落所有制阶段,生产力水平极端低下,人们只是凭借狩猎、捕鱼、畜牧,或者最多是靠务农为生。在这个阶段上,分工也很不发达,起初只是性别方面的分工,后来由于天赋、需要、偶然性等因素,仅限于家庭中的现有的自然产生的分工进一步扩大。此后,随着社会生产力水平的逐步提高,原始共同体分裂为单独的、互相对立的家庭,"与这种分工同时出现的还有**分配**,而且是劳动及其产品的**不平等**的分配(无论在数量上或质量上);因而也产生了所有制,它的萌芽和原始形态在家庭中已经出现,在那里妻子和孩子是丈夫的奴隶。"①也就是说,此时形成所谓父权制时代的"家务奴隶制",即在家庭内部,妻子和孩子是丈夫的奴隶,同时,开始出现了劳动及其产品的不平等分配。可见,不平等的产生,不是由于人没有"意识到别人是和自己平等的人",没有"把别人当做和自己平等的人来对待"②,而纯粹是物质生产过程的客观产物。既然不平等现象是随着分工以及物质生产力的发展而不断变化的,那么只能说明,平等是一个历史的、具体的范畴,在不同的历史时期和社会发展的不同阶段,平等要求具有不同的实际内容。马克思和恩格斯指出:"人们每次都不是在他们关于人的理想所决定和所容许的范围之内,而是在现有的生产力所决定和所容许的范围之内取得自由。"③这句话虽然是马克思和恩格斯在论述自由问题时提出的,但同样适合于平等、正义问题。在他们看

---

① 《马克思恩格斯全集》第3卷,人民出版社1960年版,第36页。
② 《马克思恩格斯全集》第2卷,人民出版社1957年版,第48页。
③ 《马克思恩格斯全集》第3卷,人民出版社1960年版,第507页。

来，人们提出什么样的平等、正义要求以及能否实现这些要求，关键要看现实生产力发展的程度。

正由于此，马克思拒斥了平等、权利等旧口号，而将关注的目光投向了社会制度。恰如恩格斯所言："马克思无论在什么地方都没有提出过'十足劳动收入权'的要求，他在他的理论著作中根本没有提出过任何形式的法权要求。……在马克思的理论研究中，对法权（它始终只是某一特定社会的经济条件的反映）的考察是完全次要的；相反地，对特定时代的一定制度、占有方式、社会阶级产生的历史正当性的探讨占着首要地位。任何一个人，只要把历史看做一个有联系的，尽管常常有矛盾的发展过程，而不是看做仅仅是愚蠢和残暴的杂乱堆积，像十八世纪人们所做的那样，首先会对这些问题的研究感到兴趣。"①马克思更进一步明确指出了工人运动的任务："他们（指工人阶级——引者注）不应当忘记：在日常斗争中他们反对的只是结果，而不是产生这种结果的原因；他们延缓下降的趋势，而不改变它的方向；他们服用止痛剂，而不祛除病根。所以他们不应当只局限于这些不可避免的、因资本永不停止的进攻或市场的各种变动而不断引起的游击式的搏斗。他们应当懂得：现代制度给他们带来一切贫困，同时又造成对社会进行经济改造所必需的种种物质条件和社会形式。他们应当屏弃'做一天公平的工作，得一天公平的工资！'这种保守的格言，要在自己的旗帜上写上革命的口号：'消灭雇佣劳动制度！'"②

3. "平等权利"决不能超出社会经济结构及其文化发展

马克思对于平等权利论的批判，还体现在他尖锐地指出："权利决不能超出社会的经济结构以及由经济结构制约的社会的文化发展。"③这就

---

① 《马克思恩格斯全集》第 21 卷，人民出版社 1965 年版，第 558 页。
② 《马克思恩格斯选集》第 2 卷，人民出版社 1995 年版，第 97 页。
③ 同上书第 3 卷，第 305 页。

是说,谈论权利绝不能脱离具体的历史语境和客观的社会现实,而抽象、空洞地在思维中进行理论推衍。实际上,人们对权利的分配和享有,决不是靠逻辑推导能够实现的,而是由一个社会具体的经济结构以及由该经济结构制约的文化发展状况所决定的。

马克思在谈到"共产主义社会第一阶段"(即后来列宁概括的社会主义社会)的分配问题时指出,由于这一社会刚从旧的资产阶级社会脱胎而来,因而在经济、道德和精神等各方面都还带着旧社会的痕迹;在这种情况下,消费资料的分配只能采取这种形式:"每一个生产者,在作了各项扣除以后,从社会领回的,正好是他给予社会的。他给予社会的,就是他个人的劳动量。……他从社会领得一张凭证,证明他提供了多少劳动(扣除他为公共基金而进行的劳动),他根据这张凭证从社会储存中领得一份耗费同等劳动量的消费资料。他以一种形式给予社会的劳动量,又以另一种形式领回来。"①马克思就此指出:"显然,这里通行的是调节商品交换(就它是等价的交换而言)的同一原则","所以,在这里**平等的权利**按照原则仍然是**资产阶级权利**,虽然原则和实践在这里已不再互相矛盾"②。消费资料的分配之所以必须采用这种等价交换的形式,"还是被限制在一个资产阶级的框框里"③,正是由共产主义社会第一阶段还比较落后的社会经济—文化结构决定的。要想改变这种分配模式,靠关于权利、平等的讨论和逻辑分析是不能实现的,只有把这种改变建基于共产主义社会高级阶段发达的经济—文化结构之上。具体说来,它包括几个方面:(1)迫使个人奴隶般地服从分工的情形已经消失,从而脑力劳动和体力劳动的对立也随之消失;(2)劳动已经不仅仅是谋生的手段,而且本身成了生活的第一需要;(3)随着个人的全面发展,他们的生产力也增长起来,而集体财富的一切源泉都充分涌流。并且,这三点之间存在一种"辞典式序列"的关系,即,只有在满足前一个条件之后,才有可能谈到

---

① ② ③《马克思恩格斯选集》第 3 卷,人民出版社 1995 年版,第 304 页。

后一个条件。这些条件既包括分工消失、脑体对立消失、社会财富充分涌流等经济因素,又包括劳动成为生活的第一需要等精神方面的因素。总之,正如马克思所强调指出的:"只有在那个时候,才能完全超出资产阶级权利的狭隘眼界,社会才能在自己的旗帜上写上:各尽所能,按需分配!"①

可见,对平等与权利的分析,不能脱离当时的历史环境,而必须从具体社会条件出发。而在当时的资本主义社会中,资产阶级占有生产资料,工人阶级靠出卖劳动力获得生存的基本条件。资本主义社会的经济结构限定了资本主义社会的分配方式,也进一步限定了劳动人民在资本主义社会所能享有的平等权利。正如马克思所说:"分配关系和分配方式只是表现为生产要素的背面。个人以雇佣劳动的形式参与生产,就以工资形式参与产品、生产成果的分配。分配的结构完全决定于生产的结构。分配本身是生产的产物,不仅就对象说是如此,而且就形式说也是如此。就对象说,能分配的只是生产的成果,就形式说,参与生产的一定方式决定分配的特殊形式,决定参与分配的形式。"②也就是说,在资本主义经济结构的基础上,分配方式必然采取这种形式,这一状况无法通过对平等与权利的呼吁得到解决。在《资本论》中,马克思讽刺性地指出:"现在,雇佣工人也和奴隶一样,必须有一个主人叫他去劳动,并且统治他。既然这种统治和奴役的关系成为前提,那么,雇佣工人被迫生产他自己的工资,并且在这个工资之外再生产监督工资,作为对统治和监督他而花费的劳动的补偿,'并为他的主人提供正当的报酬,来报答他的主人为统治他,为使他成为一个对自己和对社会有用的人而花费的劳动和才能',就是理所当然的了。"③我们认为,马克思在这里强调的是——"这种统治和奴役的关系"首先成了"前提",在这种情况下,雇佣工人受剥削

---

① 《马克思恩格斯选集》第 3 卷,人民出版社 1995 年版,第 305—306 页。
② 《马克思恩格斯全集》第 30 卷,人民出版社 1995 年版,第 36 页。
③ 马克思:《资本论》第 3 卷,人民出版社 1972 年版,第 434 页。

的地位就成为不可避免的了,这是不管怎样谈论权利都改变不了的。要改变这种状况,只有一个现实途径:变革现实的经济结构,消灭资本主义私有制。

4. 奢谈"平等权利"只会将无产阶级运动引向堕落

马克思之所以激烈地批判拉萨尔主义的"平等权利"论调,除了上述理论方面的原因外,还有更紧迫的现实根源:在马克思所处的时代背景和斗争环境下,资产阶级与无产阶级尖锐对立,资产阶级对无产阶级的正当愿望和反抗意图采取严酷的镇压手段,在这种情况下,谈论平等,谈论权利,不但是对无产阶级运动的误导,而且必然将无产阶级革命运动引向堕落。

早在 1848 年革命期间,针对封建统治阶级反动派的暴行和国民议会左派的空谈,马克思在《柏林的危机》一文中就曾经指出:"谁的**力量大**,谁的**权利就大**。力量要受到**斗争**的考验。斗争要受到**胜利**的考验。两种势力只有用胜利才能证明自己的权利,**失败**只能说明自己没有权利。"[①]"**权利在力量**方面。**没有力量**的方面只是**空谈权利**。"[②] 在《资本论》中,马克思结合劳动力买卖的事实更加明确地指出:"我们看到,撇开伸缩性很大的界限不说,商品交换的性质本身没有给工作日规定任何界限,因而没有给剩余劳动规定任何界限。资本家要坚持他作为买者的权利,他尽量延长工作日,如果可能,就把一个工作日变成两个工作日。可是另一方面,这已经卖出的商品的特殊性质给它的买者规定了一个消费的界限,并且工人也要坚持他作为卖者的权利,他要求把工作日限制在一定的正常量内。于是这里出现了二律背反,权利同权利相对抗,而这两种权利都同样是商品交换规律所承认的。在平等的权利之间,力量

[①]《马克思恩格斯全集》第 6 卷,人民出版社 1961 年版,第 5 页。
[②] 同上书第 6 卷,第 6 页。

就起决定作用。"①也就是说,在当时的斗争环境下,空谈权利、平等是没有任何好处的。权利需要无产阶级运动的实力加以维护和保障。在这一点上,马克思始终是一个清醒的现实主义者和实践家,而拉萨尔则总是抱有不切实际的幻想。

实际上,拉萨尔的这种平等权利论,所要维护的并不是工人阶级的"权利",而主要是维护当时反动统治阶级的"权利"和利益。拉萨尔提出,工人"有权要求国家全心全意地改善劳动阶级悲惨的、贫困的物质境遇"等,"但是,工人永远不能忘记,而且永远也不会忘记:一切既得的、合法的财产,都是完全不可侵犯的和正当的。"②在当时封建地主阶级和资产阶级实行统治的反动时代,无产阶级和广大人民群众根本没有什么"既得的"财产,有的只是贫困和压在肩上的奴役重担。因此,所谓"既得的、合法的财产",实际上都是统治者和剥削者在法律名义掩盖之下对劳动人民的剥削所得。但是,按照拉萨尔的观点,这些剥削甚至成了正当的"权利",对剥夺者进行剥夺反倒成了"不正当"的,反而找不到"权利"依据。这就是拉萨尔主义平等权利论的实质。

四 对"分配方式决定正义"观点的批判

拉萨尔主义分配正义观存在着一个突出的理论倾向——分配决定论。在哥达纲领中,第一条强调"劳动所得应当不折不扣和按照平等的权利属于社会一切成员",第三条强调"劳动的解放……要求集体调节总劳动并公平分配劳动所得"。也就是说,整个纲领对分配问题极为关注,认为分配方式可以决定正义,甚至把分配问题当成了无产阶级政党活动的中心任务。这是典型的分配决定论,而这正是马克思和恩格斯着力批

---

① 马克思:《资本论》第1卷,人民出版社1975年版,第262页。
② 《拉萨尔全集》第2卷,1919年德文版,第174页。转引自张文焕:《拉萨尔评传》,人民出版社1983年版,第121页。

判的对象之一。

重视分配,期望通过改变分配来消除资本主义社会的弊病,改善工人阶级的生存状况,这是自空想社会主义以来的一大思想倾向。例如,傅立叶就非常重视他所倡导的和谐制度下的产品分配问题。他认为,公正的、和谐的分配方式,是"使每个人都能按照他的三种手段——劳动、资本和才能而获得满意的报酬"①。在产品的分配中,首先要扣除维持全体成员生存所需要的部分,其余的按照比例分配。其中,"资本占 4/12,劳动占 5/12,才能占 3/12"②。傅立叶认为,按照这种比例进行分配,既可以鼓励资本家积极地向法郎吉③投资,从而增加法郎吉的物质力量,又可以激发广大劳动者的积极性,使他们逐渐增加积蓄,变成有产者。在这里,傅立叶已经开始把劳动作为未来社会分配产品的依据,具有了按劳分配的因素;但是,他又保留了资本在产品分配中的地位,从而保存了生产资料私有制,这又带有阶级融合的倾向。但总的来看,傅立叶的思路是通过改变分配来改造资本主义社会。

到了李卜克内西领导的爱森纳赫派与拉萨尔派合并的时候,由于当时党员的理论素养尚待提高,还存在着很多混乱的认识,因而对于分配决定论的观点还不能作出正确的判断。例如,当时柏林的党员赫·福格尔就提出了另外一份纲领条文。其中写到:"要使工人阶级从这种依靠暴力和欺骗而维持的依附关系和工资关系下解放出来,必须通过正义和实证的科学来实现;这种解放**应当同时是一种政治的、社会的和道德的**解放,它要求在公共生活和私人生活的一切方面贯彻民主的原则,并把劳动资料提高为社会的公共财产,同时要求集体调节总劳动并公平分配

---

① [法]《傅立叶选集》第 2 卷,赵俊欣等译,商务印书馆 1982 年版,第 173 页。
② 同上书,第 175 页。
③ 傅立叶设想的理想社会是"和谐社会",社会基层单位是自给自足、独立的"法郎吉"。法郎吉是一种生产消费协作团体。法郎吉投股集资,劳动者和资产者都可入股,人人参加劳动。傅立叶认为,法郎吉比资本主义制度更能合理地分配财富,并可以被任何政治制度甚至君主制度所采纳。

劳动所得。"①李卜克内西在1875年5月24日召开的合并大会第三次会议上也发言说:"劳动产品的'公平分配'是一种彻底的社会主义的要求,或者,如果愿意这样说的话,是一种共产主义的要求;因为目前在共产主义和社会主义之间不再存在任何差别。没有一个德国社会民主党人再依附于承认劳动资料私有制的旧的小资产阶级的社会主义了。"②在1875年3月23日给倍倍尔的信中,白拉克也写道:"第一部分第一段的**那些**话也是谬论。即使是在今天,劳动所得也是完全不折不扣地由社会一切成员获得的,因为劳动所得根本没有或者只有很少一部分损失掉,但关键在于全部劳动所得如何**分配**!要是按照**平等**的权利进行分配,那么资产者、剪息票者和其他游手好闲的人都有**同等**的一份。因此必须说:劳动是每个人的义务,只有按照现有力量进行的劳动,才有权参加全部劳动所得的分配,并且按照巴贝夫的原则:按需分配。表面的机械的平等恐怕是最粗暴的不平等和不公正。"③也就是说,在李卜克内西和白拉克等党的领导人心目中,还都将分配看做一个非常重要的、甚至起决定作用的因素,尚不清楚分配决定论有哪些误点。那么,下面我们根据马克思恩格斯的有关论述,对拉萨尔主义正义观的这一理论倾向作一分析。

1. 分配决定论割裂了经济运行过程的整体联系

对于哥达纲领表露出来的分配决定论倾向,马克思指出,在所谓分配问题上大做文章并把重点放在它上面,那是根本错误的。④ 在马克思看来,现实的经济运行过程是由生产、消费、交换、分配等诸多环节构成

---

① 《在哥达举行的德国社会民主党人合并大会记录》,载《研究〈哥达纲领批判〉参考史料》,三联书店1978年版,第10页。
② 同上书,第47页。
③ 《研究〈哥达纲领批判〉参考史料》,三联书店1978年版,第151页。
④ 《马克思恩格斯选集》第3卷,人民出版社1995年版,第306页。

的一个整体,各个环节之间密切联系、互相制约,分配仅仅是其中的一个环节。因此,单单将分配从整体中抽离出来并孤立地对它加以研究,根本不能得出科学的结论。

早在1857年8月底写作的《〈政治经济学批判〉导言》中,马克思就详细地考察了生产与分配,以及交换、消费的一般关系。马克思指出,肤浅的表象是这样的:"在生产中,社会成员占有(开发、改造)自然产品供人类需要;分配决定个人分取这些产品的比例;交换给个人带来他想用分配给他的一份去换取的那些特殊产品;最后,在消费中,产品变成享受的对象,个人占有的对象。"①换句话说,"生产创造出适合需要的对象;分配依照社会规律把它们分配;交换依照个人需要把已经分配的东西再分配;最后,在消费中,产品脱离这种社会运动,直接变成个人需要的对象和仆役,供个人享受而满足个人需要。"② 在这里,看上去生产是起点,消费是终点,分配和交换是两个中间环节,其中,分配决定某种产品归个人的一定比例或数量。但是,这种看法仅仅是一种表面的理解,正如马克思所说的,"这当然是一种联系,然而是一种肤浅的联系"③。也就是说,这种观点没有深入到生产过程的总体中去,用联系的观点来看待整个生产过程。

在马克思看来,生产不是某种抽象的永恒不变的东西,而是由特定的社会历史条件所决定的。在整个生产过程之中,生产、分配、交换、消费是辩证统一和相互作用的,是同一个整体的各个环节。但其中,生产是这种统一的出发点,而且是决定性的因素,分配形式仅仅是生产形式的一种表现。正是在这一意义上,日本学者田中孝一正确地认为:"马克思之所以如此重视生产的一个原因是,他批判持乐观态度的资产阶级经济学,因为其否定生产方式的历史可变性,在把生产看做是不变的自然性的前提下,认为只要改善分配就可以解决问题。马克

---

① ② ③《马克思恩格斯全集》第30卷,人民出版社1995年版,第30页。

思认为只要不改变生产状态就不可能真正解决分配问题。资本主义不进行变革,就无法实现分配的正义。"①下面,我们主要来看一下生产与分配的关系。

马克思提出:"在生产者和产品之间出现了**分配**,分配借社会规律决定生产者在产品世界中的份额,因而出现在生产和消费之间。那么,分配是否作为独立的领域,和生产并列,处于生产之外呢?"②马克思指出:"照最浅薄的理解,分配表现为产品的分配,因此它离开生产很远,似乎对生产是独立的。但是,在分配是产品的分配之前,它是(1)生产工具的分配,(2)社会成员在各类生产之间的分配(个人从属于一定的生产关系)——这是同一关系的进一步规定。这种分配包含在生产过程本身中并且决定生产的结构,产品的分配显然只是这种分配的结果。"③从这段论述中可以看出,分配决不是像通常所设想的那样,是独立、远离于生产的一个特殊部门。实际上,分配不仅仅指劳动产品的分配,而且包括生产工具的分配与劳动者的分工,后两者直接决定了生产如何进行。而生产如何进行,又直接决定了劳动产品如何分配。因此,分配与生产交织在一起,无法截然分开。可见,马克思解决分配问题的思路,决不是仅仅在分配本身的范围内兜圈子,而是认为,必须研究经济运行过程的整体过程,尤其是要研究生产方式。否则,希图借助于"平等的权利"和"公平的分配"来解决分配问题,只是一种想抓住自己头发离开地球的做法。因而,下面这种理解——"马克思认为资本主义是不公平的社会,所以寻求缩小这种不公平的符合正义的财富分配"④,我们认为并不符合马克思的本意。实际上,马克思从来不期望找到一种"符合正义的财富分配"方式,而是彻底地改造社会的生产方式,颠覆性地变革人们在生产资料占有上的不平等地位。

---

①④ 田中孝一:《马克思的分配正义论》,黄贺译,载《国外理论动态》2008年第1期。
② 《马克思恩格斯全集》第30卷,人民出版社1995年版,第35页。
③ 《马克思恩格斯选集》第2卷,人民出版社1995年版,第14页。

2. 分配方式归根结底是生产条件本身分配的结果

马克思认为,人们总是习惯于用公平和正义来评价现实的分配,而公平和正义实质上是一种道德评判,这种评价具有极强的主观性,因之,公平分配不是一个科学的理论判断,不能正确地说明劳动者受剥削的根源,也不能真正使劳动者摆脱受剥削的地位。

马克思写道:"什么是'公平的'分配呢?难道资产者不是断言今天的分配是'公平的'吗?难道它事实上不是在现今的生产方式基础上唯一'公平的'分配吗?难道经济关系是由法的关系来调节,而不是相反,从经济关系中产生出法的关系吗?难道各种社会主义宗派分子关于'公平的'分配不是也有各种极不相同的观念吗?"①也就是说,由于利益主体在分配中所处的地位不同,利益要求不同,因而在何为公平、何为正义的问题上持有相当不同的见解,甚至会出现极大的抵牾和冲突。因此,用公平或正义范畴无法真正解决现实分配问题。恩格斯就此指出:"按照资产阶级经济学的规律,产品的绝大部分不是属于生产这些产品的工人。如果我们说:这是不公平的,不应该这样,那么这句话同经济学没有什么直接的关系。我们不过是说,这些经济事实同我们的道德感有矛盾。"②正因如此,"马克思从来不把他的共产主义要求建立在这样的基础上,而是建立在资本主义生产方式的必然的、我们眼见一天甚于一天的崩溃上"。③

在《〈政治经济学批判〉导言》中,马克思指出:"分配关系和分配方式只是表现为生产要素的背面。个人以雇佣劳动的形式参与生产,就以工资形式参与产品、生产成果的分配。分配的结构完全决定于生产的结构,分配本身是生产的产物,不仅就对象说是如此,而且就形式说也是如

---

① 《马克思恩格斯选集》第 3 卷,人民出版社 1995 年版,第 302 页。
②③ 《马克思恩格斯全集》第 21 卷,人民出版社 1965 年版,第 209 页。

此。就对象说,能分配的只是生产的成果,就形式说,参与生产的一定形式决定分配的特定形式,决定参与分配的形式。"①马克思在这里明确提出,消费资料的分配由生产方式决定,有什么样的生产方式,就会有什么样的分配方式。这不是由个人主观意志可以任意改变的,也不是依据抽象的正义、公平原则可以改造的,它更多地体现为一种历史的必然性。在《哥达纲领批判》中,马克思再次指出:"消费资料的任何一种分配,都不过是生产条件本身分配的结果;而生产条件的分配,则表现生产方式本身的性质。例如,资本主义生产方式的基础是:生产的物质条件以资本和地产的形式掌握在非劳动者的手中,而人民大众所有的只是生产的人身条件,即劳动力。既然生产的要素是这样分配的,那么自然就产生现在这样的消费资料的分配。如果生产的物质条件是劳动者自己的集体财产,那么同样要产生一种和现在不同的消费资料的分配。"②在马克思和恩格斯重点剖析的资本主义社会,资本家凭借资本所有权获得利息和利润,土地所有者凭借土地所有权获得地租。然而,利息、利润和地租,都是工人创造的剩余价值的转化形式。空想社会主义者由此认为(即使现在也有很多人如此认为),资本家和地主无偿占有了工人创造的剩余价值,这是一种不公平、不正义的分配。正由于此,资本主义社会必须设法实行一种正义公平的分配。殊不知,这种看法恰恰是马克思和恩格斯所着力批判的东西。马克思认为,资本主义的分配,事实上就是当时生产方式基础上(着重号为笔者所加)唯一公平的分配。"既然生产的要素是这样分配的,那么自然就产生现在这样的消费资料的分配。"③要想改变这种分配方式,只有通过变革现实的生产资料所有制来实现。

在马克思生前的最后一篇经济学文稿《评阿·瓦格纳的"政治经济学教科书"》中,他甚至不同意将资本家剥削工人的说法换成"剥取"的提

---

① 《马克思恩格斯全集》第30卷,人民出版社1995年版,第30页。
②③《马克思恩格斯选集》第3卷,人民出版社1995年版,第306页。

法。资产阶级经济学家瓦格纳写道:"只要这类证据还**没有**{换句话说,只要资本主义经济存在着},**资本家的利润事实上也**{瞧,这里露出了马脚}是价值的'**构成**'因素,而**不是**像社会主义者所想的那样,仅仅对工人的**剥取**或'掠夺'。"①马克思就此质疑道:"什么叫'对工人的剥取',剥取它的皮,等等,无法理解。"②马克思接着指出:"在我的论述中,'资本家的利润'事实上**不是**'仅仅对工人的剥取或'掠夺'"。相反地,我把资本家看成资本主义生产的必要的职能执行者,并且非常详细地指出,他不仅'剥取'或'掠夺',而且迫使进行**剩余价值的生产**,也就是说帮助创造属于剥取的东西;其次,我详细地指出,甚至在**只是等价物**交换的商品交换情况下,资本家只要付给工人以劳动力的实际价值,就完全有权利,也就是符合于这种生产方式的权利,获得**剩余价值**。但是所有这一切并不是'资本家的利润'成为价值的'**构成**'**因素**,而只是表明,在那个不是由资本家的劳动'构成的'价值中,包含他'有权'可以占有的部分,就是说并不侵犯符合于商品交换的权利。"③马克思接着指出,瓦格纳"偷偷地塞给我这样一个论断:只是由工人生产的**剩余价值不合理地**为资本主义企业主所得。然而我的论断完全相反:商品生产发展到一定的时候,必然成为'资本主义'的商品生产,按照商品生产中占统治地位的**价值规律**,'剩余价值'归资本家而不归工人。"④在马克思看来,这既合乎经济规律,也合乎当时社会的公平、正义等道德观念。因为,这些道德观念,包括法律等上层建筑,都是由当时的经济基础所决定的。恩格斯在他的晚年著作中也突出强调了这一点。在1890年8月5日致康·施米特的信中,恩格斯说:"在《人民论坛》上也发生了关于未来社会中的产品分配问题的辩论:是按照劳动量分配呢,还是按照其他方式分配。(1890年6月14日到7月12日,《柏林人民论坛》)人们对于这个问题,是一反某些关

---

①②③《马克思恩格斯全集》第19卷,人民出版社1963年版,第401页。花括号里边的话是马克思所加。
④ 同上书,第428页。

于公平原则的唯心主义空话而处理得非常'唯物主义'的。但奇怪的是谁也没有想到,分配方式本质上毕竟要取决于可分配的产品的**数量**,而这个数量当然随着生产和社会组织的进步而改变,从而分配方式也应当改变。"①也就是说,恩格斯在此处依然是在强调,分配是一种现实的活动,社会采取什么样的分配方式不是随心所欲的,而必须取决于当时的生产方式与社会制度。

分配正义是当前正义问题论争的重中之重,甚至可以说是正义论题的代名词。著名政治哲学家、牛津大学教授戴维·米勒就曾经写到,在绝大多数当代政治哲学家的著作中,社会正义往往被视作分配正义的一个方面,例如罗尔斯在《正义论》中就是不加区别地谈论"正义"、"分配正义"、"社会正义"的。② 实际上,正如米勒所言,不仅罗尔斯,包括诺齐克、德沃金、沃尔泽在内的众多的政治哲学家都极为重视分配正义问题。可以说,分配正义问题是当今聚讼纷纭的政治哲学热潮中的焦点问题之一。但是,当前的政治哲学讨论往往忽略了物质生产领域,而习惯于为分配领域制定各种分配原则,设想通过分配领域的各种革新或变革来达致正义。与之相比,马克思在分配问题上的看法显然是一个更具有现实感、从而也更富有说服力的深刻洞见。

3. 分配决定论是庸俗社会主义对资产阶级经济学家的仿效

在批判了分配决定论的理论误点之后,马克思深刻地指出,这一观点的出现并不是偶然的,其实质是庸俗社会主义对资产阶级经济学家的仿效:"庸俗的社会主义仿效资产阶级经济学家(一部分民主派又仿效庸俗社会主义)把分配看成并解释成一种不依赖于生产方式的东西,从而

---

① 《马克思恩格斯全集》第37卷,人民出版社1963年版,第432页。
② [英]戴维·米勒:《社会正义原则》,应奇译,江苏人民出版社2001年版,第2页。

把社会主义描写为主要是围绕着分配兜圈子。"①

马克思指出,为资本主义制度作辩护的资产阶级学家在政治经济学研究中,把生产与分配、交换、消费的内在联系割裂开来和并列起来,认为在经济运行的整体过程中只有分配方式发生变化,其他环节都是永恒不变的。他们还往往把分配提到首位,认为分配才是政治经济学的主要研究对象。而空想社会主义者和蒲鲁东、拉萨尔等人在此基础上认为,资本主义社会的分配是非正义的和不公平的,应当用一种正义、公平的分配方式代替之。由这一认识出发,他们的各种社会变革措施也像资产阶级经济学家一样,仅仅在分配问题上虚耗心力。如同恩格斯所概括的:"在马克思很久以前,人们就已经确定我们现在成为剩余价值的那部分产品价值的存在,同样也有人已经多少明确地说过,这部分价值是由什么构成的。但是到这里人们就止步不前了。其中有些人,即资产阶级古典经济学家,至多只研究了劳动产品在工人和生产资料所有者之间分配的数量比例。另一些人,即社会主义者,则发现这种分配不公平,并寻求乌托邦的手段来消除这种不公平现象。"②

与资产阶级经济学家以及空想社会主义者的看法相反,马克思认为,生产、分配、交换、消费是一个总体的各个环节,辩证统一、相互作用。其中,生产不仅是这个总体的出发点,而且是总体的决定性因素,分配方式不过是生产方式的另一种表现。由此,马克思一直将生产作为自己最主要的研究对象,而不是跟随资产阶级经济学家把分配作为主要研究对象。关于分配问题,马克思早在《1857—1858年经济学手稿》中就做了深入思考。当时,马克思在研究中提出了这样的问题:"在生产者和产品之间出现了**分配**,分配借社会规律决定生产者在产品世界中的份额,因而出现在生产和消费之间。那么,分配是否作为独立的领域,和生产并列,

---

① 《马克思恩格斯选集》第3卷,人民出版社1995年版,第306页。
② 《马克思恩格斯全集》第45卷,人民出版社2003年版,第21页。

处于生产之外呢?"①这是马克思对分配及其在整个经济运行过程中的地位和作用直接提出的疑问。马克思就此回答道:"如果劳动不是规定为雇佣劳动,那么,劳动参与产品分配的方式,也就不表现为工资,如在奴隶制度下就是这样。……分配关系和分配方式只是表现为生产要素的背面。个人以雇佣劳动的形式参与生产,就以工资形式参与产品、生产成果的分配。分配的结构完全决定于生产的结构。分配本身是生产的产物,不仅就对象说是如此,而且就形式说也是如此。就对象说,能分配的只是生产的成果,就形式说,参与生产的一定方式决定分配的特殊形式,决定参与分配的形式。把土地放在生产上来谈,把地租放在分配上来谈,等等,这完全是幻觉。"②马克思在这里清晰地表明,一定社会的分配方式取决于该社会的生产方式。在《资本论》中,马克思在谈到资本主义生产过程时再次提及这一问题:"先导的行为是流通行为:劳动力的买和卖。这种行为本身又是建立在先于社会产品的分配并作为其前提的生产要素的分配的基础上的,也就是建立在作为工人的商品的劳动力和作为非工人的财产的生产资料互相分离的基础上的。"③马克思在这段论述里表明,生产要素的分配先于社会产品的分配,并且是后者的前提,这依然是对生产与分配辩证关系的说明。

既然生产与分配是这样一种关系,我们就可以清楚地理解马克思为什么会对拉萨尔主义的分配正义观作出如此严厉的批判了。这里最主要的原因,就是因为拉萨尔主义不是以财富的生产,而是以财富的分配为中心。也正是在这一意义上,马克思以蔑视般的语气将那些只会在分配问题上兜圈子的社会主义者称为"庸俗社会主义",并诘问他们:"既然真实的关系早已弄清楚了,为什么又要开倒车呢?"④

---

① 《马克思恩格斯全集》第 30 卷,人民出版社 1995 年版,第 35 页。
② 同上书,第 36 页。
③ 马克思:《资本论》第 3 卷,人民出版社 1972 年版,第 428 页。
④ 《马克思恩格斯选集》第 3 卷,人民出版社 1995 年版,第 306 页。

第四章　对杜林正义观的批判

马克思和恩格斯的一生是辛勤进行理论创造的一生,也是在与各种非马克思主义、反马克思主义观点不断论战、交锋的过程中,推进马克思主义的战斗的一生。正是在对众多非马克思主义、反马克思主义正义观进行批判的过程中,马克思恩格斯更加清晰地呈现出历史唯物主义正义观的理论轮廓与思想特质。在前面两章里,我们分别分析了马克思和恩格斯对蒲鲁东主义正义观、拉萨尔主义正义观的批判,厘清了马克思恩格斯在正义问题上的基本观点。然而,对正义问题的种种抽象思考和空泛议论并未停止,在思想领域确立科学的正义观并使其根植人心还需要一个漫长而艰苦的过程。对杜林正义观的批判,是马克思恩格斯继上述两次批判之后进行的又一次深刻批判。恩格斯和马克思(尤其是恩格斯)从多个角度深刻地批判了杜林先验主义的平等、正义观,揭示了杜林的理论误点,也进一步推进和深化了前两个批判所奠定的理论成果。

一　引言

杜林因为恩格斯的《反杜林论》一书而广为人知,其哲学、政治经济学、社会主义观点以及恩格斯的相关批判已经被人们深入研究过,但是,关于杜林的正义观以及恩格斯对之进行的批判等问题,我们以往的研究还不是十分深入。为了在本章中清晰地阐述这些问题,笔者在引言部分将预先说明以下三个问题:

1. 杜林"理论"观点的出现

欧根·卡尔·杜林(Eugen Karl Dühring,1833—1921),是德国哲学家和经济学家,曾经在柏林大学担任讲师。杜林早年双目失明,但他具有很高的才能和天赋,基本上靠自学掌握了哲学和经济学知识。杜林没有资产,但以大学讲师的困难地位多年来一直在讲坛上宣扬自己的政治激进主义,对统治阶级毫不让步,敢于颂扬马拉、巴贝夫和巴黎公社的活动家们。这自然引起了工人们的极大同情。①

不幸的身世和个人的奋斗经历,再加上杜林在著作中不断吹嘘自己的理论"超越",使得杜林从19世纪70年代中期开始,逐步在德国社会民主党人中间产生了比较大的影响。到了1875年初,随着杜林两部重要著作——《国民经济学和社会主义批判史》第2版(1874年11月出版)和《哲学教程》(最后一册于1875年2月问世)——的出版,杜林在德国工人党内的消极影响进一步扩大。如同麦克莱伦所说:"杜林的权力分散的和高度平等主义的公社对工人党中的爱森纳赫一派有着很强的吸引力。"②甚至连德国杰出的工人运动领袖、马克思和恩格斯"唯一完全信任"的倍倍尔也未能看透杜林理论的本质。倍倍尔在1874年3月13日和3月20日发表于《人民国家报》的《一个新的"共产党人"》一文中对杜林大加肯定,认为"继马克思的《资本论》之后,杜林的最新著作属于经济学领域最近出现的优秀著作之列。所以,我们赶紧推荐研究他这本书。"③这充分说明,杜林理论的欺骗性、迷惑性和危害性是非常大的。当

---

① [德]弗兰茨·梅林:《马克思传》,樊集译,人民出版社1973年版,第650页。
② 戴维·麦克莱伦:《卡尔·马克思传》,王珍译,中国人民大学出版社2005年版,第404页。
③ 《马恩著作编译资料》第一辑,人民出版社1978年版,第149页。

时的杜林自命为社会主义的信徒,宣称他对哲学、政治经济学和社会主义理论实行了"全面的变革"。但是,究其实质,杜林的理论不过是唯心主义认识方法、庸俗政治经济学与小资产阶级社会主义思想的混合物而已,实际上是对马克思主义展开了一场猛烈的攻击。

杜林理论观点的出现不是偶然的。如前所述,1875年5月,在哥达合并代表大会上,以一个妥协性纲领作为合并基础的德国社会主义工人党成立了,德国工人运动中持续多年的内讧局面终于结束。这一情况既让马克思和恩格斯深感欣慰,但同时也使他们深感忧虑——没有共同的理论基础和思想指导的合并是危险的,这种通过妥协得到的合并,有可能正在孕育着分裂的萌芽。其后,事态的发展比马克思和恩格斯的预料要好,新合并的党并没有出现瓦解的局面。尽管如此,马克思却预料到,这个妥协性质的纲领在以后的革命和理论工作中,将为机会主义的争辩家们大开方便之门。马克思的这个预言不幸应验了。一年以后,杜林的小资产阶级社会主义思想就在德国党内受到了欢迎,甚至居于领导地位的社会民主党人也颇为欣赏杜林。①

另外,由于考虑到刚刚统一的德国工人党的巩固和发展问题,马克思在他生前没有公开发表他在1875年4月底到5月初撰写的《哥达纲领批判》,这就使得他在《哥达纲领批判》中阐述的许多思想还不为人们所周知,这就在客观上也使得各种非马克思主义、反马克思主义得以继续从所谓正义、公平的角度曲解科学社会主义理论。杜林的抽象正义观以及其他错误观点就是在这种情况下浮出水面的,并成为了一个很大的"酸果","不仅很酸,而且很大"(恩格斯语②)。

---

① 参见[德]海因里希·格姆科夫等:《马克思传》,易廷镇、侯焕良译,人民出版社2000年版,第332页。
② 《马克思恩格斯选集》第3卷,人民出版社1995年版,第344页。

2. 马克思和恩格斯批判杜林的基本情况

马克思和恩格斯初次注意到杜林,是因为杜林对当时刚刚出版的《资本论》第一卷作出了一些评论。1867年,《资本论》第一卷问世,但是,当时德国官方的经济学代表人物以沉默来抵制这本科学著作。而杜林则敢于打破坚冰,成为第一个著文评论《资本论》的经济学家。但是,杜林敢于对《资本论》进行评论并不意味着他把握了这本著作的基本思想,更不代表着他赞同和接受马克思的观点。马克思在当时就指出,杜林"并没有觉察到这部书中的三个崭新的因素"①。恩格斯则将杜林称作"神气的庸俗经济学家"②。

在此之后,马克思阅读了杜林的有关著作,了解了杜林的基本思想,从而对杜林的评价也就变得很不客气了。在1868年3月6日给路·库格曼的信中,马克思写道:"我现在能够理解杜林先生的评论中的那种异常困窘的语调了。一般说来,这是一个极为傲慢无礼的家伙(即杜林——引者注),他俨然以政治经济学中的革命者自居……他出版过一本(以凯里的观点为出发点)《**国民经济学批判基础**》(约五百页),和一本新《**自然辩证法**》(反对黑格尔辩证法的)。我的书(指《资本论》第一卷——引者注)在这两方面都把他埋葬了。"③恩格斯第一次反驳杜林,则是在1876年2月写作的《德意志帝国国会中的普鲁士烧酒》一文中。在这篇文章里,恩格斯讽刺性地把杜林称作"社会主义最时髦的信徒以及复兴者"④。

当时,马克思和恩格斯还未曾想到要著书对杜林进行批判,但随着

---

① 这三个崭新的因素指:马克思首先研究的剩余价值的一般形式;体现在商品中的劳动的二重性;工资第一次被描写为劳动雇佣关系的不合理的表现形式。参见《马克思恩格斯全集》第32卷,人民出版社1975年版,第11页。
② 《马克思恩格斯全集》第32卷,人民出版社1975年版,第8页。
③ 同上书,第525页。
④ 《马克思恩格斯全集》第19卷,人民出版社1963年版,第51页。

时间的推移与事态的发展,杜林在德国党内以及无产阶级运动中产生了越来越大的负面影响。有鉴于此,李卜克内西等党的领导人多次致信恩格斯,强烈建议恩格斯反击杜林。在1876年5月24日给马克思的信中,恩格斯提出了打算批判杜林的想法。恩格斯认为,杜林对马克思进行了卑鄙的攻击,如果再纵容他的"理论上的无稽之谈",那就只能使他越来越蛮横无理,因此已经到了"认真考虑我们对待这些先生们(指杜林及其追捧者——引者注)的态度的时候了"①。马克思在5月25日的回信中对恩格斯的想法表示支持:"'我们对待这些先生的态度'只能通过对杜林的彻底批判表现出来。"②这就使得恩格斯在马克思的支持下撰写著作,坚决地批判杜林,以扫清杜林错误观点的影响,保卫马克思主义的理论阵地。在5月28日给马克思的信中,恩格斯已经确立了他的著作的总计划和性质:"开始时我将纯客观地、似乎很认真地对待这些胡说,随着对他的荒谬和庸俗的揭露越来越深入,批判就变得越来越尖锐,最后给他一顿密如冰雹的打击。"③恩格斯甚至说:"连这部著作的最终的全貌也已经开始呈现在我的面前。这部著作的清晰的轮廓开始在我的头脑中形成。"④这部著作就是我们这一批判里要着重分析的《欧根·杜林先生在科学中实行的变革》,它以《反杜林论》之名长垂于科学社会主义经典文献的史册之林。

3. 对杜林的批判主要是由恩格斯直接做出的,但马克思并未缺席

由于当时马克思身体状况不佳,加之他更重要的任务是加紧撰写《资本论》后两卷,所以,对杜林的批判工作主要是由恩格斯直接做出的。但是,这并不意味着在这场批判中传达出来的声音仅仅是属于恩格斯一

---

① 《马克思恩格斯全集》第34卷,人民出版社1972年版,第14页。
② 同上书,第15页。
③ 同上书,第19页。
④ 同上书,第20页。

个人的。实际上,正如恩格斯极其谦逊地申明的:"本书所阐述的世界观,绝大部分是由马克思确立和阐发的,而只有极小的部分是属于我的,所以,我的这部著作不可能在他不了解的情况下完成,这在我们相互之间是不言而喻的。在付印之前,我曾把全部原稿念给他听,而且经济学那一编的第十章(《批判史》论述)就是由马克思写的。"①也就是说,对杜林正义观的批判,贯穿着马克思和恩格斯两个人的思想意图和理论旨趣。德国学者蕾娜特·墨克尔对此进行了深入研究,并指出:"马克思对写作《反杜林论》所给予的合作要比迄今我们所认定的大得多。……人们甚至会说:《反杜林论》是恩格斯和马克思直接合作的产物。"②德国学者海因里希·格姆科夫等人也认为,《反杜林论》是马克思和恩格斯在科学方面合作的最后一个典范。③ 实际上,我们阅读《反杜林论》并对其深入分析,也会得出这样的结论:恩格斯其中所运用的方法、立场,所表达的原则、观点,同马克思是高度一致的。④

二 对杜林正义观之研究方法的批判

研究平等、正义问题要应用一定的方法。西方有一句名言:"最有价值的知识是关于方法的知识。"中国古语亦云:"事必有法,然后可成。"这些都道出了方法的重要性。从某种意义上讲,研究方法的正确与否,往

---

① 《马克思恩格斯选集》第 3 卷,人民出版社 1995 年版,第 347 页。
② [德]蕾娜特·墨克尔:《关于〈反杜林论〉生产过程的历史考证》,载中共中央编译局马恩室编《马克思恩格斯研究》,1992 年第 9 期,第 199 页。
③ [德]海因里希·格姆科夫等:《马克思传》,易廷镇、侯焕良译,人民出版社 2000 年版,第 333 页。
④ 美国纽约大学教授、辩证的马克思主义的最重要代表伯特尔·奥尔曼认为:"由于马克思与恩格斯之间非凡的、甚至是举世无双的思想伙伴关系,一个多世纪以来,人们实际上已将恩格斯当成了与马克思等同的马克思主义学说的代言人。……每当恩格斯的论述特别有帮助时,我会毫不犹豫地使用它们以达到我自己对马克思主义,包括马克思主义辩证法的解释,同时我也会果断地鼓励读者们这样去做。"[美]奥尔曼:《辩证法的舞蹈——马克思方法的步骤》,田世锭、何霜梅译,高等教育出版社 2006 年版,序言。笔者赞同奥尔曼教授的看法与做法。

往决定着研究结果的成败得失。

杜林在正义问题研究上,采用的是一种将数学方法应用到社会历史领域的先验主义方法。杜林在他的《哲学教程》一书的跋中写到:"早在二十年代初期,哲学的基本概念,在我的头脑里业已形成。这些概念中的一个定律认为,涉及世界观的模式问题的一个重要部分,应该从由于错误的、混乱的激情而产生的形而上学的糊涂概念中摆脱出来,应当以纯数学和合理的力学原理作为自己的牢固基础。当人们把在这个可靠的领域中具有自满自足意义的所有问题,作为具有数学性质的、需要冷静给予处理的问题加以阐述,而且完全摆脱其他各种思想的干扰时,人们将不仅可以甩掉庸俗的形而上学的错误,而且具有能够对概念和观点进行独立思考的优越性。"①也就是说,杜林认为,在哲学等领域的研究中,不能依赖亚里士多德等思想家提出的形而上学的思辨推理方法,而必须以纯数学和力学原理为基础。在他看来,前者是由于错误情绪而产生的糊涂看法,后者才是精确的、能够帮助人们深入思考的科学方法。杜林还说:"如果在遇到问题时,不是立即用数学的精确性去加以解决,而是采用通常的、把一切问题弄得混乱不清的形而上学方法,那么,建立完全没有矛盾……的事物的概念,似乎是不可能的。"②可见,在杜林看来,具有"精确性"的数学方法可以用来替代混乱的形而上学方法,以解决社会历史问题。

为什么杜林认为运用数学方法可以把握整个世界呢?这同他对数学以及数学同世界的关系的理解有关。杜林注意到,在数学这一学科领域中,存在着一些基本的公理,例如二乘二等于四,三角形三内角的和等于两直角等等。他认为,这些公理是人们在思维中概括、提炼、抽象出来的,现实中的数学计算必须符合这些公理,而不能与之相违背。"初等数学中的那些一般被公认的个别真理"是"不容怀

---

①② [德]E. 杜林:《哲学教程》,郭官义、李黎译,商务印书馆1991年版,第493页。

疑的"。① 杜林由此认为,这些公理是具有永恒性的真理,是世界的"原则"。正如杜林所言:"纯数学含义上的先验东西和合理的经验科学含义上的经验的东西,构成了一个独一无二的体系,这个体系的同一性将不会由于自满自足的表象方式在观念上的分离而受到影响。"②他由此进一步得出结论,在包括社会科学在内的其他各领域中,都存在着这种永恒不变的公理,因此,哲学的任务就是找出这些公理,然后按照这些公理的规定来解决问题。也就是说,"数学方法在历史、道德和法方面的应用,应当在这些领域内使所获结果的真理性也具有数学的确实性,使这些结果具有真正的不变的真理的性质。"③既然按照数学的方法,在这些领域中找到了终极的、不变的、具有数学的"确定性"的真理,那么,按照这些真理去改变世界,或者让世界去符合真理的要求,我们不就完成了改造世界、变革世界的伟大历史使命吗?! 可以说,这就是杜林的基本思路。如此一来,杜林的研究方法就是:"把每一类认识对象分解成它们的所谓最简单的要素,把同样简单的所谓不言而喻的公理应用于这些要素,然后再进一步运用这样得出的结论。社会生活领域内的问题也'应当从单个的、简单的基本形式上,按照公理来解决,正如对待简单的……数学的基本形式一样'。"④

恩格斯首先从几个不同的侧面对杜林的方法论进行了深入批判,指出在正义问题研究上只有唯物史观才是科学的方法论。

1. 杜林的正义研究方法是对数学思维方式的抽象运用

针对杜林将数学思维模式运用于包括正义在内的社会历史问题这一研究方法,恩格斯首先指出,数学方法与数学上的公理不是什么神秘的先天的模式,而实际上是对人类实践经验的抽象概括。

---

① [德]E. 杜林:《哲学教程》,郭官义、李黎译,商务印书馆1991年版,第9页。
② 同上书,第39页。
③④《马克思恩格斯选集》第3卷,人民出版社1995年版,第436页。

恩格斯说:"纯数学具有不依赖于任何个人的**特殊**经验的意义,这当然是正确的,而且这也适用于各门科学的所有已经确定的事实,甚至适用于所有的事实。磁有两极,水是由氢和氧化合成的,黑格尔死了,而杜林先生还活着,——这一切都是不依赖于我的或其他个人的经验的,甚至不依赖于杜林先生安然入睡时的经验的。"①但是,恩格斯进一步指出,纯数学不依赖于任何个人的特殊经验,不意味着它是脱离人类的整体实践经验而先验地产生和存在着的。实际上,恰恰相反,"数和形的概念不是从其他任何地方,而是从现实世界中得来的。人们用来学习计数,也就是作第一次算术运算的十个指头,可以是任何别的东西,但总不是知性的自由创造物。为了计数,不仅要有可以计数的对象,而且还要有一种在考察对象时撇开它们的数以外的其他一切特性的能力,而这种能力是长期的以经验为依据的历史发展的结果。和数的概念一样,形的概念也完全是从外部世界得来的,而不是在头脑中由纯粹的思维产生出来的。必须先存在具有一定形状的物体,把这些形状加以比较,然后才能构成形的概念。纯数学是以现实世界的空间形式和数量关系,也就是说,以非常现实的材料为对象的。这种材料以极度抽象的形式出现,这只能在表面上掩盖它起源于外部世界。"②也就是说,数学领域中的概念虽然具有高度抽象的性质,而且在这些概念的运用中摆脱了具体的物质内容的附着,但是,它们仍然是对现实物质世界进行高度地抽象概括的结果。不能因为"1"是一个不带有具体内容的抽象数字,就忘记了数字起源于人类实际计数某种物品的需要,起源于人类的实践活动。如恩格斯所言:"正像在其他一切思维领域中一样,从现实世界抽象出来的规律,在一定的发展阶段上就和现实世界脱离,并且作为某种独立的东西,作为世界必须遵循的外来的规律而同现实世界相对立。社会和国家方面的情形是这样,**纯**数学也正是这样,它在以后被**应用**于世界,虽然它是

---

① ②《马克思恩格斯选集》第3卷,人民出版社1995年版,第377页。

从这个世界得出来的,并且只表现世界的构成形式的一部分——正是**仅仅因为这样**,它才是可以应用的。"①说得通俗一点,不是先有了"1+1=2"的公理我们才去计数,而是我们在实践计数中发现并概括出了"1+1=2"的公理,并在实践中将之进一步运用。

恩格斯进一步指出:"杜林先生以为,他不需要任何经验的填加料,就可以从那些'按照纯粹逻辑的观点既不可能也不需要论证'的数学公理中推导出全部纯数学,然后把它应用于世界,同样,他以为,他可以先从头脑中制造出存在的基本形式、一切知识的简单的成分、哲学的公理,再从它们中推导出全部哲学或世界模式论,并把自己的这一宪法钦定赐给自然界和人类世界。"②也就是说,杜林的错误在于,他仅仅纠缠于从主观思维中抽象出来的某些所谓原则,而完全割断了这些原则由以产生的物质根源,不考虑"任何经验的填加料",这样,他的这些所谓原则注定是空洞无物的和毫无用处的。

2. 其他领域的研究方法不能机械移植到正义研究领域

杜林提出,数学方法与数学思维方式可以被运用到包括社会历史在内的一切研究领域,研究正义问题同样如此。这一观点不仅将数学公理独立化和实体化,而且混淆了不同认识领域中不同的认识规律与方法。恩格斯就此指出,不同的认识与研究领域有不同的认识论,不能将其他领域的研究方法机械地移植到正义研究领域。

恩格斯根据当时包括自然科学与哲学社会科学在内的整个认识领域的发展状况与研究规律,将其分成三大部分:第一部分包括所有研究非生物界的并且或多或少能用数学方法处理的科学,包括数学、天文学、力学、物理学、天文学等等。在这些领域内,某些公式和规律在其适用范围内,是科学的和正确的,如果有人喜欢用大字眼来形容,那么可以将其

---

①②《马克思恩格斯选集》第3卷,人民出版社1995年版,第378页。

称为绝对真理。然而,随着研究情况的日益复杂,以及人们研究能力的天然局限,这种"最后的终极的真理"已经"变得非常罕见了"①。第二部分包括研究活的有机体的科学。在这些领域中,事物之间的相互关系与因果联系极为错综复杂,每个已经解决的问题又会引起无数的新问题,而且这些问题往往需要一点一点地、甚至通过几百年时间的研究才能得到解决。因此,在这一领域中的认识必须不断地修正、发展,"谁想在这里确立确实是真正的不变的真理,那么他就必须满足于一些陈词滥调"②。人类认识领域的第三部分是按历史顺序和现今结果来研究人的生活条件、社会关系、法的形式和国家形式的科学,以及由哲学、宗教、艺术等组成的上层建筑的历史科学。在这些领域中,各种情况的变化更加复杂,以至于"情况的重复是例外而不是通例"③。所以,"在这里认识在本质上是相对的,因为它只限于了解只存在于一定时代和一定民族中的,而且按其本性来说是暂时的一定社会形式和国家形式的联系和结果。因此,谁要在这里猎取最后的终极的真理,猎取真正的、根本不变的真理,那么他是不会有什么收获的,除非是一些陈词滥调和老生常谈。"④也就是说,在数学领域和社会历史领域中,由于研究对象的不同,其研究特点和认识规律也有着巨大的差别。因此,即使在数学领域中存在着有效的和具有真理性的公式,也并不意味着在其他领域也能找出类似的公式。列宁在《唯物主义和经验批判主义》一文中谈到这一问题时曾经指出:"在一般科学、特别是历史科学的最复杂的问题上,杜林到处滥用最后真理、终极真理、永恒真理这些字眼。恩格斯嘲笑他,并且回答说:当然,永恒真理是有的,但是在简单的事物上用大字眼(gewaltige Worte)是不聪明的。为了向前推进唯物主义,必须停止对'永恒真理'这个字眼的庸俗的玩弄,必须善于辩证地提出和解决绝对真理和相对真理的关系

---

① 《马克思恩格斯选集》第3卷,人民出版社1995年版,第428页。
②③ 同上书,第429页。
④ 同上书,第430页。

问题。"①也就是说,要想使人类的认识获得进一步发展,就决不能满足于停留在人们已经了解的一些事实上,并将其宣布为永恒真理,而必须不断探索,不断冲破人们已经获得的相对真理的局限,不断将人类的认识水平向前推进。这样看来,我们决不能将数学领域的思维方式原封不动地移植到社会历史领域。恩格斯所做的学科分类,距今已经过去了一百五十多年。当前的学科分化更加细密森严,各个学科领域的特殊规律层出不穷、各有侧重,这更说明,我们很难靠掌握一些规律来把握整个研究领域。在正义问题研究中,必须以唯物史观为基本研究方法,更不能指望着找出一些所谓的公理或原则,就可以解决所有的社会正义问题。

3. 杜林的正义研究方法是先验主义和唯心主义的方法

杜林在正义问题上的研究方法,应当说不是偶然产生的。斯宾诺莎就曾提出过类似的观点,他认为只有像研究几何学一样,借助理性的力量从最初几个由直观得到的定义和公理推衍出来的知识,才是真正的和可靠的知识。斯宾诺莎自己在研究哲学伦理学问题时,采用的就是这样一种方法。斯宾诺莎把人的思想、欲望、情感等因素当作几何学中的点、线、面,先提出定义和公理,然后加以证明,在此基础上再作出推理。② 当代西方伦理学与政治哲学家罗尔斯教授也提出要建立一种完善的"道德几何学",以便对人们的道德生活进行精确的计算和规导。③ 从本质上说,他们的研究方法都或多或少地显露出先验主义与唯心主义的色彩。

一般说来,先验主义(apriorism)是一种把认识看做先于人的实践经

---

① 《列宁选集》第 2 卷,人民出版社 1995 年版,第 92—93 页。
② [荷]斯宾诺莎:《伦理学》,商务印书馆 1983 年版。斯宾诺莎的这本著作,整本都是对这种论证方法的运用——先对某些概念进行界说,然后提出一些公则,进而提出若干命题,对这些命题进行证明。
③ [美]罗尔斯:"我们应当向有所有几何学之严密的道德几何学而努力。"转引自韦森:《经济学与伦理学——探寻市场经济的伦理维度与道德基础》,上海人民出版社 2002 年版,第 190 页。

验的唯心主义认识学说。这种学说认为,人的知识和才能是先于客观事物与感觉经验而存在的东西,因此,人们对知识和才能的获取不是通过物质实践活动,而是通过先天的思维形式或其他手段而实现的。杜林的方法论就具有明显的先验主义特征。在杜林看来,所谓哲学,是世界和生活的意识的最高发展形式,即关于世界的"最后的终极的真理"①,从更广泛的意义上来说,哲学还包括一切知识和意愿的原则。"哲学所关心的原则,不是某一系列知识和某一类事物的任意的、相对的发端,而是简单的或迄今被想象为简单的成分。这些成分可以构成各种各样的知识和意愿。"②杜林在这里要表达的是这样一个意思:整个世界都是由一些非常简单的"成分"或要素组成的,这些"成分"或要素不是任意地和毫无规律地组成世界的,相反,要遵循一定的"原则"。这些原则,就是哲学的研究对象。把这些原则概况出来,就等于把握住了整个世界。杜林下面这段话更清晰地表露了他的观点:"同物体的化学组成一样,事物的一般状态也可以还原为基本形式和基本元素。这些终极的成分或原则一旦被发现,就不仅对于(我们可以)直接知道的和可以接触到的东西,而且对于我们所特有的和足够用的感觉之外的一切东西,或者对于理性的幻想在其他空间和时间条件下仍然可以想象的一切东西也都有意义。因此我们可以从这种原则中获得关于组成全部存在的基本材料和相互联系的基本形式。"③

恩格斯指出,杜林"企图从永恒真理的存在得出结论:在人类历史的领域内也存在着永恒真理、永恒道德、永恒正义等等,它们要求具有同数学的认识和应用相似的适用性和有效范围"。这实际上是为了说明"他这个现在刚出现的预言家在提包里带着已经准备好的最后的终极的真

---

① [德]E.杜林:《哲学教程》,郭官义、李黎译,商务印书馆1991年版,第2页。
② 同上书,第7页。
③ 同上书,第8页。

理,永恒道德和永恒正义"①。这一方法究其实质,"不过是过去有人爱用的玄想的或者也称为先验主义的方法的另一种表现方式,这一方法是:不是从对象本身去认识某一对象的特性,而是从对象的概念中逻辑地推论出这些特性。首先,从对象构成对象的概念;然后颠倒过来,用对象的映象即概念去衡量对象。这时,不是概念应当和对象相适应,而是对象应当和概念相适应了。"②也就是说,杜林的方法不是从客观的社会事实出发,分析、概括客观事物的内在规律和本质属性,而是相反,先从客观事物中抽取事物的概念,再反过来把这个概念作为事物的标准,去衡量客观事物。这就完全颠倒了现实世界与世界的概念之间的关系。这种作法其实是对黑格尔论证方式的庸俗改造。正如恩格斯所言,杜林"从思想中,从世界形成之前就久远地存在于某个地方的模式、方案或范畴中,来构造现实世界,这完全像**一个叫作黑格尔的人**的做法。"③"关于这种存在的形式原则的科学,正是杜林先生的哲学的基础。"④

恩格斯进一步指出,与杜林研究正义问题的先验主义和唯心主义方法相反,马克思主义的研究方法要求一切从客观现实出发,依据世界的本来面目来反映世界。早在合作撰写《德意志意识形态》一书时,马克思和恩格斯就确立了历史唯物主义的方法论,批判了唯心主义的认识方法。他们指出:"这种历史观(即唯物史观——引者注)就在于:从直接生活的物质生产出发来考察现实的生产过程,并把与该生产方式相联系的、它所产生的交往形式,即各个不同阶段上的市民社会,理解为整个历史的基础;然后必须在国家生活的范围内描述市民社会的活动,同时从市民社会出发来阐明各种不同的理论产物和意识形式,如宗教、哲学、道德等等,并在这个基础上追溯它们产生的过程。"⑤在对比唯物史观与唯

---

① 《马克思恩格斯选集》第3卷,人民出版社1995年版,第430页。
② 同上书,第437页。
③ 同上书,第374页。
④ 同上书,第375页。
⑤ 《马克思恩格斯全集》第3卷,人民出版社1960年版,第42—43页。

心史观的根本差异时,马克思和恩格斯进一步指出:"这种历史观和唯心主义历史观不同,它不是在每个时代中寻找某种范畴,而是始终站在现实历史的**基础**上,不是从观念出发来解释实践,而是从物质实践出发来解释观念的东西"①。在批判杜林先验主义与唯心主义的正义问题研究方法时,恩格斯进一步明确地指出:"原则不是研究的出发点,而是它的最终结果;这些原则不是被应用于自然界和人类历史,而是从它们中抽象出来的;不是自然界和人类去适应原则,而是原则只有在符合自然界和历史的情况下才是正确的。"②可见,杜林寻找原则和永恒公理的方法论与马克思恩格斯的主张是完全相反的。

三 对杜林正义观之研究路径的批判

如上所述,杜林的研究方法是,"把每一类认识对象分解成它们的所谓最简单的要素,把同样简单的所谓不言而喻的公理应用于这些要素,然后再进一步运用这样得出的结论。"③在研究道德和法等社会历史领域内的问题时也应当如此。也就是说,要在这些领域中找出所谓的预定的"公理",按照这些"公理"的要求来解决社会问题。杜林认为,道德领域里的公理或原则凌驾于一切历史之上,也凌驾于现今的民族特性的差别之上,是一种具有普适性的永恒真理。因此,把认识和道德的基本原则的正确性"设想成为是受时间和现实变化影响的,那完全是愚蠢"④。在杜林看来,"这些原则是真正的、从一开始就起作用的天然的推动力。在发展过程中组成比较完全的道德意识和所谓良心的那些特殊真理,只要它们的最终的基础都已经被认识,就可以要求同数学的认识和运用相似的适用性和有效范围。真正的真理是根本不变的,而且永远可以这样设

---

① 《马克思恩格斯全集》第3卷,人民出版社1960年版,第43页。
② 《马克思恩格斯选集》第3卷,人民出版社1995年版,第374页。
③ 同上书,第436页。
④ [德]E.杜林:《哲学教程》,郭官义、李黎译,商务印书馆1991年版,第184页。

想:它们在任何时候,对于自身所有的条件都是适用的。甚至,那些不能说明普遍关系,只能说明个别的、纯系个人问题的真理,也是永恒的。"①换言之,只要找到了这种根本不变的真正的真理,就可以像解答数学运算一样解决社会历史领域内的难题。

根据这一研究方法,杜林对平等和正义问题的研究是从一个社会"最简单的要素"开始的。那么,什么是构成一个社会的"最简单的要素"呢?在杜林看来,一个最简单的社会至少要由两个人组成,因此,这"两个人"就是构成这一社会的"最简单的要素",而杜林的研究也就是从这"两个人"开始的。在这"两个人"身上,杜林发现了一条具有普适性的基本的道德公理:"两个人的意志,就其本身而言,是彼此完全平等的。而且一方不能首先向另一方提出任何肯定的要求。"②具体说来,这"两个人"应当"互不损害,也就是说,尊重别人的意愿就像尊重自己的意愿一样,是公共道德的第一个基本法则。因此,一切知性正义的基本观点同时被表述出来了。……在人与人之间的各个方面,必须建立一种平等的义务关系,不管你是否由第一个人转换成第二个人,还是由第二个人转换成第一个人。"③换言之,在杜林看来,构成社会的这"两个人"之间的关系应当是这样的:(1)他们的意志完全平等,没有高低贵贱之别;(2)他们互相不能提出任何违反对方意志的要求,不存在任何的强制和压迫;(3)如果其中一方提出了违反对方意志的要求,那就违背了正义的要求与社会的公理,就是非正义的。用简明的语言概括一下,这条基本的道德公理就是:"两个人的意志彼此完全相等"。杜林认为,这就是"关于道德的正义性的基本形式问题"④。在此之后,杜林关于正义和平等问题的论断都是从这条"公理"推演出来的。例如,关于人类的政治生活,杜林

---

① [德]E. 杜林:《哲学教程》,郭官义、李黎译,商务印书馆1991年版,第183页。
② 同上书,第187页。
③ 同上书,第187—188页。
④ 同上书,第188页。

认为:"人与人之间的各种形式的政治斗争,仅仅是对于正义缺乏了解——其程度有所不同——的结果。"①再如,在革命的根源问题上,杜林认为:"在人类历史的早期和不成熟的时期,政治意识,特别是正义观念的发展还不充分,人们还没有认识到暴力国家和革命的全面对抗是不可避免的。"②

杜林的这一研究进路正如德国学者汉尼·宾德尔所说:"这一正义原则成了一切改革建议及其理论根据的最初的出发点。他(指杜林——引者注)的著作提出的一切伦理的、社会的和经济的要求的有效性将由它来衡量。"③汉尼·宾德尔同时提出:"按照他(指杜林——引者注)的观点,对两个人适用的东西必然可以推而广之,对更多的人和整个人类也适用。如果一个人同另外一个人权利平等,就是说,他是自由的,他只服从自己的意志,那么这个人在众人面前也必然是自由的,同样能够发挥自己的意志、自己的个性。为了能够实现这个观点,一切要实现政治上的应有或社会政治上的应有的努力,必须设法在社会范围内给予个人作为一个权利平等的人的地位。"④也就是说,在杜林看来,先从全体人类中提出几个典型,然后在这几个典型身上找到应当如此的公理;既然这几个典型应当如此,那么,不就应该将这种公理推而广之应用到全体人类社会吗?!

那么,这一研究路径正确吗?下面,我们结合恩格斯的批判加以分析:

1. 杜林正义观的逻辑起点是抽象的人的"概念"

对于杜林所设想的这"两个人",恩格斯首先借助一个二难推理尖锐

---

① [德]E. 杜林:《哲学教程》,郭官义、李黎译,商务印书馆1991年版,第276页。
② 同上书,第279页。
③ [德]汉尼·宾德尔:《欧根·杜林的共同社会体系》,载《研究〈反杜林论〉参考史料》,三联书店1980年版,第239页。
④ 同上书,第239—240页。

地指出,两个人或两个人的意志就其本身而言彼此完全平等,这不仅不是公理,而且是"过度的夸张"。因为在杜林的论证中,他首先就面临着如何为这"两个人"设定性别的问题:要么,这两个人都是男人(或者都是女人),这样他们的意志有可能平等,但是这个社会却一开始就注定要灭亡,因为两个同性的人无法繁衍后代;要么,这两个人不是同性,那么,这两个人就被设想为家长。也就是说,杜林的这个"普遍的真理"要么不能成立,要么只能证明家长的平等。但事实上,后一点也是不能成立的。因为人类发展史表明,自原始社会以来,男女之间就不存在道德上和法上的平等地位,妇女在很长时间内处于从属地位,甚至杜林也不能否认这一点。因此,杜林从这"两个人"开始的研究,从一开始就是不能成立的。

实质上,在杜林的思想中,这"两个人"从来就不是具体的、现实的人,而仅仅是人的"概念"。惟其如此,杜林的论证才能进行下去,也才能得出这条基本的道德公理。换言之,"这两个人应当是这样的:他们摆脱了一切现实,摆脱了地球上发生的一切民族的、经济的、政治的和宗教的关系,摆脱了一切性别的和个人的特性,以致留在这两个人身上的除了人这个光秃秃的概念以外,再没有别的什么了"①。正是这种摆脱了一切人类具体规定性的抽象的人的概念,才能实现"人"与"人"之间在意志上的完全平等。但是,问题也随之而来:从这种抽象的"人"身上得出的所谓真理,必然也是抽象的,那么,它能发挥什么具体的作用吗?答案显然是否定的。恩格斯在论述杜林的先验主义方法论时指出:"不论在数学中或者在别的领域中,这样贫乏的命题都是无济于事的。为了继续前进,我们必须引入真实的关系,来自现实物体的关系和空间形式。"②这个论断同样适用于杜林的道德公理。也就是说,在现实世界中,杜林所设

---

① 《马克思恩格斯选集》第 3 卷,人民出版社 1995 年版,第 439 页。
② 同上书,第 379 页。

定的这个公理,其主体完全脱离了具体的社会历史环境,因而是空洞的和无用的。

杜林这种无视具体的社会历史环境,仅仅从抽象的人性推衍出普遍适用的道德原则的研究进路,实质上是西方政治哲学研究中源远流长的自然状态学说的一个变种。从政治哲学史上看,自然状态学说是17—18世纪流行于西欧的一种浸染着唯心主义历史观色彩的政治哲学研究进路。这一学说最早可以追溯到自然法学派的代表人物格劳修斯(1583—1645)和普芬道夫(1633—1694)。而对它最集中的论述,出现在17世纪的霍布斯和洛克、尤其是18世纪的卢梭等思想家的著作中。这一学说纯粹从思维中构想出原始人类的生活图景,即所谓的自然状态,然后根据这种自然状态设定出抽象的人性,在此基础上来谈所谓人的"自然权利",以此追求一种"合乎自然"的理想社会原则。究其实质,这一学说是资产阶级革命时期的思想家为了批判封建专制制度,论证新型国家制度的合法性而提出来的。霍布斯、洛克和卢梭等思想家对自然状态的具体设想相当不同,甚至存在着相互冲突,但是他们都承认,人们在自然状态下均享有平等的自然权利。例如,洛克在《政府论》中就自然状态写道:"这也是一种平等的状态,在这种状态中,一切权力和管辖权都是相互的,没有一个人享有多于别人的权力。极为明显,同种和同等的人们既毫无差别地生来就享有自然的一切同样的有利条件,能够运用相同的身心能力,就应该人人平等,不存在从属或受制关系"。[①] 当代政治哲学家中,罗尔斯为了论证他的两个正义原则而设置的原初状态,实际上也属于自然状态学说,只不过是其更为彻底的改造和抽象。

在杜林的理论中,虽然没有明言构成一个简单社会的这"两个人"处于自然状态之中,并且杜林也未曾有意识地对自然状态作出任何规定,但是,从其实质来看,杜林的理论路径与西方政治哲学传统中的自然状

---

① [英]洛克:《政府论》下篇,叶启芳、瞿菊农译,商务印书馆1964年版,第5页。

态学说毫无二致。① 正如恩格斯所言:"如果我们愿意尊重真理,那应当说这两个人不是杜林先生发现的。他们是整个18世纪所共有的。"② 早在《1857—1858年经济学手稿》中,马克思就曾经指出:"在社会中进行生产的个人,——因而,这些个人的一定社会性质的生产,当然是出发点。……在这个自由竞争的社会里,单个的人表现为摆脱了自然联系等等,而在过去的历史时代,自然联系等等使他成为一定的狭隘人群的附属物。这些18世纪的个人,一方面是封建社会形式解体的产物,另一方面是16世纪以来新兴生产力的产物,而在18世纪的预言家看来……这种个人不是历史的结果,而是历史的起点。因为按照他们关于人性的观念,这种合乎自然的个人并不是从历史中产生的,而是由自然造成的。这样的错觉是到现在为止的每个新时代所具有的。"③ 从这段论述可以看出,在历史唯物主义的视野里,探究正义问题的出发点决不应当是抽象的处在所谓"自然状态"中的人,而必须从进行物质生产实践的现实的人开始。

2. 杜林正义观将全部人类历史变成了非正义的历史

恩格斯在揭露了杜林道德公理的抽象性之后,紧接着指出:按照杜林的这条道德公理,人类的整个历史将成为暴力和非正义的历史,这实际上是杜林错误地理解了人类历史以及暴力在人类历史上的作用。

恩格斯指出,按照杜林的公理论,"两个人"中的一方决不能向另一方提出任何肯定的要求,如果其中一方这么做了,并且运用暴力来实现他的要求,那么就违背了平等的公理,非正义、不平等的状态就由此产

---

① 但同时,杜林还具有一定的社会契约论的思想倾向,如他认为:"两个人只有对合作达成了协议,才能组成一个社会。"见[德]E. 杜林:《哲学教程》,郭官义、李黎译,商务印书馆1991年版,第244页。
② 《马克思恩格斯选集》第3卷,人民出版社1995年版,第439页。
③ 《马克思恩格斯全集》第30卷,人民出版社1995年版,24—25页。

生。杜林认为,人类以往的历史充满了暴力、奴役和非正义现象,这都是因为违反了上述公理而产生的。也就是说,杜林判断正义与否的标准、甚而判断历史进步与否的标准,是人的意志是否受到了压制。只要人的意志受到了强制,就是非正义的,就是恶,这样的历史就是糟糕的和必须加以剔除的。诚如杜林所言:"直至今日,历史的实际形态,极大多数都是单方面的镇压,而且与这样一个模式相符合:在这个模式中,一个人被另一个人解除了武装,并且以某种方式被束缚在后者的意志上,或者,确切地说,被捆绑在后者的意志上。"①可见,意志是否被束缚是杜林评价国家的唯一标准。德国学者 H. 柯柏论及杜林的这一思想时曾将之正确地概括为:"在研究过去和现在的经济状况时,他(指杜林——引者注)探索法和不法的矛盾,考察是否存在着一种'法或不法的体系'。在迄今为止的历史中,不法以暴力的形式表现出来,暴力的形式导致政治上的压迫,而且进一步必然导致经济上的压迫。"②"一切历史地形成的所有制都是这样一种'基于暴力的所有制'。任何阶级从一开始就是由政府的和社会的高低贵贱决定的。"③

恩格斯就此指出,早在卢梭的著作中就曾提出,不违反杜林的这一公理也能产生奴役等非正义状态,因此杜林的公理是根本说明不了任何问题的。卢梭提出,在自然状态中,人们处于自给自足、"无求于人的孤独生活"④,因此,"奴役的关系,只是由人们的相互依赖和使人们结合起来的种种相互需要形成的。因此,如不先使一个人陷于不能脱离另一个人而生活的状态,便不可能奴役这个人。"⑤质言之,在两个人中,A 不是通过暴力手段来奴役 B,而是通过使 B 处于非有 A 不可的境地来奴役

---

① [德]E. 杜林:《哲学教程》,郭官义、李黎译,商务印书馆1991年版,第 246 页。
② [德]H. 柯柏:《欧根·杜林的"共同社会体系"》,载《研究〈反杜林论〉参考史料》,三联书店 1980 年版,第 200 页。
③ 同上书,第 201 页。
④ [法]卢梭:《论人类不平等的起源和基础》,李长山译,商务印书馆 1962 年版,第 106 页。
⑤ 同上书,第 108 页。

B。这样,B的意志并未受到抑压,但是他仍然处于被奴役状态。可见,剥削和奴役现象的出现,并不能通过意志是否受到强制来说明。进而言之,杜林的道德公理对正义本身以及人类发展的整个历史的理解都是错误的。在人类社会发展前进的途程中,暴力的确起着极其重要的作用。马克思在《资本论》中就曾指出:"在真正的历史上,征服、奴役、劫掠、杀戮,总之,暴力起着巨大的作用。"①但是,杜林根本不懂得历史发展的辩证法,因而完全不能理解暴力的历史作用,这就导致他抽象地将人的意志是否受到强制作为正义与否的标准。从这个意义上讲,杜林实际上根本没有对正义问题作出科学的说明。

3. 一当涉足现实,杜林的正义观就出现了自我否定

在上述批判的基础上,恩格斯进一步指出,即使我们赞成杜林提出的这一基本公理,拥护所有人的完全平等和独立,那么,这种赞成和拥护也只能在想象与虚构中成立;一当涉足现实问题,杜林所谓道德上的正义公理立即变成了毫无用处的东西。这一公理表现在理论形态上,就是其自我否定。

在杜林看来,存在着三种特殊的情况,这三种特殊情况使得人们不再是完全平等的:第一种情况是自我规定不足的人不能享有平等的地位,例如儿童;第二种情况是道德上的不平等所引发的事实上的不平等;第三种情况是精神上的不平等引起的事实上的不平等。也就是说,杜林的正义观只承认"两个人意志的完全平等",拒斥任何对个人意志的压制,但是,他又认可在上述三种情况下所出现的不平等,将这三种不平等视为"特殊"情况。这是典型的自相矛盾。

恩格斯指出,论其实质,杜林所说的这三种情况,不是什么"特殊"情况,而恰恰是人类意志的真实内容和特有的规定性,以及人作为具体的、

---

① 马克思:《资本论》第1卷,人民出版社1975年版,第782页。

历史的人所不可卸脱的特征。以道德上的不平等为例,恩格斯指出:"人来源于动物界这一事实已经决定人永远不能完全摆脱兽性,所以问题永远只能在于摆脱得多些或少些,在于兽性或人性的程度上的差异。"①也就是说,既然人起源于动物界,那么,动物性就是人的先天禀赋的一部分,人可以基于文明的发展和环境的熏陶而积累起丰富的超越动物性的人性,但是,这种人性也只能是对动物性的超越,而不能完全摆脱和根除动物性。正由于此,研究平等和正义问题,就应当从这些具体情况出发,探讨人类平等的基本规律。但是,杜林却把它们列为例外,剥离了人类意志的具体的、历史的内容来说明平等,因而其结论必然是空洞的和抽象的。恰如恩格斯所言:"两个意志的完全平等,只是在这两个意志什么愿望也没有的时候才存在;一当它们不再是抽象的人的意志而转为现实的个人的意志,转为两个现实的人的意志的时候,平等就完结了。"②

杜林在他的《哲学教程》一书中宣称:"我所阐述的体系同以前的一切哲学形式有着十分重大的区别。可以把我的体系称之为自然体系或现实哲学〔真正的哲学〕,因为它排除了人为的和违背自然的虚构,并且破天荒地使现实的概念成了一切观念的构思的标尺。"③可是,我们在杜林的体系中却看不到他和以前的哲学家有什么可以真正相区别的地方。并且,我们也看不到杜林是如何排除"人为的和违背自然的虚构"、从现实的概念出发的。如果真是这样的话,那么他就不会设想自然状态下人的生活模式,并从这里出发进行阐述了。难道这种自然状态不是"人为的和违背自然的虚构"吗?答案显然是肯定的。

四 对杜林正义观之公平原则的批判

如上所述,杜林认为,正义的公理就是"两个人的意志相等"。但是,

---

① 《马克思恩格斯选集》第3卷,人民出版社1995年版,第442页。
② 同上书,第444页。
③ [德]E.杜林:《哲学教程》,郭官义、李黎译,商务印书馆1991年版,第10页。

杜林并不是为了论证这一公理而单纯进行论证的,其主要目的是根据这一公理勾画出未来的"社会主义社会"及其分配方式的"蓝图"。换言之,杜林所设想的未来社会,就是为了实现这个正义的公理而搭建起来的。

杜林所描绘的社会主义社会不是历史发展和现代经济条件的必然产物,相反,"它是'社会的自然体系',它植根于'普遍的公平原则之中'"①。杜林的构想包括以下几方面内容:

(1) 这一社会主义社会由经济公社的联邦组成,在各个经济公社之间存在着根据一定的法律和行政规范规定的迁徙自由以及接受新成员的必要性。经济公社由共同支配一个区域的土地和一批生产企业的人们联合起来,共同活动,共同分配收入。整个社会实行平等的交换、平等的价格和平等的工资,从而实现完全的、绝对的正义和公平。具体说来:

(2) 平等的交换。在杜林所设想的未来经济公社里,集体——而不再是个人——是一切生产资料的所有者,从而也是一切产品的所有者,因此,贡献和报酬的交换不是发生在个人与个人之间,而是发生在:① 每个经济公社和它的成员之间;② 各个经济公社和由许多经济公社组成的商业公社之间。这样,交换就被组织起来了。整个社会体系成了一个巨大的、并且组织严密的和平等的交换组织。其中,实行平等的消费权利和平等的生产义务相适应的原则。也就是说,在这里,一种劳动将会按照平等估价的原则和别的劳动相交换,贡献和报酬实现真正的相等。而且,这种相等是绝对的、百分之百的相等,不会因为某些人的贡献大些、某些人的贡献小些、或者某些人偶尔没有贡献而在报酬上出现差别。如同德国学者 H. 柯柏所说:"社会劳动产品的分配应该是'最合适的'分配,它首先应该服从公平原则。"②

(3) 平等的价格。为了防止交换中出现不公平的现象,经济公社应

---

① 《马克思恩格斯选集》第 3 卷,人民出版社 1995 年版,第 635 页。
② [德] H. 柯柏:《欧根·杜林的"共同社会体系"》,载《研究〈反杜林论〉参考史料》,三联书店 1980 年版,第 210 页。

根据平均生产费用和所需劳动量,给每类物品规定一个统一的价格,按照这个价格进行交换。

(4)平等的工资。经济公社为了使社会成员有能力向公社购买已经生产出来的物品,将在每日、每周或每月付给每个社员同等数目的货币,作为他们的工作报酬。①

这样,整个社会实行同等的工资和同等的价格,就会在社会成员之间"即使不造成质量上的消费平等,也造成数量上的消费平等"②。如此一来,杜林"普遍的公平原则"就在未来经济公社中"完美"地实现了。

那么,恩格斯和马克思是怎样看待这一问题的呢?

1. 杜林的公平原则:社会衰落与剥削的二难

根据杜林上述描画,这种经济公社是一个极其公平、无限美好的社会,其中公平原则发挥着社会指针的作用。正如德国学者 H. 柯柏所说:"在各方面,公平都将是共同社会运动的指南。在杜林看来,公平正如同是批判地评价过去的、现在的和将来可以设想的一切社会形式和社会状况的试金石一样,同时也是他的'共同社会方案'的发动机组围绕着旋转的轴心。公平的实际表现首先在于通过实行平等交换,即等量劳动相交换的原则,取消了利润。现在私人占有把对经济事务的领导作为自己的天然特权,私人对生存和谋生的机会实行垄断,这一切将来会遭到人们的白眼和谴责,就像现在封建主义的过去遭到我们的白眼和谴责一样。"③针对杜林的这一设想,恩格斯尖锐地指出,杜林的公平原则实质上是一种"社会炼金术",即根本无用的东西;而根据这个公平原则搭建起来的未来经济公社,是一个自相矛盾的主观空想。

---

① 以上参见《马克思恩格斯选集》第 3 卷,人民出版社 1995 年版,第 638 页、第 649—651 等页。
② 《马克思恩格斯选集》第 3 卷,人民出版社 1995 年版,第 650 页。
③ [德]H. 柯柏:《欧根·杜林的"共同社会体系"》,载《研究〈反杜林论〉参考史料》,三联书店 1980 年版,第 209 页。

为了揭破杜林的公平原则及其未来社会构想的荒谬,恩格斯首先提出了一个二难推理加以驳斥:我们暂且假定杜林的假设实现了,此时,经济公社根据社员的劳动量付给社员相应的货币量,在分配上实现了充分的平等。譬如,每个社会成员为经济公社劳动6个小时,经济公社付给社会成员体现6个劳动小时的货币量。但是,恩格斯指出,在这种情况下,经济公社把社会成员创造的财富完全在社会成员之间进行了分配,而不可能进行任何积累。因此,这种经济公社即使过去一百年,也不会比开始时再富裕一点。更为严重的是,"因为积累是社会的必需,而货币的保存是积累的方便形式,所以经济公社的组织就直接要求它的成员去进行私人积累,从而破坏公社自身。"①也就是说,如果公社不进行积累,那么这一任务就只能由个人承担,以维持和扩大生产;而一旦个人进行积累,社员之间就必然出现分化,造成社会贫富差异,这就意味着公社里的正义与平等荡然无存了。

而要避免这种状况以继续维持平等,公社就只能采取一个措施:付给公社社员少于他的劳动量的货币,把扣下的这部分货币用于积累。但是,公社采取这种措施"就直接地公开地做了它在前一情况下隐蔽地转弯抹角地企图做的事情:它按纯粹资本主义的方式付给社员以低于社员所生产的物品的价值,而社员只能从公社买得的那些商品却要按照全部价值来计算"。也就是说,公社是在剥削社员,这就更加严重地破坏了杜林所讲的正义公理,也更加严重地违背了"普遍的公平原则"。

可见,杜林的未来经济公社,要么将剥夺社会的进步职能,从而引起整个社会的全面退步与衰落;要么将重新启用资本主义的分配方式,对经济公社的成员进行"剥削"。而不管上面的哪一种情况,都意味着杜林的"公平分配原则"是失败的。

---

① 《马克思恩格斯选集》第3卷,人民出版社1995年版,第652页。

2. 杜林的公平原则仍然是在分配领域内活动

恩格斯指出,之所以说杜林的"公平原则"与未来社会构想是虚幻和空想的,还因为杜林完全撇开了现实的社会生产,将分配设想为一个可以脱离物质生产的独立领域,任由纯思维在分配领域内信马由缰。

恩格斯就这一点指出:"他(指杜林——引者注)首先把生产和交换合而为一,统称为生产,然后使分配同生产相并列,把它当作同第一个过程毫不相干的、完全外在的第二个过程。"①在此基础上,"杜林的经济学归结为这样一个命题:资本主义的生产方式很好,可以继续存在,但是资本主义的分配方式很坏,一定得消失。……杜林先生对资本主义社会的生产方式(就其本身来说)几乎根本没有提出任何异议,他要保持旧的分工的一切基本方面,所以对他的经济公社内部的生产,也差不多连一个字都说不出来。的确,生产是同确凿事实打交道的一个领域,所以在这个领域内,'合理的幻想'只能给自己的自由心灵以极小的飞翔空间,因为出丑的危险太大了。"也就是说,杜林要求建构一个公平社会,以解决现实社会中出现的种种问题,但是,他要求建构的这个社会仅仅在社会分配的范围内做文章,而丝毫没有触及社会生产领域。因为社会生产有固有的难以违背的规律,无法任由思想之马任意趋驰。反之,"分配就不同了,据杜林先生的意见,分配是和生产根本没有联系的,在他看来,分配不是由生产来决定,而是由纯粹的意志行为来决定的——分配是他的'社会炼金术'的再合适不过的用武之地了。"②而杜林这种做法"就把全部分配理论从经济学的领域搬到道德和法的领域中,就是说,从确定的物质事实的领域搬到或多或少是不确定的意见和感觉的领域中。因此,他不再需要去研究或证明,只要随心所欲地夸夸其谈就够了,他可以要

---

① 《马克思恩格斯选集》第 3 卷,人民出版社 1995 年版,第 496 页。
② 同上书,第 649 页。

求劳动产品的分配不按照其实际原因,而按照他杜林先生所认为的道德的和正义的方式来安排。"①如此看来,杜林所谓未来公社的新瓶内,装的仍然是蒲鲁东、拉萨尔等人所宣扬的分配决定论的旧酒。

在上一章分析拉萨尔主义正义观的误点时,我们曾经提到过,在马克思主义的视域中,生产和分配是两个相互联系、不可分割的环节,其中,生产决定分配,有什么样的生产方式,就会有什么样的分配方式。"随着历史上一定社会的生产和交换的方式和方法的产生,随着这一社会的历史前提的产生,同时也产生了产品分配的方式方法。"②恩格斯指出,在实行土地公有制的氏族公社或农村公社中,因为生产资料实行公有制,所以在产品分配方面,必然是相等平等地进行分配的。"分配就其决定性的特点而言,总是某一个社会的生产关系和交换关系以及这个社会的历史前提的必然结果,只要我们知道了这些关系和前提,我们就可以确实地推断出这个社会中占支配地位的分配方式。"③因之,决不能脱离生产方式而奢谈分配。但杜林所设想的经济公社及其公平分配原则,恰恰是在脱离现实生产的基础上从头脑中虚构出来的产物,所以是根本实现不了的。事实上,翻开人类思想史,对现实社会不公平、非正义现象的控诉和对未来公平、正义、美好社会的向往追求,不绝于目,然而,人类迄今为止还是面临着公平、正义方面的诸多难题。究其根本原因,就是因为生产决定分配,分配无法脱离生产。杜林关于未来社会"公平原则"的设想,只是一种试图抓住自己头发离开地球的空想。

恩格斯还指出,只有消灭资本主义生产方式,实现生产资料公有制,才能真正实现社会平等。"期待资本主义生产方式有另一种产品分配,那就等于要求电池的电极和电池相联时不使水分解,不在阳极放出氧和

---

① 《马克思恩格斯选集》第 3 卷,人民出版社 1995 年版,第 499 页。
② 同上书,第 490 页。
③ 同上书,第 496 页。

在阴极放出氢。"①因此,马克思主义认为,要想消除资本主义的分配方式,消除社会中日益显明的严重的两极分化现象,只有消灭资本主义制度,代之以社会共同占有生产资料。惟其如此,才能形成新型的分配方式,进一步扩大的社会公平正义的范围与程度。正如马克思所指出的:"……他们(指工人阶级——引者注)不应当忘记:在日常斗争中他们反对的只是结果,而不是产生这种结果的原因;他们延缓下降的趋势,而不改变它的方向;他们服用止痛剂,而不祛除病根。所以他们不应当只局限于这些不可避免的、因资本永不停止的进攻或市场的各种变动而不断引起的游击式的搏斗。他们应当懂得:现代制度给他们带来一切贫困,同时又造成对社会进行经济改造所必需的种种物质条件和社会形式。他们应当摒弃'做一天公平的工作,得一天公平的工资!'这种保守的格言,要在自己的旗帜上写上革命的口号:'消灭雇佣劳动制度!'"②。质言之,在资本主义雇佣劳动制度下,无论多么"公平"的工资,都不会是真正公平的,而要改变这一现象,只有变革现实的生产方式与社会制度。

在这一点上,正如德国学者 H. 柯柏所正确指出的:"马克思既不是从公平的动机,也根本不是从感情的动机出发,而是作为最伟大的现实主义者研究并确定资产阶级社会的发展倾向,证明资产阶级社会要进入一种集体主义制度的不可避免的必然性。因而杜林的唯心主义的社会主义与马克思的现实主义的社会主义就其根源上和性质来说是根本不同的。"③

3. 杜林的公平原则与蒲鲁东正义观的相似性

在上述批判的基础上,恩格斯进一步揭示出,杜林的"公平原则"、对

---

① 《马克思恩格斯选集》第3卷,人民出版社1995年版,第625—626页。
② 《马克思恩格斯选集》第2卷,人民出版社1995年版,第97页。
③ [德]H. 柯柏:《欧根·杜林的"共同社会体系"》,载《研究〈反杜林论〉参考史料》,三联书店1980年版,第222页。但同时,柯柏还认为,社会主义有一个共同的最高概念,即一切社会成员在经济上完全平等。这样,柯柏就把马克思和杜林的社会主义看作通向这个最高概念的两种不同类型的理论,并将两者并列起来,这就是非常错误的认识了。

未来经济公社的设想及其全部正义观,实际上又回到了蒲鲁东小资产阶级社会主义思想的出发点,完全是对马克思主义及其正义观的一种反动。

从最深层的认识论根源来说,杜林和蒲鲁东最大的相似之处就在于:他们都不是认真地研究和探索现实社会运行的客观规律,而是习惯于从头脑中、从纯思维中发现某些范畴和原则——例如正义、公平,然后设计、筹划措施使现实社会适应与遵循这些范畴和原则,以此作为解决现实问题的方案。这显然是一种主观任意的做法,颠倒了正义范畴、正义原则与现实世界的关系。

早在1865年发表的著作《资本和劳动——对老问题的新回答》中,杜林就提出了这样一种立场和立论依据:"我的计划不仅深深扎根于经济科学、而且同样扎根于人民的天赋的本能之中。它建立在极其公平合理的基础之上(着重号为引者所加——引者注),并且首先只是要求给工人以相应的政治上结社的权利,使他们有可能对于片面地和过分廉价地使用他们劳动力,加以应有的限制。"①也就是说,杜林要建构一种奠基于公平与正义基础之上的社会主义理论,使得资本家不能再"片面地和过分廉价地使用"工人的劳动力。如同德国学者格·阿尔布勒希特所说的:"按照杜林的观点,科学的任务不仅要提出问题和说明问题,而且也要对未来的行动、对事物实际形式作出结论。在人与人的关系以及各社会集团之间的关系中,在考虑经济形式时问题就是要实现'社会公平'这一任务。"②换言之,在杜林这里,是先有"社会公平"这一任务,然后再去设法使其在经济形式中实现。

---

① [德]卡尔·施特格曼、卡尔·林德曼:《杜林传略》,载《研究〈反杜林论〉参考史料》,生活·读书·新知三联书店1980年版,第161—162页。
② [德]格·阿尔布勒希特:《欧根·杜林。社会科学史研究》,载《研究〈反杜林论〉参考史料》,三联书店1980年版,第301页。但同时必须提起注意的是,阿尔布勒希特是一个典型的支持杜林的资产阶级学者,他对杜林的思想进行了美化,并认为杜林对马克思的批评是合情合理的。这方面的错误观点需要我们仔细甄别。

既然绕开了物质生产以及社会现实,而在思维中设定社会的"公平原则",那么就不需要去研究现实社会的矛盾运动与客观规律,而只能设想,在保留现实社会的长处的情况下抛掉其弊端,想方设法构造条件以保证"公平原则"的实现。恩格斯就此指出:"'劳动和劳动根据平等估价的原则相交换'——这句话如果还有某种意义的话——也就是说,等量社会劳动的产品可以相互交换,就是说,价值规律,恰好正是商品生产的基本规律,从而也就是商品生产的最高形式即资本主义生产的基本规律。在目前的社会中,它以各种经济规律在私人生产者的社会里唯一能为自己开辟道路的那种方式为自己开辟道路,即作为存在于事物和关系中的、不以生产者的愿望或活动为转移的、盲目地起作用的自然规律为自己开辟道路。杜林先生把这一规律提升为他的经济公社的基本规律,并且要求公社完全自觉地实施这个规律,这样,他就使现存社会的基本规律成为他的幻想社会的基本规律。他要现存的社会,但不要它的弊病。他和蒲鲁东完全在同一个基地上进行活动。像蒲鲁东一样,他想消除由于商品生产向资本主义生产的发展而产生的弊病,办法是利用商品生产的基本规律去反对这些弊病,而这些弊病正是由这一规律的作用产生的。像蒲鲁东一样,他想以幻想的结果来消灭价值规律的现实结果。"①换言之,杜林和蒲鲁东都想在保留资本主义生产方式的基础上,通过一些所谓正义或者公平的改良措施提升工人阶级的生活水平,然而,这种置物质生产与人类社会发展客观规律于不顾的想法和做法,已经被实践证明并将继续被实践证明是不会成功的。

---

① 《马克思恩格斯选集》第3卷,人民出版社1995年版,第663—664页。

第五章　重塑正义的思想疆域

对蒲鲁东主义正义观、拉萨尔主义正义观以及杜林正义观的批判，是马克思恩格斯在他们全部理论生涯中，围绕着正义问题进行的三场最大的也是最典型的批判。在前面的三章中，我们分别考察了马克思恩格斯所做的这三个批判。应当说，马克思恩格斯不是单纯地为了批判而批判，更重要的是他们力图在批判中廓清与各种非马克思主义和反马克思主义正义观的分野，并力争在批判中正面申明自己的理论观点。

正是通过对上述几种正义观的批判，马克思恩格斯确立了正义问题研究的科学方法，揭示了正义范畴的本质、特征与嬗变规律，建构了马克思主义正义观的基本框架，重新描画和塑造了科学正义观的理论图景。

一　马克思恩格斯正义观的批判性前提

蒲鲁东主义正义观、拉萨尔主义正义观以及杜林的正义观是三种存有差异的"理论体系"，其研究方法、言说路径、论证程式颇为不同，这就使得马克思恩格斯对它们进行的三次批判，呈现出不同的侧重点和理论特色。但是，从本质上讲，它们都具有小资产阶级社会主义正义观的属性，三者都发现了资本主义制度的弊病，都不满意于资本家对劳动者的残酷剥削,它们提出的解决措施也都是往后拉动资本主义社会,希望在简单商品交换的基础上实现劳动者的公平平等。这是这三个批判对象在深层次上的一致性,使得马克思恩格斯在对它们进行的批判中,埋藏着深刻的批判意蕴。这些批判意蕴构成了马克思恩格斯正义观建构的批判性前提。

1. 反对脱离历史与现实抽象地谈论正义

马克思恩格斯进行三次批判的主要根源之一,是反对脱离历史与现实抽象空洞地谈论正义,反对在纯粹理性和头脑中勾画正义,反对将一个空洞的、无具体内容的正义原则作为历史发展和趋向,而主张研究现实的生产方式、分配方式,在把握生产力与生产关系、经济基础与上层建筑辩证运动的社会发展规律基础之上谈论正义。

这一点在这三次批判中表现得极为明显。在对蒲鲁东主义正义观进行批判时,针对蒲鲁东多次宣称的正义、平等是一切事务的最高标准和社会的最高原则、社会发展就是不断地由不正义、不平等趋向正义和平等的过程,以及"人类的进步完全在于正义和哲学"[①]等观点,马克思和恩格斯深刻地揭示了正义范畴的社会历史根源,分析了正义与生产方式的辩证关系,揭露了蒲鲁东永恒不变的正义原则在社会历史发展中的虚妄。

拉萨尔主义正义观也将一个充满了错误理解和空洞口号的公平、平等作为社会主义的重要特征,甚至要将其写入党的纲领。针对拉萨尔主义者要用"消除一切社会的和政治的不平等"来代替"消灭一切阶级差别"的做法,恩格斯批判说:"在国和国、省和省、甚至地方和地方之间总会有生活条件方面的**某种**不平等存在,这种不平等可以减少到最低限度,但是永远不可能完全消除。阿尔卑斯山的居民和平原上的居民的生

[①] 转引自《马克思恩格斯全集》第 45 卷,人民出版社 1985 年版,第 161 页。

活条件总是不同的。把社会主义社会看作**平等**的王国,这是以'自由、平等、博爱'这一旧口号为根据的片面的法国人的看法,这种看法作为当时当地一定的**发展阶段**的东西曾经是正确的,但是,像以前的各个社会主义学派的一切片面性一样,它现在也应当被克服,因为它只能引起思想混乱。"①与此类似,杜林也是将一个抽象的、空洞的"两个人的意志完全平等"作为社会的最高的道德原则。

这些观点,究其实质,都是由于不理解历史发展的本来面目,因而将正义预设和提升为社会发展的归宿。在这一点上,马克思主义坚持彻底的唯物主义观点,认为生产力和生产关系的矛盾运动推动着历史不断向前发展。因而,不是历史不断地趋向正义,而是正义这个范畴不断地在历史发展中获得新鲜的、具体的内容。

2. 反对把抽象正义视作社会发展的永恒原则

马克思恩格斯这三次批判的深层意蕴,还在于他们反对主观任意地谈论正义原则,反对脱离物质生产的客观经济规律而任意地编制、裁剪、填充正义原则,而主张和坚持立足于特定的社会发展阶段和特定的生产力发展水平,立足于特定的利益主体(无产阶级),具体地谈论社会正义问题。

马克思和恩格斯所批判的三种正义观,都或隐或显地存在着一个共同的特征:小资产阶级社会主义色彩。蒲鲁东经济学所虚构的"构成价值",拉萨尔主张的"不折不扣的劳动所得",以及杜林为未来经济公社制定的"公平交换原则",都是着眼于维护小资产阶级的利益,使整个社会倒退回小生产方式而提出来的。他们都有着同样的幻想和解决之道:工人阶级和广大劳动群众之所以生活窘迫,入不敷出,资产阶级社会之所以贫富两极分化严重,都是因为劳动群众的一部分劳动所得被资产阶

---

① 《马克思恩格斯全集》第 3 卷,人民出版社 1995 年版,第 325 页。

占有了;要解决这个问题,就要依靠正义或公平原则,在劳动群众和资产阶级之间实现公平的交换,或者进行正义的分配;如此一来,资本主义社会的弊病就可以消失了,劳动群众就能够过上美好幸福的生活。

不能不说这些设想和措施是在维护和保障工人阶级与劳动者的利益,但是,这样提出问题和解决问题,只能说明他们不懂得社会发展与经济运行的客观规律。他们所设想的这些所谓的正义原则、公平原则,不是从社会的现实状况中分析、概括出来的,而都是从头脑中、从善良意愿中编织出来的。这样主观臆想的东西,对工人阶级的解放和发展不但无益,而且有害。

3. 反对将抽象正义作为社会主义运动的基础

马克思恩格斯这三次批判的深层意蕴,还表现在他们反对将正义作为无产阶级和社会主义运动的基础和目的,更反对将正义视作未来社会主义社会的组织原则,而主张和坚持无产阶级运动与社会主义事业的胜利奠基于现实社会的客观规律与发展趋势。

与追求正义、公平的思潮不同,马克思主义坚持将消灭私有制、实现共产主义制度作为自己的奋斗目标。众所周知,共产主义者同盟的前身是正义者同盟,而它之所以改名和重组,是马克思和恩格斯做了很多工作,把它引领到共产主义事业的轨道上来。在1847年6月9日《共产主义者同盟第一次代表大会致同盟盟员的通告信》中,对这一情况作了如下说明:"为了陈述进行修改的理由,我们特作如下说明:正义者同盟更名为共产主义者同盟一事被通过了,因为:第一,由于前面提到的那个门特尔的无耻叛变,旧的名称已被政府知道,因此改变名称是适宜的。第二,而且也是主要的一点,因为旧的名称是在特殊的情况下,并考虑到一些特殊的事件才采用的,这些事件与同盟的当前目的不再有任何关系。因此这个名称已不合时宜,丝毫不能表达我们的意愿。许多人要正义,即要他们称为正义的东西,但他们并不因此就是共产主义者。而我们的

163

特点不在于我们一般地要正义——每个人都能宣称自己要正义——而在于我们向现存的社会制度和私有制进攻，在于我们要财产公有，在于我们是共产主义者。因此，对我们同盟来说，要有一个合适的名称，一个能表明我们实际是什么人的名称，于是我们选用了这个名称。"①这里非常清晰地标示出了正义论者与共产主义者的区别，即，共产主义者不再吁求一个内涵不确定的正义，而是有着明确的奋斗目标——消灭私有制。1847年9月14日的《中央委员会告共产主义者同盟书》，再次申明和强调了这一点："汉堡的兄弟们确认已经收到我们的寄件，并对改变正义者同盟这个名称表示遗憾，他们希望恢复这个名称；……我们必须答复汉堡的兄弟们，在代表大会通告信中陈述的关于改变同盟名称的理由是十分充分的，如果提不出重要的反对理由，中央委员会将在下次代表大会上坚持保留共产主义者同盟这个名称。——这个名称恰恰表明，我们是什么人，我们要求什么，而老的名称却反映不出这个情况。正义者同盟这个名称是模糊不清的，然而我们必须是明确的。——因此，但愿汉堡的兄弟们再读一读代表大会通告信中提出的理由。如果他们能驳倒这些理由，那么我们就同意他们，如果相反，光是感情用事，我们将不予理睬。"②

恩格斯在于1885年10月写的《关于共产主义者同盟的历史》一文中曾经回顾这一段历史，就此问题指出："每当问题涉及具体批判现存社会，即分析经济事实的时候，他们的手工业者旧有的成见对于他们就成为一种障碍。我不相信当时在整个同盟里有一个人读过一本经济学书籍。但这没有多大关系；'平等'、'博爱'和'正义'暂时还有助于克服一切理论上的困难。"③也就是说，正义等等话语，不是社会主义运动的理论根基，而是在共产主义运动早期为了帮助当时的工人群众克服"旧有的

---

① 《马克思恩格斯全集》第42卷，人民出版社1979年版，第430—431页。
② 同上书，第445—446页。
③ 《马克思恩格斯选集》第4卷，人民出版社1995年版，第196页。

成见"、在未能掌握科学共产主义原理之前鼓舞人们参加工人革命和共产主义运动的暂时策略。

而马克思和恩格斯在自己的理论研究过程中,则是反复批判各种立足于"正义"、"平等"等范畴来批判资本主义制度、吁求社会主义制度的思潮和观点,多次强调指出,资本主义的灭亡与共产主义的胜利是基于历史发展的客观必然性,而不是什么正义原则。如同英国学者亚当·斯威夫特所正确理解的:"马克思肯定资本主义取决于因果机制,依赖于权力和剥削的不变的社会关系,这种关系抵制道德谴责的影响力。资本主义不会在道德义愤的号角吹响时就崩溃得烟消云散。"①在1877年10月19日给左尔格的信中,马克思就曾经斥责过"想用关于正义、自由、平等和博爱的女神的现代神话来代替它的唯物主义的基础"②的人,把正义斥为"陈词滥调"。针对赫希柏格等人妄图将正义作为社会主义基础的做法,马克思愤怒地谴责道:"这些人想使社会主义有一个'更高的、理想的'转变,就是说,想用关于正义、自由、平等和博爱的女神的现代神话来代替它的唯物主义的基础(这种基础要求一个人在运用它以前认真地、客观地研究它)。……几十年来我们做了许多工作和花了许多精力才把空想社会主义,把对未来社会结构的一整套构想从德国工人的头脑中清洗出去,从而使他们在理论上(因而也在实践上)比法国人和英国人更优越,但是,现在这些东西又流行起来,而且其形式之空虚,不仅更甚于伟大的法国和英国空想主义者,也更甚于魏特林。当然,在唯物主义的批判的社会主义时代以前,空想主义本身包含着这种社会主义的萌芽,可是现在,在这个时代以后它又出现,就只能是愚蠢的——愚蠢的、无聊的和根本反动的……"③在1879年9月17—18日给倍倍尔等人的通告信

---

① [英]亚当·斯威夫特:《政治哲学导论》,肖韶译,江苏人民出版社2006年版,第330页。但同时需要指出,斯威夫特对马克思其他重要思想(譬如剩余价值理论、剥削理论等)的理解是有误的。
② 《马克思恩格斯选集》第4卷,人民出版社1995年版,第627页。
③ 同上书,第627—628页。

中,马克思和恩格斯又指出:"在阶级斗争被当做一种'粗野的'事情放到一边去的地方,当做社会主义的基础留下来的就只是'真正的博爱'和关于'正义'的空话。"①以上这些充分说明,马克思和恩格斯坚决反对将正义视作社会主义社会的基础和目的,而强调社会主义运动建立在历史发展的客观必然性的基础之上。

4. 反对将"正义王国"作为社会主义的目标

西方政治哲学自柏拉图以降,从某种意义上讲,都注重从规范角度对作为社会之产物的国家的合法性与合意性进行探讨,寻求一种应然的政治秩序和恰当合理的价值分配。从西方政治哲学史的发展轨踪来看,这种对应然秩序的探究甚至向往,往往借助正义这一概念而展开,从而使追寻正义成为西方政治哲学一个极其重要的运思路径。千百年以来,尽管每一时代、每一阶层、甚至每一个体对正义的理解均有不同甚或抵牾丛生,然而从柏拉图到当代的政治哲学学者却大都在正义的名义下寻求着理想的良序空间与美好社会。可以说,对一种"正义王国"的追寻,构成了西方政治哲学一个重要的理论特色。

依美国著名政治哲学(史)家列奥·施特劳斯的意见,苏格拉底是西方古典政治哲学的创始者。前苏格拉底的哲学家更多地关注事物的自然本性,自苏格拉底始,开始转向全力探索人类社会中正义的事物、高尚的事物和对人之为善的事物,从而开启了西方政治哲学的研究路向。②然而,真正开始系统地探讨正义,并且将正义纳入个人与社会(城邦)的交互视野中以取定正义之于人类社会的意义的,则首推柏拉图的《理想国》。

在《理想国》中,柏拉图从城邦正义的视角出发,将正义界定为各个

---

① 《马克思恩格斯全集》第34卷,人民出版社1972年版,第382页。
② 列奥·施特劳斯、约瑟夫·克罗波西主编:《政治哲学史》,李天然等译,河北人民出版社1998年版,"绪论"。

社会阶层的各安其职、各守其份。"当城邦里的这三种自然的人(指统治者、护卫者、劳动阶层——引者注)各做各的事时,城邦被认为是正义的,并且,城邦也由于这三种人的其他某些情感和性格而被认为是有节制的、勇敢的和智慧的。"① 以现代人的观点视之,柏拉图的正义观固守人与人之间的天然不平等,这与现代正义观念从本质上就是相互抵牾的。然而,从政治哲学史的角度来看,柏拉图的意义首先不在于提出了"什么样"的正义理论,而在于他以其探究正义问题的特殊方式开启了人类对于一种永恒与超验的"正义王国"的追寻历程。

质言之,柏拉图不是着眼于斯时城邦社会的现实状况,采用"社会零星改造工程"(卡尔·波普尔语)的思路消除社会的非正义,而是力超现实层面,从理念世界的维度出发,为人类社会铺就了一幅永恒正义的"理想国"蓝图。正如柏拉图借苏格拉底之口所言:"当前我认为我们的首要任务乃是铸造出一个幸福国家的模型来,但不是支离破碎地铸造一个为了少数人幸福的国家,而是铸造一个整体的幸福国家。"② 可见,柏拉图的着眼点在于勾画一个永恒的、完美的国家模型,指向未来而非当下。正是基于此,柏拉图在《理想国》中对统治者、护卫者和劳动阶层的道德品质,青少年儿童的道德教育与培养、优生、甚至爱人之间的亲昵接触③,歌手的音乐翻新④等等问题都作了细密严格的规定,以确保这个模型的完美无瑕。正如悌利所言:"柏拉图的《理想国》是一个完善国家的理想,是人间神国的梦想。"⑤ 这种运思路径对于西方政治哲学的影响至为深远,有力地魅惑着后人的理论思考。

然而,如此完美的模型,在现实的国家制度中能实现吗?依柏拉图的理念论,现实世界终究是理念世界的摹品,并且是永不完善的摹品。

---

① 柏拉图:《理想国》,郭斌和、张竹明译,商务印书馆1986年版,第157页。
② 同上书,第133页。
③ 同上书,第110页。
④ 同上书,第139页。
⑤ 悌利:《西方哲学史》,葛力译,商务印书馆1995年版,第70页。

前者有生有灭,后者永存不息,前者永远处于对理念世界的追寻和摹仿的路上而无法真正致达。具体到正义国家,亦是如此。恰如列奥·施特劳斯所理解的:"我们已经知道,正义本身在任何现实事物都能够是完全正义的意义上是不'可能的'。其后我们马上知道,不仅正义本身,而且连正义的城邦在上述意义上也是不'可能的'。这并不是说《理想国》中所描述的正义城邦像'正义本身'一样是一个理念,也不意味着这样的城邦是一个'理想':'理想'不是柏拉图的术语。正义的城邦不像正义的理念一样是独立自存、位于上天某处的东西。毋宁说它类似于一个人的完善的画像,只是由于画家的画才可以存在;更准确地说,正义的城邦仅存在于'谈话'中:它之所以'是'(存在),只因为它是根据正义本身或天然正确的东西而被描绘出来的。虽然正义的城邦比正义本身相比处于较低层次,但即便如此,作为样板的正义城邦也不能变为现实,因为它只是一个蓝图;只能指望实际的城邦接近于这个蓝图。"①因此,一方面,柏拉图所描绘的正义城邦确立了一种纯粹的典范,成为现实的国家制度应当实现的至善境界;但另一方面,这种理想境界又是永远不能完全实现的,因此,人类对国家制度的建构注定要辗转跋涉于追寻永恒正义的途程之中。然而,正义纵然不能完全实现,也当为人所永远追寻。正如柏拉图在《理想国》末尾满怀期望地写下的箴言:"让我们坚持走向上的路,追求正义和智慧。"②从某种意义上讲,正是这一箴言预示了和引导着此后政治哲学运思建构的长久路径。

启蒙时期是西方思想史上一个光辉灿烂的时代,众多思想家为了冲破封建制度的藩篱,提出了自由、平等、人权、正义的政治哲学诉求。在他们看来,当前的社会制度严重压抑了人的天然本性和理性追求,是一种非正义的制度。而要解决这一问题,只有建立永恒正义的共和国,才

---

① 列奥·施特劳斯、约瑟夫·克罗波西主编:《政治哲学史》,李天然等译,河北人民出版社1998年版,第52—53页。
② 柏拉图:《理想国》,郭斌和、张竹明译,商务印书馆1986年版,第426页。

能为人的各种权利提供保障,为人的发展创造广阔的自由空间。

这一时期,政治哲学研究的一个突出特点,就是在自然法的基础上研究正义问题,以自然权利反对专制特权。自然法理论早在古希腊、罗马时期即已出现,西塞罗、赛涅卡等思想家还进行过系统的探讨。近代自然法理论在此基础上作出了新的诠释。在古希腊和罗马时代,自然法更多地是指人的一种道德义务,强调国家对人民的统治是一种自然正义的秩序,而近代自然法理论则强调人的基本权利的自然赋予与不可剥夺,注重对个人的各种权利进行保护。正如有学者所认为的:"自然法的观念认为,对于自然与对于人类社会双方都存在着某种确定的法则,它们构成了国家的实在法的基础;自然权利则是一种所谓的根据自然法人们自然具有的权利。自然法和自然权利的理论在多数情况下为人们对于现实政治生活的批判提供了一种重要的出发点,也是人们在现实中反抗国家的压迫或者向国家要求更多的政治和社会权力的根据之一。"①因之,在17、18世纪的思想家看来,人生而平等,天然就享有各项不可侵犯的基本权利,例如自由、生命与财产权等等。国家和政府是人民建立起来保护这些自然权利的组织机构,它们是否正义合理,要视它们对公民基本权利的保障程度来定。由此,推翻封建统治、建构正义国家就获得了合法性依据。正如恩格斯所说:"以往的一切社会形式和国家形式、一切传统观念,都被当作不合理性的东西扔到垃圾堆里去了;到现在为止,世界所遵循的只是一些成见;过去的一切只值得怜悯和鄙视。只是现在阳光才照射出来,理性的王国才开始出现。从今以后,迷信、非正义、特权和压迫,必将为永恒的真理,为永恒的正义,为基于自然的平等和不可剥夺的人权所取代。"②

然而,启蒙思想家所吁求建构的正义王国真的"正义"吗?并非如

---

① 唐士其:《西方政治思想史》,北京大学出版社2002年版,第214页。
②《马克思恩格斯选集》第3卷,人民出版社1995年版,第720页。

此。从理论上看,资产阶级思想家所倡导的平等、自由原则仅仅是为了反对封建等级专制制度而提出的政治平等与人身自由。这种平等与自由反映了当时资产阶级发展自由经济的要求,因之要保护私有财产权,无法涉及到实质性的经济平等。这是不充分和不彻底的。而如果缺少了经济方面的平等,所谓的平等就仅仅成为一个形式和口号而已。例如,伏尔泰认为,平等仅仅是指形式上的公民权利平等,而绝非财产平等,甚至"财产所有权是一个享有充分权利的公民的必要标志"①。因此,虽然伏尔泰认为,"自然权利同样属于苏丹和守园人;前者和后者应有同样的权利来支配自己的人员、自己的家庭、自己的财产。所以,人们实际上是平等的。"但是,这种平等就仅仅成为形式上的,无法消除实质上的不平等和非正义。因此,伏尔泰的思想只能归结为:"在我们这个不幸的世界上,生活在社会里的人们不可能不分成两个阶级:一个是支配人的富人阶级,另一个是服侍人的穷人阶级。"②

因此,资产阶级思想家所吁求的正义国家"不过是资产阶级的理想化的王国;永恒的正义在资产阶级的司法中得到实现;平等归结为法律面前的资产阶级的平等;被宣布为最主要的人权之一的是资产阶级的所有权;而理性的国家、卢梭的社会契约在实践中表现为,而且也只能表现为资产阶级的民主共和国"③。

换言之,资本主义制度建立之后,虽然消灭了等级制度与政治上的身份奴役,但是,广大民众的生活水平并未因此得到多少实质性的提高。一方是资产者的财富越积越多,另一方是劳动人民日益陷入窘迫的生存境地。在这种情况下,空想社会主义者又举起了社会正义的旗帜,以之反对资本主义制度。

---

① 维·彼·沃尔金:《十八世纪法国社会思想的发展》,杨穆、金颖译,商务印书馆1983年版,第29页。
② 同上书,第28页。
③ 《马克思恩格斯选集》第3卷,人民出版社1995年版,第720页。

众所周知,马克思之前的社会主义思想大致可以分为三个阶段:16—17世纪,莫尔和康帕内拉对当时欧洲各国的君主专制制度和刚刚产生的资本主义制度进行了尖锐的揭露,并描绘了乌托邦、太阳城等没有私有制、没有剥削和压迫的理想社会。18世纪,法国的摩莱里、马布利、巴贝夫的思想家进一步指出,私有制是资本主义社会不平等的根源,谋求建立一种崭新的共产主义公社制度来代替资本主义制度,并且制定了改造现存社会的纲领,掀起了实际的革命运动。19世纪初期,圣西门、傅立叶、欧文等人更加深刻地论证了经济不平等的根源在于私有制,并且力图通过"实业制度"(圣西门)、"和谐制度"(傅立叶)、"合作公社"(欧文)等改革措施来消除社会非正义现象。

除了这些为人所熟知的思想家外,约翰·格雷、约翰·勃雷、魏特林、蒲鲁东等人也是通过诉诸政治哲学意义上的正义范畴来反对资本主义的。例如:格雷在《人类幸福论》一书中认为,劳动是财富的基础,而地主和资本家却把劳动产品据为己有,"这就是极大的不公平"①。而这种状况的起因就在于资本主义制度,因此"我们要谴责制度,并且指出:'不公平是这种制度的主要基础'"②。所以,"我们恳切地征求每一个正直的人的意见,请他们说一说,这样的社会状态该不该继续存在下去?它与一起基本的公平原则有没有矛盾?"③再如:蒲鲁东在其成名作《什么是所有权》中,也以正义作为研究主题。④蒲鲁东实际上是要说明,正义是社会最基本和最重要的原则,一切社会事务和现象都必须符合正义的要求。而现实社会中之所以充满了各种不正义的现象,在蒲鲁东看来,就是因为人们从来没有弄清正义的内涵。"我以为我们从来就没有懂得这些如此通俗和如此神圣的名词的意义:正义、公道、自由;关于这些原理的每一项,我们的观念一向是极端模糊的;并且最后以为这种愚昧无知

---

① 约翰·格雷:《人类幸福论》,张草纫译,商务印书馆1984年版,第35页。
②③ 同上书,第30页。
④ 蒲鲁东:《什么是所有权》,孙署冰译,商务印书馆1982年版,第51—52页。

的情况就是置我们于死地的贫困和人类所遭受的一切灾难的唯一原因。"①

由是观之,这些社会主义者虽然进一步扩大了正义要求的范围,但从根本上讲,仍然延续了启蒙时期政治哲学家的运思路径,诉诸正义来解决制度问题。正如恩格斯所指出的:"他们(指圣西门、傅立叶、欧文——引者注)和启蒙学者一样,想建立理性和永恒正义的王国;但是他们的王国和启蒙学者的王国是有天壤之别的。按照这些启蒙学者的原则建立起来的资产阶级世界也是不合理性的和非正义的,所以也应该像封建制度和一切更早的社会制度一样被抛到垃圾堆里去。真正的理性和正义至今还没有统治世界,这只是因为它们没有被人们正确地认识。"②

19世纪以后,由于自然科学成就的日益突出以及随之而来的科学话语的强势冲击,人文话语陷入了严重的失语状态,政治哲学讨论也逐渐淡出了学术舞台,让位于政治科学研究。③ 这种情况直到1971年罗尔斯《正义论》的发表才得以扭转。其后,当代西方政治哲学家围绕着正义问题展开了多维度、深层次的探讨。

当代政治哲学,首先触及到的就是罗尔斯构建的作为公平之正义的理论体系。罗尔斯认为,正义问题主要讨论一种社会制度分配基本价值的方式,而所有的基本价值,比如自由和机会、收入和财富、自尊的基础等等,都要平等地分配。如果这种分配是不平等的,那么它必须能够促进个人尤其是弱势群体的利益。经由"原初状态"与"无知之幕"等条件的设定,罗尔斯推导出了两个正义原则,第一个原则是平等自由的原则,认为每个人都应享有一种平等的自由权利;第二个原则是机会公正原则和差别原则的结合。机会公正原则要求,所有的地位和职务应当平等地

---

① 蒲鲁东:《什么是所有权》,孙署冰译,商务印书馆1982年版,第40—41页。
② 《马克思恩格斯选集》第3卷,人民出版社1995年版,第721—722页。
③ 陈晏清、王新生:《政治哲学的当代复兴及其意义》,《哲学研究》2005年第6期。

向所有人开放;差别原则要求,如果社会成员之间不得不存在不平等分配的话,那么这种不平等分配应当有利于最少受惠者。罗尔斯通过这两个正义原则,从社会各阶层中择出了"最少受惠者"这个群体,以其利益分配状况作为评价一个社会是否正义的标准。应当说,这一理论建构,反映了资本主义条件下弱势群体对社会资源分配方式的不满与对社会公平的吁求,重新续接了西方政治哲学借助正义解决社会问题的运思路径。

罗尔斯的正义理论提出后,激起了政治哲学界的热烈讨论。诺齐克首先向罗尔斯的理论提出了挑战。他认为,正义不在于公平,而在于个人权利。正如诺齐克所言:"个人拥有权利。有些事情是任何他人或团体都不能对他们做的,做了就要侵犯到他们的权利。这些权利如此强有力和广泛,以致引出了国家及其官员能做些什么事情的问题。"①在此基础上,诺齐克提出了他的"持有正义"理论。诺齐克认为,社会的财产占有表现为个体的持有,这些个体的持有总和构成社会的财富分布状况。如果每个人持有的财产是正义的,那么社会财产的总体分布状况也就是正义的。这种持有正义理论包括三个环节:(1)最初持有的正义,即将无主物占为己有必须是正义的;(2)转让的正义,即将财富从一个所有者到另一个所有者的让渡必须是正义的;(3)矫正的正义,即矫正最初占有与让渡的不合理,使其重新符合正义。只要人们的财富获得符合这几个原则,就可以说是一个正义的社会。诺齐克的权利正义论从个体权利出发,希图通过"无数的个人正义"相加而获得社会整体正义,这虽然也是在正义的论域内讨论,但与柏拉图以来首先关注社会整体正义的思路已经颇为不同,并且因其严重限制了国家在分配中的作用,而带有强烈的社会达尔文主义色彩。

与诺齐克不同,迈克尔·沃尔泽提出了一种多元主义正义论来反驳

---

① 诺齐克:《无政府、国家与乌托邦》,何怀宏译,中国社会科学出版社1991年版,第1页。

罗尔斯的正义理论。罗尔斯认为,他的两个正义规则贯穿在社会生活的各个领域当中,具有普适性。这是沃尔泽所不同意的。他认为,罗尔斯的正义原则,只是一种逻辑上的空洞抽象,一旦进入某一具体的社会现实领域,就根本不能发挥作用。如沃尔泽所言,我们很难指望适合于现今美国社会的正义原则也能适用于古代巴比伦人的生活。因此,正义原则应当是多元的,不同的分配领域应当有不同的正义规则,"寻求一致性误解了分配正义的主题"①。沃尔泽倾向于从物品的意义出发进行社会分配。他认为,每一种物品的分配都有特定的正义规则,这种规则只能限制在这种物品的分配领域之内,一当超出这一领域,就会引发控制与暴政。例如,政治职务以是否具有政治才能作为标准进行分配,因此,公民 X 而不是公民 Y 获得了政治职务,于是,这两个人在政治领域就是不平等的。但是,这种不平等并不就是非正义的。只有这种不平等影响到了除政治职务之外的其他领域,譬如给 X 带来优越的医疗、更好的住宿、子女更优越的教育条件等等,才成为非正义的。

戴维·米勒也同意多元主义正义原则,但他不同意沃尔泽诉诸社会物品意义的做法,而提出了一种基于"人类关系的模式"的正义理论。米勒认为,人类社会存在着各种不同的关系模式,通过把握这些关系的特殊属性,就能够准确地理解别人提出的正义要求,实现社会正义。他认为,现实的社会关系可以概括为三种基本模式:第一种模式是团结性社群,这主要包括家庭、宗教团体、工作小组、职业协会、某些俱乐部等组织。在这种人际关系中,应当实行"按需分配"的正义原则,按照个人的需要进行分配。第二种模式是人们以功利的方式联系起来的工具性联合体,最典型的就是社会中的经济关系。在这种关系中,应当实行"应得"的分配原则,按照个人的贡献、才能等标准进行分配。第三种关系模

----

① 沃尔泽:《正义诸领域:为多元主义与平等一辩》,褚松燕译,译林出版社 2002 年版,第 3 页。

式是公民身份,这主要包括政治社会内部的成员。在这种关系中,人们作为同等的公民联合在一起,所以应当实行"平等"的分配原则。①

应当说,当代政治哲学一方面重续了诉诸正义以解决社会问题的思维模式,依然将正义社会作为一种可欲的理想状态;另一方面,则将思考的重点集中于分配领域,主要解决社会资源(物品、福利、机会甚至自然禀赋等等)分配领域的不公正问题。换言之,随着时代的发展,寄附于正义这一范畴之内的实质性内容已经发生了根本变化,但寻求正义仍然是其思考问题的运思路径。

通过对西方政治哲学发展历程的简短回顾,我们可以得出这样的结论:尽管各个时代和不同的思想家对正义的理解不尽相同,甚至存在着较大差异,但是,追寻正义这样一种逻辑运思路径却一直或隐或显地存在于西方政治哲学发展嬗变的过程中。如果说,柏拉图第一次为西方政治哲学开启了追寻正义的大门,启蒙学者与空想社会主义者则结合时代背景不断扩充着正义的范围与要求,那么,当代政治哲学论争则进一步深化了对分配正义的认识,扩展了分配正义的视域。

这一运思路径,充分反映了正义这一价值理想之于人类社会的重要性,彰显了作为价值主体的人对于一种合意生活的向往。因此,西方政治哲学所涉及的社会正义问题理应引起我们的高度重视。当代中国随着改革开放的深层次展开和多元利益格局的重组,也正处于一种罗尔斯所谓的"正义的环境"之中——一方面,我们处于一种客观环境的适度匮乏(moderate scarcity)当中,另一方面,我们又有进行社会合作的必要和可能。因之,如何建构一套适于当代中国的正义话语体系,不仅是学术之亟待,而且为实践之必需。

追寻正义这一运思路径的设定还反映出西方政治哲学的一个重要特

---

① 王广、杨峻岭:《基于"人类关系模式"的正义考量——戴维·米勒社会正义理论述评》,载《河北大学学报》2006年第2期。

点,即其理论不热衷于关注具体的政治事务,而习惯于为国家政治生活预制伦理原则,进行合法性讨论。这一点正如哈耶克所宣称的:"政治哲学家的任务只能是影响公众舆论,而不是组织人民采取行动。只有当政治哲学家不去关注那些在当下政治上可行的事务,而只关注如何一以贯之地捍卫'恒久不变的一般性原则'的时候,他们才能够有效地完成他们的使命。"①

然而,这一运思路径也存在着一些问题。例如,西方政治哲学讨论正义问题,仅仅围绕着"正义"作文章,而没有进一步探究正义背后的经济动因。以马克思主义视之,正义作为观念性上层建筑之一种,是由社会经济生产方式决定的,它意味着人们对于现实的分配方式同自身利益关系的一种道德评价。对于一种分配方式,"如果我们说:这是不公平的,不应该这样,那么这句话同经济学没有什么直接的关系。我们不过是说,这些经济事实同我们的道德感有矛盾"②。"这种诉诸道德和法的做法,在科学上丝毫不能把我们推向前进;道义上的愤怒,无论多么入情入理,经济科学总不能把它看作证据,而只能看作象征。"③因之,马克思主义不主张从正义出发去批判和改造社会,也不认为这样做能够成功,而是主张通过变革社会生产方式和现实制度以消除不平等和非正义现象。在这一问题上,马克思主义的洞见显然更具有说服力。

5. 对"正义"的批判并非拒斥社会正义问题

通过上述概括,可以看出,马克思和恩格斯之所以批判蒲鲁东主义正义观、拉萨尔主义正义观与杜林的正义观,是为了反对研究正义问题的立场、方法与具体观点,而并不是一般地否定和排斥正义这一范畴。实际上,在马克思和恩格斯的著作中,蕴含着对社会正义问题的深切关照与深入思考。

---

① 哈耶克:《自由秩序原理》,邓正来译,三联书店1997年版,第206页。
② 《马克思恩格斯全集》第21卷,人民出版社1965年版,第209页。
③ 《马克思恩格斯选集》第3卷,人民出版社1995年版,第491—492页。

在《1857—1858年经济学手稿》中,马克思曾经写下了这样一段话:"认识到产品是劳动能力自己的产品,并断定劳动同自己的实现条件的分离是不公平的、强制的,这是了不起的觉悟,这种觉悟是以资本为基础的生产方式的产物,而且也正是为这种生产方式送葬的丧钟,就像当奴隶觉悟到他**不能作第三者的财产**,觉悟到他是一个人的时候,奴隶制度就只能人为地苟延残喘,而不能继续作为生产的基础一样。"①马克思在这里表明的是这样一个意思:在资本主义制度下,工人阶级生产的产品被资本家无偿占有了绝大部分。之所以如此,主要原因就是资产阶级牢牢掌控着生产资料,而工人阶级只剩下了自身的劳动能力。在这种情况下,生产资料与工人阶级自身的劳动能力被迫分离。工人阶级如果能够意识到,这种被迫分离是不公平的和非正义的,那么这是一种了不起的觉悟。这种觉悟将推动工人阶级去消灭以资本为基础的生产方式,实现生产资料与劳动能力的重新结合。正是在这个意义上,马克思指出,这种对非正义的觉悟将成为为资本主义生产方式送葬的丧钟。需要指出的是,马克思在这里并不是认为,资本家对工人阶级劳动产品的无偿占有是不正义的。之所以这样说,是因为在马克思看来,分配方式是既定的生产方式的客观产物,有什么样的生产方式,就会有什么样的分配方式,在资本主义生产方式下,分配方式只能采取这种形态。这里很难用正义与否来评判。在马克思的视野里,非正义的只是资产阶级对生产资料的控制以及由此造成的生产资料与工人阶级劳动能力的分离。也就是说,马克思关注的依然是生产资料所有制问题。在《1861—1863年经济学手稿》中,马克思又几乎一字不易地写下了这段话,②因此,可以说,

---

① 《马克思恩格斯全集》第46卷(上),人民出版社1979年版,第460页。
② 在《1861—1863年经济学手稿》中,马克思是这样写的:"[工人]认识到劳动产品是劳动能力自己的产品,并断定[劳动]同自己的实现条件的分离是不公平的,是强制的关系,这是了不起的觉悟,这种觉悟同样是资本主义生产方式的产物,而且也正是为这种生产方式送葬的丧钟,就像当奴隶觉悟到他不能成为他人财产的时候,奴隶制度就只能人为地苟延残喘,而不能继续作为生产的基础一样。"见《马克思恩格斯全集》第48卷,人民出版社1985年版,第100页。

马克思一直关注正义问题,只不过他关注的重心、方式、运思路径,与他所批判的那些思想家有着本质的不同。

同样,恩格斯也极为关注正义问题。在《反杜林论》中,恩格斯写道:"对现存社会制度的不合理和不公平、对'理性化为无稽,幸福变成苦痛'的日益清醒的认识,只是一种征象,表示在生产方法和交换形式中已经静悄悄地发生了变化,适合于早先的经济条件的社会制度已经不再和这些变化相适应了。"①在1884年10月为《哲学的贫困》写的德文第一版序言"马克思和洛贝尔图斯"中,恩格斯再次指出:"按照资产阶级经济学的规律,产品的绝大部分不是属于生产这些产品的工人。如果我们说,这是不公平的,不应该这样,那么这句话同经济学没有什么直接的关系。我们不过是说,这些经济事实同我们的道德感有矛盾。……但是,在经济学的形式上是错误的东西,在世界历史上却可以是正确的。如果群众的道德意识宣布某一经济事实,如当年的奴隶制或徭役制,是不公正的,这就证明这一经济事实本身已经过时,其他经济事实已经出现,因而原来的事实已经变得不能忍受和不能维持了。因此,在经济学的形式的谬误后面,可能隐藏着非常真实的经济内容。"②恩格斯在这些论述里,同样不同意用是否公平或正义来评价产品的归属问题,认为资本主义分配方式不公平的说法在经济学上是错误的。但是,恩格斯同时强调指出,"在经济学的形式的谬误后面,可能隐藏着非常真实的经济内容",这里所说的真实的经济内容,指的就是资本主义生产资料私人占有制本身。当群众宣称资本主义(制度本身或仅仅是其分配方式)非正义时,尽管这种呼声有可能来自本能或道德情感,但它却表明了这样一种状况——在这种呼声的背后,新的生产方式已经浮出了水面,并且日益鼓动人们向旧的生产方式吹响进军的号角。

---

① 《马克思恩格斯选集》第3卷,人民出版社1995年版,第618页。
② 《马克思恩格斯全集》第21卷,人民出版社1965年版,第209页。

二 马克思恩格斯正义观的方法论根基

马克思恩格斯正义观理论体系的建构,不仅体现在其具体结论上,而且还在于其系统缜密的方法论基础。首先,马克思恩格斯确立唯物史观为研究正义问题的科学方法,其次,他们摆脱了以往那种在正义问题研究上仅仅将视阈锁定在道德和分配领域的做法,而将关注的重心转向物质生产领域。正是马克思主义特有的研究方法,使得马克思恩格斯的正义观在正义观史上呈现出科学严谨、博大深邃的独特面貌。

1. 正义问题研究方法的变革:唯物史观

马克思恩格斯的正义观以唯物史观为研究方法,把正义看做一定社会中特定的经济生产方式的产物,在历史发展的具体行程中探求正义范畴的本质,从而在整个学术思想史上开辟了一条研究正义问题的新路径。

自柏拉图《理想国》以降,西方讨论正义问题的政治哲学著作不知凡几,但对于正义的看法却殊见迭出、多有争论。正如法理学家博登海默所言:"正义具有着一张普洛透斯似的脸,变幻无常,随时可呈不同形状,并具有极不相同的面貌。当我们仔细查看这张脸并试图解开隐藏其表面之后的秘密时,我们往往深感迷惑。"[①]那么,正义为何如此难解呢?

笔者认为,追根溯源,是因为在正义问题研究上始终缺少一个科学的研究方法作为理论指导。不管是寻求永恒公理的先验主义方法,还是构想人类原始状态的自然状态学说,都脱离了社会发展的真实历史,在纯粹的逻辑思辨中寻找着正义、平等的真貌。这种种做法正如日本学者

[①] [美]博登海默:《法理学——法哲学及其方法》,邓正来、姬敬武译,华夏出版社1987年版,第238页。

川本隆史所转述的,都是"在脑子里做着很有意思的体操"。① 蒲鲁东主义正义观、拉萨尔主义正义观、杜林正义观都是因为无法找到一种科学的研究方法,因而在正义问题研究上陷入困境。即便当代西方政治哲学家的理论创作,也仍然没有摆脱非科学的研究方法之迷局。

唯物史观是马克思的第一个伟大发现,其发端、形成、确立经历了艰辛与漫长的理论探索。② 在1859年1月撰写的《〈政治经济学批判〉序言》中,马克思阐述了历史唯物主义的一系列重要原理,并对唯物史观作了经典性的表述:"人们在自己生活的社会生产中发生一定的、必然的、不以他们的意志为转移的关系,即同他们的物质生产力的一定发展阶段相适合的生产关系。这些生产关系的总和构成社会的经济结构,即有法律的和政治的上层建筑竖立其上并有一定的社会意识形式与之相适应的现实基础。物质生活的生产方式制约着整个社会生活、政治生活和精神生活的过程。不是人们的意识决定人们的存在,相反,是人们的社会存在决定人们的意识。"③也就是说,生产关系的总和构成社会的经济基础,决定着社会意识形式的产生与演变。马克思的这一发现,"正像达尔文发现有机界的发展规律一样",揭开了人类历史发展的普遍规律,即:"人们首先必须吃、喝、住、穿,然后才能从事政治、科学、艺术、宗教等等;所以,直接的物质的生活资料的生产,从而一个民族或一个时代的一定的经济发展阶段,便构成基础,人们的国家设施、法的观点、艺术以至宗教观念,就是从这个基础上发展起来的,因而,也必须由这个基础来解释,而不是像过去那样做得相反。"④这样,人们在理解正义包括自由、平

---

① [日]川本隆史:《罗尔斯:正义原理》,詹献斌译,河北教育出版社2001年版,第8页。
② 这方面的研究著作极多。可参见陈先达《走向历史的深处——马克思历史观研究》,中国人民大学出版社2006年版;叶汝贤《唯物史观发展史》,吉林人民出版社,1985年版;王卫国、史耀东等《马克思的第一个伟大发现——唯物史观的形成》,安徽人民出版社1985年版,等等。
③《马克思恩格斯选集》第2卷,人民出版社1995年版,第32页。
④ 同上书第3卷,第777页。

等、公平等范畴时,就没有理由再将这些范畴看做历史的发源地和社会发展的标杆,试图依靠讨论这些范畴获得现实的解放。蒲鲁东主义正义观、拉萨尔主义正义观以及杜林的正义观之所以受到马克思的严厉批判,首先就是因为他们的研究方法仍然浸染着唯心主义的色彩,仍然难以越出从头脑、思维以及思辨推衍中研究正义问题的藩篱。而马克思和恩格斯在正义问题研究上之所以能够得出科学的结论,归根到底,正是由于他们有唯物史观这一科学方法的指引。

自唯物史观看来,正义与平等不是远超于社会之外的神秘原则,引领着社会向前迈进,而是社会和历史的产物,随着生产力的发展、生产方式的跃迁和历史条件的变更而改变着自己的样态。因此,正义与平等不是永恒真理,而是依托于物质条件变革而不断发展的一个具体的、历史的进程。所以,谈论正义问题必须以唯物史观为指导,而不能脱离社会历史。可以说,虽然马克思和恩格斯很少从正面阐释和说明正义,但他们所确立的新的研究方法和他们所开辟的新的研究范式,无疑拂去了笼罩在正义问题研究上的层层迷雾,将一条理论通衢展现、延伸在后继者的眼前。

2. 正义问题研究重心的调适:物质生产

马克思恩格斯的正义观研究,在方法论上还有一个显著的特色,这就是他们强调,研究正义问题决不能仅仅在道德和分配的领域内兜圈子,而必须转向物质生产领域。

马克思和恩格斯在批判蒲鲁东主义正义观、拉萨尔主义正义观和杜林的正义观时,曾经深刻地批判了他们仅仅在分配领域里兜圈子、希望通过调节分配以解决社会正义问题的做法。在前面三章中对这一点进行过详细的分析,这里不再赘述。我们下面看一下马克思和恩格斯强调的另一点:研究正义问题也不能仅仅诉诸道德领域。

早在1848年11月2日写的《巴黎"改革报"论法国状况》一文中,马克思就曾经论述过这一问题。当时,巴黎的"改革报"提出:"法国在遭受一种根深蒂固的祸害的折磨,但是,这种祸害并不是不可救药的。它的根源是思想和道德的混乱,是忘记了社会关系中的公正和平等,是受了利己教育的有害影响。应当在这方面寻找改造的手段。然而人们不这样做,却诉诸物质手段。"①马克思就此指出:"'改革报'把问题转移到'良心'方面去,而关于道德的空谈现在就成为根除一切祸害的手段了。由此看来,资产阶级同无产阶级之间的对立是由这两个阶级的思想产生的了。但这种思想是从哪里产生的呢?是从社会关系中产生的。而这种关系又是从哪里产生的呢?是从敌对阶级的物质的、经济的生活条件中产生的。在'改革报'看来,如果这两个阶级不再意识到自己的真正状况和自己的真正对立,并用1793年那种'爱国的'情感和漂亮话做鸦片来麻醉自己,对它们会有好处的。多么软弱无力呵!"②从这段论述中可以很明显地看到,在马克思的视野里,现实的物质利益问题必须用物质手段来解决,希图通过道德和良心的调整来掩饰问题,这只是一种不切实际的空想。恩格斯在批判杜林的抽象正义观时也指出:"这种诉诸道德和法的做法,在科学上丝毫不能把我们推向前进;道义上的愤怒,无论多么入情入理,经济科学总不能把它看作证据,而只能看作象征。"③这里依然是在强调,马克思和恩格斯在正义问题研究上反对那种在道德领域内做文章的做法,而主张把物质生产领域的研究作为重心。总括起来,既然正义、平等等范畴是社会生产方式发展的产物,而不是相反,那么我们就必须深入研究一个社会中具体的物质生产和经济运行规律,而不能仅仅在道德与分配领域内寻求抽象的正义原则,设想通过这些原则解决问题。在这一方面,任何诉诸正义、平等、权利或者道德说教的说法都是苍白的。

---

① 《马克思恩格斯全集》第5卷,人民出版社1958年版,第533页。
② 同上书,第534页。
③ 《马克思恩格斯选集》第3卷,人民出版社1995年版,第492页。

但同时,需要指出的是,马克思强调研究正义问题应当关注物质生产领域,决不意味着马克思不对资本主义社会及其丑恶现象作任何道德评价。实际上,在马克思和恩格斯的著作中,这种对资本主义制度的道德评价有很多。在1864年10月的《国际工人协会成立宣言》中,马克思援引各种资料,揭示了工人在资本主义制度下悲惨的生活状况,愤怒地谴责资本主义制度"使工人阶级健康损坏、道德堕落和智力衰退"①。在《资本论》中,马克思以强烈的讽刺性口吻写道:"让我们来赞美资本主义的公正吧!(着重号为引者所加)土地所有者、房主、实业家,在他们的财产由于进行'改良',如修铁路、修新街道等等而被征用时,不仅可以得到充分的赔偿,而且按照上帝的意旨和人间的法律,他们还要得到一大笔利润,作为对他们迫不得已实行'禁欲'的安慰。而工人及其妻子儿女连同全部家当却被抛到大街上来,如果他们过于大量地拥到那些市政当局要维持市容的市区,他们还要遭到卫生警察的起诉!"②在这一问题上,恩格斯持有同样的看法。例如,在《10小时工作制问题》一文中,恩格斯有这样一段论述:"为工人阶级的利益而斗争的战士在答复主张自由贸易的资产阶级,即所谓'曼彻斯特学派'③的论据时,往往仅限于愤慨地揭露他们学说的不道德和卑鄙自私的性质。如果每当有人冷酷地对工人说,他们永世注定充当机器,充当主人可以随便用来争取资本的更大光荣和资本的更快积累的物品,每当有人对他们说,只有在这种情况下,才能保证'他们国家的强盛'和工人阶级本身的继续存在,而身受傲慢的爱金如命的厂主老爷阶级的凌辱、压抑、肉体摧残和精神折磨的工人对此却毫不气愤,那么,这些工人就完全命该如此了。没有这种革命的义愤填膺的感情,无产阶级的解放就没有希望。但是,支持工人的英勇反抗精神

---

① 《马克思恩格斯选集》第2卷,人民出版社1995年版,第601页。
② 《马克思恩格斯全集》第23卷,人民出版社1972年版,第725页。
③ 所谓曼彻斯特学派,是反映工业资产阶级利益的经济思想中的一派,其拥护者坚持贸易自由和国家不干涉经济生活的观点。

是一回事,在公开的争论中对付他们的敌人是另外一回事。在这方面,单凭愤慨,单凭怒气迸发,不管多么正义都毫无用处,这里需要的是论据。"①恩格斯在这里的意思很明确:工人阶级在反对资产阶级的斗争尤其是理论斗争中,的确需要正义和义愤填膺的情感,这些东西对工人阶级的解放具有重要的推动作用;但是,决不能到此为止,仅限于在道德领域中谴责他们,而必须以科学的态度去研究现实、找出证据,以正确地指导工人运动。

阅读这些论述,我们不难感受到其中深深地蕴藏着马克思和恩格斯对资本主义制度的强烈痛恨以及对工人阶级的深切同情。但同时,马克思和恩格斯之所以为马克思和恩格斯,正是因为他们并不仅仅把气力放在这些愤恨、同情与感喟上,而是积极探索工人阶级贫困、苦痛的根源,并努力在现实中寻找解决问题的途径。生活中的苦难不断提醒我们,对于各种非正义现象,仅仅诉诸道德情感是不够的,还必须对之进行科学的研究。

三 马克思恩格斯正义观的理论架构

上面我们分析了马克思恩格斯正义观的批判性前提与方法论根基,那么,在这些批判背后,他们在正义问题上表露出哪些正面的观点与思想?又能否形成了一个关于正义的思想体系呢?答案是肯定的。从某种意义上说,否定的同时意味着肯定,批判的背后隐藏着建构。这正如马克思在1843年9月给阿尔诺德·卢格的信中写下的学术志向所表明的,"通过批判旧世界发现新世界"②。马克思和恩格斯在对各种非马克思主义正义观、反马克思主义正义观进行批判的同时,也显现出自己对于正义问题的深刻洞见与系统思想。我国学者侯才教授就提出,马克思

---

① 《马克思恩格斯全集》第7卷,人民出版社1959年版,第269页。
② 《马克思恩格斯全集》第47卷,人民出版社2004年版,第64页。

的"整个社会主义理论","可以被视为独特的、然而却堪称真正的'正义论'"①。

通观马克思恩格斯对其他正义观的批判,我们可以从中归纳、概括、提炼和引申出下面一些结论:首先,在正义的本质问题上,马克思恩格斯认为,正义是人们对现实分配关系与自身利益关系的道德评判,人们总是倾向于把符合自身利益关系的分配关系说成是正义的,而把抵触、违反自身利益关系的分配关系说成是非正义的;其次,马克思恩格斯指出,正义不是像蒲鲁东等人所设想的那样,是永恒不变的,恰恰相反,人类社会的正义观念从来都是具体的历史的,充满着剧烈的变化;第三,正义嬗变的总根源在于人类社会生产方式的变迁,随着生产方式的改变,分配关系也随之发生变化,因而引发正义观念的嬗变;第四,在阶级社会里,人类分属为不同的阶级,不同阶级持有不同的甚至是根本对立的正义观;第五,无产阶级的正义观不是追逐抽象的、动听的正义口号,而是消灭阶级。需要强调的是,这几个方面是一个宏大的思想整体,前后衔接,紧密联系,共同构成马克思恩格斯正义观的理论框架。这其中无论抛开了哪一点都是不全面的。下面,我们对马克思恩格斯正义观的理论架构进行具体阐述:

1. 正义:人们对分配与利益关系的评价

到底什么是正义?对这个问题的回答一直见仁见智,论战不休。除开几千年的思想史,仅以当代西方政治哲学而论,就有功利主义正义观、自由主义的平等主义正义观(如罗尔斯)、自由至上主义正义观(如诺齐克)、社群主义正义观(如麦金太尔)等多种对于正义的不同

---

① 侯才:《马克思的政治哲学遗产》,载单继刚等主编《政治与伦理——应用政治哲学的视角》,人民出版社2006年版,第83页。

认识。① 各个观点之间相互辩难,为本来就很难解的正义问题又笼上了一层迷雾。那么,在到底何为正义这个问题上,马克思恩格斯持怎样的见解呢?

首先需要说明的是,从现有文本来看,马克思和恩格斯从来没有对正义范畴进行过明确、清晰的界定,他们更多地是通过对公平、平等等问题的探讨,从不同角度、不同侧面揭示正义的内涵。实际上,正义、公平、公正、平等等范畴都是属于同一序列的概念,尽管它们之间在用法和适用语境上存有细微的差异,但在基本意旨上是可以相通的。还需要确认的一点是,在马克思和恩格斯那里,他们所着重关注和重点讨论的,不是人们在日常生活中因为各种琐碎原因所引发的正义(公平)或非正义(公平)的感受,而是那种和现实分配方式纠结在一起的、容易引起工人阶级思想混乱的正义。恩格斯就这一点曾经指出:"在日常生活中,需要加以判断的各种情况很简单,公正、不公正、公平、法理感这一类说法甚至应用于社会事物也不致引起什么误会,可是在经济关系方面的科学研究中,如我们所看到的,这些说法却会引起一种不可救药的混乱,就好像在现代化学中试图保留燃素说的术语会引起混乱一样。"②也就是说,在马克思和恩格斯这里,他们谈论正义甚至"批判"正义,不是以伦理学家的身份解决人们在日常生活中遭遇到的各种非正义事件,而主要是针对在经济科学研究中以理论范畴形式出现的正义与公平。

在马克思和恩格斯看来,正义是人们对现实分配关系与他们自身利益关系的一种评价。恩格斯在谈到资本主义的分配关系时曾经指出:

---

① 功利主义认为正义即效用;罗尔斯批评功利主义,提出正义即公平,并据此提出和论证了影响深远的两个正义原则;诺齐克则批评罗尔斯,将正义指认为个人权利的保障;麦金太尔对整个自由主义政治哲学阵营提出批评,认为正义在于人类美德的寻求;沃尔泽和戴维·米勒等思想家则反对将正义视为一元的,而从物品、人类关系模式等方面提出了多元主义正义理论。参见何建华《经济正义论》,上海人民出版社 2004 年版,第一章第一节。另可参见拙文《基于"人类关系模式"的正义考量——戴维·米勒社会正义理论述评》,载《河北大学学报(社科版)》,2006 年第 2 期,此文亦可见中国人民大学报刊复印资料《政治学》2006 年第 9 期。
② 《马克思恩格斯全集》第 3 卷,人民出版社 1995 年版,第 212 页。

"按照资产阶级经济学的规律,产品的绝大部分不是属于生产这些产品的工人。如果我们说:这是不公平的,不应该这样,那么这句话同经济学没有什么直接的关系。"[①]也就是说,恩格斯认为,在资本主义社会中,按照资本主义生产的客观经济规律,工人阶级被资本家剥削,他们生产的产品中的绝大部分被资本家无偿占有了。如果我们认为这种现象是不公平的和非正义的,那么这只是一种与经济学没有任何联系的价值判断。实际上,在马克思主义的视野中,一个社会的分配关系是该社会之生产关系的一个重要组成部分,它不是可以任意制定的,而是一种由现存生产力水平决定的、客观存在的经济关系。从这个角度讲,分配关系本身并不存在正义与否的问题。当人们说某种分配关系正义时,其所说的正义说到底是指这种关系满足了他们的利益;反之,则是指这种关系损害了他们的利益。换言之,人们总是倾向于把符合自身利益关系的分配关系说成是正义的,而把抵触、违反自身利益关系的分配关系说成是非正义的。

恩格斯曾经谈到过公平的涵义及其起源,可以加深我们对这一问题的理解。恩格斯写道:"在社会发展某个很早的阶段,产生了这样一种需要:把每天重复着的产品生产、分配和交换用一个共同规则约束起来,借以使个人服从生产和交换的共同条件。这个规则首先表现为习惯,不久便成了**法律**。随着法律的产生,就必然产生出以维护法律为职责的机关——公共权力,即国家。随着社会的进一步的发展,法律进一步发展为或多或少广泛的立法。这种立法越复杂,它的表现方式也就越远离社会日常经济生活条件所借以表现的方式。立法就显得好像是一个独立的因素,这个因素似乎不是从经济关系中,而是从自身的内在根据中,可以说,从'意志概念'中,获得它存在的理由和继续发展的根据。人们忘记他们的法起源于他们的经济生活条件,正如他们忘记他们自己起源于

[①]《马克思恩格斯全集》第21卷,人民出版社1965年版,第209页。

动物界一样。随着立法进一步发展为复杂和广泛的整体,出现了新的社会分工的必要性:一个职业法学家阶层形成起来了,同时也就产生了法学。法学在其进一步发展中把各民族和各时代的法的体系互相加以比较,不是把它们视为各该相应经济关系的反映,而是把它们视为自身包含自我根据的体系。比较是以共同点为前提的:法学家把这些法的体系中的多少相同的东西统称为**自然法**,这样便有了共同点。而衡量什么算自然法和什么不算自然法的尺度,则是法本身的最抽象的表现,即**公平**。于是,从此以后,在法学家和盲目相信他们的人们眼中,法的发展就只不过是使获得法的表现的人类生活状态一再接近于公平理想,即接近于永恒公平。而这个公平则始终只是现存经济关系的或者反映其保守方面,或者反映其革命方面的观念化的神圣化的表现。"①

  为了说明问题,我们不得不大段摘引这段论述。而从这段论述中,我们可以清楚地看到:公平范畴产生的始因,归根结底在于社会的产品生产、分配和交换等经济生活。如果把恩格斯的论述归纳一下,那么大致上可以将公平范畴的产生分为这样几个阶段:(1) 社会中的生产、分配和交换需要人们一致服从,这是社会对规则的需要,是社会存续和发展下去的必要条件;(2) 这种规则最初只是习惯,随后上升为法律;(3) 随着法律的出现,产生了维护法律权威的国家;(4) 法律发展为更加广泛的立法;(5) 由此在社会分工中出现了一个新的职业法学家阶层,同时产生了法学;(6) 法学家对法的体系进行比较分析,将其中多少相同的东西称为自然法;而这些东西为什么多少相同呢?法学家认为,不是因为这些法是对相同或相近的经济生活的反映,而是因为它们都符合于公平这一范畴;这样,就将公平作为是否符合自然法的标准,公平也从而称为人们生活的普遍追求和理想。在此基础上,恩格斯进一步深刻地揭示出,公平"始终只是现存经济关系的或者反映其保守方面,或者反映其革命方

---

① 《马克思恩格斯选集》第3卷,人民出版社1995年版,第211—212页。

面的观念化的神圣化的表现"。也就是说,所谓公平,实质上是将一种观念变得不可侵犯、具有绝对权威。那么,是哪一种观念呢?究其根源,或者是维护现存的经济关系,或者是反抗现存的经济关系。例如,在奴隶社会,奴隶主阶级为了维持现有的统治关系(其更深一层的实质则是为了维护对奴隶阶级的剥削关系),宣称奴隶制度是公平的,并提出各种理论为之辩护。这就是反映现存经济关系的保守方面,并使之神圣化。另一方面,奴隶阶级则反抗现实的经济关系,宣称其是不公平的,并提出建立新的符合自身需要的公平制度。这就是反映现存经济关系的革命方面,并使之神圣化。但不管哪一方面,归根结底都是对现实经济关系的反映。公平与正义尽管在用法上存在着细微的差别,但是总体来看,它们是属于同一序列的范畴,都可以标示人们对现实经济关系与自身利益关系的评价。

2. 正义嬗变的总根源:生产方式的变迁

马克思恩格斯之前的思想家,就正义作出深思宏论的可谓多矣,但他们更多地把正义作为一种德性或德行来看待,而甚少从社会生产方式的角度着眼,注意到正义与社会生产方式的关联。在许多民族的先期道德文化脉络中,正义首先是作为一种个人美德概念而产生并逐步演化成一种社会伦理概念的。在古希腊思想家柏拉图、亚里士多德等人那里,正义就有着突出的美德伦理的特性。[①] 哈耶克就曾经提到过这一点:"……人们长期以来一直把分配正义观念(the conception of distributive justice)理解成个人行为的一种属性(而现在则常常被视作是'社会正义'的同义语……)。"[②]

[①] 万俊人:《寻求普世伦理》,商务印书馆 2001 年版,第 362—364 页。万俊人同时指出,只是到了现代,尤其是因为罗尔斯的出色工作,正义才日益被人们看作一种社会美德,一种社会秩序伦理或秩序结构的普遍规范。但这已经是正义问题的另外一个方面了,此不赘述。
[②] [美]哈耶克:《法律、立法与自由》(第二、三卷),邓正来等译,中国大百科全书出版社 2000 年版,第 3 页。

与之相比,马克思和恩格斯更多地是从社会生产方式着手考虑正义问题的,更为关注正义背后的物质利益动因与客观历史规律。马克思恩格斯在理论活动中,极为重视研究的科学性,反对从纯粹理性、主观感受或道德情感出发对事物和现象作出臆断。马克思和恩格斯一道创立的马克思主义经常被人们称作科学社会主义,从这个称谓上就可以看出这一点。恩格斯在1884年8月11日左右给拉法格的信中有这样一段论述:"您把经济学上的'政治的和社会的理想'强加给马克思,马克思是会提出抗议的。你是'科学家',你就没有理想,你就去研究出科学的结论,如果你又是一个有信念的人,你就为实现这些科学结论而战斗。但是,如果你有理想,你就不能成为科学家,因为你已经有了先入之见。"①也就是说,作为一个科学家,其任务是研究事物发展、演变的客观规律,按照这些客观规律行事,而不能让事物发展按照自己的想法、意愿、好恶等进行。正如化学家可以探索化学元素化合的具体规律,但不能主观盼望哪几种元素发生反应一样。正由于此,马克思和恩格斯并没有把正义问题作为研究的重点内容。即使研究正义问题,他们也倾向于寻找正义原则背后的经济和客观动因,而不是将视野局限在主观德性的范围内。

　　在《资本论》第三卷中,马克思写下了这样一段话:"生产当事人之间进行的交易的正义性在于:这种交易是从生产关系中作为自然结果产生出来的。这种经济交易作为当事人的意志行为,作为他们的共同意志的表示,作为可以由国家强加给立约双方的契约,表现在法律形式上,这些法律形式作为单纯的形式,是不能决定这个内容本身的。这些形式只是表示这个内容。这个内容,只要与生产方式相适应,相一致,就是正义的;只要与生产方式相矛盾,就是非正义的。在资本主义生产方式的基础上,奴隶制是非正义的;在商品质量上弄虚作假也是非正义的。"②我国

---

① 《马克思恩格斯全集》第36卷,人民出版社1975年版,第198页。
② 《马克思恩格斯全集》第25卷,人民出版社1974年版,第379页。

学者徐俊忠、林进平等人认为,这不是马克思对自己的正义标准的论述,而是对历史上的正义观实质的揭示,也是对把正义的价值永恒化和中立化的否定。① 笔者认为,他们的这一判断基本上是准确的。实际上,马克思在这里的确不是在论述自己的正义观,而主要是在结合生产方式阐述正义这一理论范畴的本质与嬗变根源。具体说来,这段话是马克思针对吉尔巴特在《银行业的历史和原理》一书中的论述而写的。吉尔巴特的原话是:"一个借钱为了获取利润的人,应该把利润的一部分给予贷出者,这是一个不言而喻的合乎自然正义的原则。"②也就是说,借钱给别人的贷出者凭什么能够获取利润呢? 在吉尔巴特看来,这是一个自然而然的正义原则,是命定的,因而没有什么讨论的必要。

而在马克思看来恰恰相反,这不仅需要讨论,而且需要深入社会历史深处,结合一定社会的生产方式认真讨论。马克思指出,生产当事人之间进行的交易之所以被人们视为正义的,是因为这种交易方式符合当时的生产关系。或者反过来说,在某种生产关系下,必然会产生某种交易方式,这种交易方式符合生产关系的需要,因而就被看做正义的。这种交易方式,可以从形式上由法律加以保障,但是法律仅仅保障的是交易的形式;这种交易的内容,归根到底是由当时的生产方式决定的。在特定社会的特定生产方式的基础上,总会有一定的交易方式、流通方式以及分配方式。只要与这种特定的生产方式相适应,这些交易方式、流通方式以及分配方式就是正义的,否则,就是非正义的。换言之,对一个具体的社会来讲,生产方式总是一定的,在此基础上,必然形成一定的交换方式、分配方式等。这些交换方式、分配方式与主体的利益相联,从而使人产生正义或不正义的主观感受。而随着社会生产力水平的发展,一定的生产方式总会成为生产力发展的阻碍,从而发生变革,为新的生产方式所取代。随之,在新的生产方

---

① 林进平、徐俊忠:《历史唯物主义视野中的正义观——兼谈马克思何以拒斥、批判正义》,载《学术研究》2005 年第 7 期。
② 《马克思恩格斯全集》第 25 卷,人民出版社 1974 年版,第 379 页。

式下会形成新的交换方式、分配方式。这种新的交换方式、分配方式又会带给人们新的正义观。因而,所谓正义,总是随着生产方式的变革而不断地发生变化,生产方式的变迁构成正义嬗变的总根源。

还需要指出一点:我们在这里所说的"生产方式的变迁构成正义嬗变的总根源",这只是从最根本的意义上、从归根结底的意义上说的;在现实生活中,决定人们正义观变迁的还有其他非常复杂的因素,不能笼统地用生产方式的变迁来说明;但是,正义观念、正义准则等变迁的最深层、最本质、最重要的根源,无疑是社会生产方式的变革。

3. 正义的属性:(一) 历史性

思想史上相当多的学者在探讨正义时,往往倾向于把正义看做一种永恒的、固定不变的东西,而忽略了正义的历史性与具体性。马克思和恩格斯则反复强调,没有什么永恒的正义,正义总是历史的、具体的正义。这一点是他们从历史唯物主义出发在正义问题研究上得出的深刻洞见。

如前所述,生产方式的变迁带来正义观念的嬗变。我们还知道,在一个具体的社会中,总会有一定的生产方式,这种生产方式在一定时期内是相对稳定的;但同时,人类社会的生产方式又不是一成不变的,随着生产力与生产关系的矛盾运动,生产方式又会发生变化。这就意味着,正义也有这样的特征:既相对稳定,又发展变化,这就构成了正义的历史性。在《法学家的社会主义》一文中,恩格斯写道[①]:"在马克思的理论研

[①]《法学家的社会主义》这篇文章,是恩格斯于 1886 年 10 月间计划写的,意在批判当时奥地利资产阶级社会学家和法学家安·门格尔的著作《十足劳动收入权的历史探讨》。但是,恩格斯考虑到,由他亲自出面批判门格尔,有可能被人利用来替这个即使在资产阶级科学界也属第三流的人物吹嘘,所以恩格斯要求考茨基来写这篇文章。恩格斯起初打算写文章的基本部分,但是疾病中断了他已经开始的工作。后来文章就由考茨基根据恩格斯的指示写作完成。写作时间是在 1886 年 11 月至 12 月初。由于手稿没有保存下来,因此很难判定哪一部分是恩格斯亲自写的,哪一部分是考茨基写的。然而,有一点可以肯定,就是这篇文章的思想和基本观点是恩格斯所赞同的。该文写作基本情况的介绍,参见《马克思恩格斯全集》第 21 卷,人民出版社 1965 年版,第 719—720 页,注释 561。

究中,对法权(它始终只是某一特定社会的经济条件的反映)的考察是完全次要的;相反地,对特定时代的一定制度、占有方式、社会阶级产生的历史正当性的探讨占着首要地位。任何一个人,只要把历史看做一个有联系的,尽管常常有矛盾的发展过程,而不是看做仅仅是愚蠢和残暴的杂乱堆积,像十八世纪人们所做的那样,首先会对这些问题的研究感到兴趣。马克思了解古代奴隶主,中世纪封建主等等的历史必然性,因而了解它们的历史正当性,承认他们在一定限度的历史时期内是人类发展的杠杆;因而马克思也承认剥削,即占有他人劳动产品的暂时的历史正当性;但他同时证明,这种历史的正当性现在不仅消失了,而且剥削不论以什么形式继续保存下去,已经日益愈来愈妨碍而不是促进社会的发展,并使之卷入愈来愈激烈的冲突中。"[1]恩格斯在这段话中通过论述历史正当性表述了这样一个深刻思想:人类社会历史的发展是一个连续的、充满着联系的过程,其间,总会产生各种矛盾,这就使得在历史发展的不同时期,人们对事物做出的判断会迥然有异。正义问题同样是如此。在一个时期被认为是正义的,在另外一个时期就有可能被认为是非正义的;反之,亦然。这就要求我们,在研究正义问题时,不能孤立地、静止地做出判断,而应当将其放在历史发展的整体进程中,放在特定时代的坐标上进行考察。那种脱离历史发展、剥离具体情境而随意判定正义与否的做法,实际上是历史虚无主义的态度。

在批判杜林的抽象正义观时,恩格斯曾经从历史唯物主义出发,考察了平等观念的发展嬗变历程,对平等范畴作出了科学的审视和说明。这对我们理解马克思和恩格斯的正义观很有启发。恩格斯指出,人类社会的平等观念是历史发展的产物,历经了一个漫长的衍变过程。在原始社会的公社中,平等权利只存在于公社成员之间,妇女、奴隶和外地人均不在平等范畴的视野内。在古希腊和罗马,不平等居于主要地位,社会

---

[1]《马克思恩格斯全集》第21卷,人民出版社1965年版,第557—558页。

成员之间不平等的力量比平等要大得多。而到了罗马帝国时期,除了自由民和奴隶的区别外,其他方面的区别和不平等逐渐消失了;这样,至少对自由民来说产生了私人的平等。中世纪的基督教一开始是作为劳动人民反抗压迫的形式出现的,它认为,人们都是上帝的子民,在上帝面前人人平等。此外,早期基督教还有财产平等的观念,认为富人只有放弃财产才能升入天国。其后,随着封建制度的巩固,基督教日益沦为为封建统治辩护的意识形态,发展出严格的教阶制,于是基督教的平等连同它的平等观念就消失了。与此同时,封建社会内部的不平等,诸如诸侯和陪臣、领主和农奴、师傅和帮工,以及家长和家奴等的不平等逐步发展起来并日益强化。这些不平等构成了封建宗法社会的基础,但同时也为资本主义社会"人的平等"和"人权平等"的要求作了准备。随着生产力的发展和交往范围的扩大,市民等级从封建社会内部成长起来,他们要求成为自由的、在行动上不受限制的商品所有者,要求有在各地自由、平等交换的权利。同时,在手工业向工厂生产的转变过程中产生的自由工人,要求有与厂主订约的平等权利。另外,由于人们生活在那些相互平等地交往并且处在差不多相同的资产阶级发展阶段的独立国家所组成的体系中,所以这种要求就很自然地获得了普遍的、超出个别国家范围的性质,于是,自由和平等也很自然地被宣布为普适性的人权。然而,这种平等和人权是表面的和狭隘的。它只局限于表面的政治地位平等,只承认工人阶级出卖劳动力的平等权利,而无法解决资本主义生产方式所必然带来的两极分化所带来的实质性的不平等。正如马克思所言:"平等地剥削劳动力,是资本的首要的人权。"①因此,伴随着资产阶级平等观的提出,也出现了无产阶级的平等观。前者要求消灭阶级特权,后者则直接要求消灭阶级本身。"平等应当不仅是表面的,不仅在国家的领域中实行,它还应当是实际的,还应当在社会的、经济的

---

① 马克思:《资本论》第 1 卷,人民出版社 1975 年版,第 324 页。

领域中实行。"①从恩格斯对平等观念的历史审视中,可以看出,平等观念是一种历史的产物,随着历史条件的变更而不断地改变着自己的样态。正义范畴同样如此。正义与平等一样,不是永恒真理,而是依托于生产力发展、生产方式跃迁以及生活条件变革而不断发展的一个具体的、历史的进程。

4. 正义的属性:(二) 阶级性

在马克思和恩格斯看来,正义除了历史性之外,还有一个重要的特性,这就是在阶级社会中,正义具有鲜明的阶级性。

在标志着科学社会主义诞生的不朽著作《共产党宣言》中,马克思和恩格斯在宣言开篇即确认,人类社会有文字记载的全部历史——即自原始公社制度解体以来的以往社会的历史——都是阶级斗争的历史。② 他们指出:"在过去的各个历史时代,我们几乎到处都可以看到社会完全划分为各个不同的等级,看到社会地位分成多种多样的层次。在古罗马,有贵族、骑士、平民、奴隶,在中世纪,有封建主、臣仆、行会师傅、帮工、农奴,而且几乎在每一个阶级内部又有一些特殊的阶层。从封建社会的灭亡中产生出来的现代资产阶级社会并没有消灭阶级对立。它只是用新的阶级、新的压迫条件、新的斗争形式代替了旧的。"③也就是说,除了人类早期的原始社会,人类一直是生活在阶级社会中,分裂为不同的阶级。

那么,正义在阶级社会为什么会具有阶级性呢? 这是由阶级本身的特点与正义范畴的本质所决定的。我们先来看什么是阶级。《资本论》第三卷第 52 章的标题就是《阶级》。马克思在这一章提出:"什么事情形成阶级? 这个问题自然会由另外一个问题的解答而得到解答:什么事情

---

① 《马克思恩格斯选集》第 3 卷,人民出版社 1995 年版,第 448 页。
② 同上书第 1 卷,第 272 页。
③ 同上书,第 272—273 页。

使雇佣工人、资本家、土地所有者成为社会三大阶级?"①遗憾的是,马克思在这一章没来得及深入系统地展开论述就与世长辞了,仅仅为我们留下了800余字的手稿。而恩格斯在整理马克思的手稿时也没有继续这一工作。在马克思的其他著作里也找不到关于阶级定义的一般性表述。② 尽管如此,我们仍然可以根据马克思和恩格斯的相关论述获得某些启迪。马克思指出:"阶级对立是建立在经济基础上的,是建立在迄今为止存在的物质生产方式和由这种方式所决定的交换关系上的。"③恩格斯也说:"这些相互斗争的社会阶级在任何时候都是生产关系和交换关系的产物,一句话,都是自己时代的经济关系的产物。"④资产阶级和无产阶级"这两大阶级的起源和发展是由于纯粹经济的原因"⑤,"这些阶级的存在以及它们之间的冲突,又为它们的经济状况的发展程度、它们的生产的性质和方式以及由生产所决定的交换的性质和方式所制约。"⑥也就是说,阶级的存在、对立、冲突有着深刻的经济根源。我们所熟知的阶级定义是列宁给定的:"所谓阶级,就是这样一些大的集团,这些集团在历史上一定的社会生产体系中所处的地位不同,同生产资料的关系(这种关系大部分是在法律上明文规定了的)不同,在社会劳动组织中所起的作用不同,因而取得归自己支配的那份社会财富的方式和多寡也不同。所谓阶级,就是这样一些集团,由于它们在一定社会经济结构中所处的地位不同,其中一个集团能够占有另一个集团的劳动。"⑦列宁在这里提示我们,阶级是因为某些不同(在一定生产体系中所处地位不同、同生产资料关系不同、在社会劳动组织中所起作用不同)而通过不同方式获得

---

① 《马克思恩格斯选集》第2卷,人民出版社1995年版,第588页。
② 马克思和恩格斯未曾对阶级概念作出明确的界定。对其考察参见中国人民大学吕梁山博士学位论文《赖特的资本主义阶级关系新变化理论研究》(打印稿)。
③ 《马克思恩格斯全集》第5卷,人民出版社1958年版,第533页。
④ 《马克思恩格斯选集》第3卷,人民出版社1995年版,第739页。
⑤ 同上书第4卷,第250页。
⑥ 同上书第1卷,第583页。
⑦ 《列宁选集》第4卷,人民出版社1995年版,第11页。

社会财富以及获得的社会财富多寡不同的社会集团。不同的阶级在如何获得财富、获得财富多少上存在着极大的不同。说得再明白一些,就是不同的阶级在物质利益上存在着分歧甚至是严重的对立。

而正义是什么呢？如上所述,正义表现为人们对分配关系与自身利益关系的一种价值判断,人们总是把能够满足自身利益的分配关系指认为正义的。在阶级社会中,不同的阶级具有不同的甚至相互冲突的利益,因而他们对某种分配关系的评判可能是完全不同的。同样一种分配关系,某一阶级可能认为是正义的,而另外一个阶级就可能认为是非正义的。并且,持正义判断的阶级为了巩固自身的利益,将运用各种手段维护、保障这种分配关系;持非正义判断的阶级则将采取完全相反的做法。奴隶主阶级的正义观不同于奴隶阶级的正义观,封建地主阶级的正义观也不同于农民阶级的正义观。而伴随着资产阶级平等观、正义观的提出,也出现了无产阶级的平等观、正义观。前者要求消灭阶级特权,后者则直接要求消灭阶级本身。"平等应当不仅是表面的,不仅在国家的领域中实行,它还应当是实际的,还应当在社会的、经济的领域中实行。"①

在1853年4月20日前后撰写的《英镑、先令、便士,或阶级的预算和这个预算为谁减轻负担》②一文中,威廉·皮佩尔利用马克思提供的资料和观点,尖锐抨击了以格莱斯顿为财政大臣的辉格党剥夺穷苦大众的财政方案。格莱斯顿的财政方案建议,过两年后,把所得税从每英镑7便

---

① 《马克思恩格斯选集》第3卷,人民出版社1995年版,第448页。
② 《英镑、先令、便士,或阶级的预算和此预算为谁减轻负担》这篇文章,在《马克思恩格斯全集》中文第一版中是作为马克思的著作收入全集的。(见1961年第一版第9卷,第72—76页。)而《马克思恩格斯全集》中文第二版认为,这篇文章很可能是威廉·皮佩尔受马克思的委托写的,故将其收入了附录部分。(见1998年第二版第12卷,第656—660页、第813页。)但是,这篇文章与马克思4月19日写给《纽约每日论坛报》的通讯《菲格斯·奥康瑙尔。——内阁的失败。——预算》谈的是同一个问题,文中不仅使用了相同的资料,而且对所得税、遗产税和取消其他税收的看法都是一致的。因此,我们援引该文作为论据在理论上是成立的,它能够代表马克思的观点。

士降低到 6 便士,再过两年再降低一次,从 6 便士降到 5 便士,在爱尔兰也征收所得税 3 年,并把应课所得税的数目降低到年收入 100 英镑。年收入 100 英镑以上和 150 英镑以下的人,规定每英镑只缴 5 便士的税。格莱斯顿保证说,这"不会触及劳工阶层"。然而,马克思和皮佩尔等人指出,采取这一方案的效果只能是:"减轻富有者的负担,而把富有者得到的轻松化为重负压到较不富者的头上。富商将交纳得少一些,而为了加以弥补,不富裕的商人要交纳由过去不由他们直接交纳的税。这真是奇怪的公平!(着重号为引者所加)"①针对此,马克思和皮佩尔提出,"我们关于征税的看法大大地倾向于累进税制,就是说,百分率随收入数额而提高。因为,5 万便士对年收入 1 万英镑的人说来比 500 便士对年收入 100 英镑的人说来要少。"②很明显,后一主张旗帜鲜明地回击资产阶级的经济措施,维护穷苦人民大众的利益。因而,这种状况如同马克思所深刻剖析的,在阶级社会中,每一阶级都在竭力维护本阶级的利益。无产阶级的利益要求与资产阶级的利益要求是尖锐对立的。在《哥达纲领批判》中,马克思还指出:"什么是'公平的'分配呢?难道资产者不是断言今天的分配是'公平的'吗?……难道各种社会主义宗派分子关于'公平的'分配不是也有各种极不相同的观念吗?"③这段论述依然蕴含着这样的思想:资产阶级与各个流派的社会主义者甚而各个阶级、阶层往往都在正义、公平的名义下维护和追逐着本阶级的利益。

5. 无产阶级的正义观:消灭阶级

在分析了正义的属性之后,马克思恩格斯指出,无产阶级的正义观不是抽象地追逐空洞的、脱离实质内容的正义口号,也不是简单地实现工人在劳动产品占有上的公平(实际上这种公平也是无法实现的)。无

---

①②《马克思恩格斯全集》第 12 卷,人民出版社 1961 年版,第 657 页。
③《马克思恩格斯选集》第 3 卷,人民出版社 1995 年版,第 302 页。

产阶级的正义观,归结到一点,就是:消灭阶级。

消灭阶级一直是马克思和恩格斯主张的科学社会主义的核心要求。如前所引述,在将正义者同盟改组为共产主义者同盟的过程中,马克思和恩格斯作了大量工作,其中一项非常重要的工作就是帮助正义者同盟更名为共产主义者同盟。在更名一事上,除了正义者同盟的旧名称已经被当时反动政府所获知的原因外,1847年6月9日的《共产主义者同盟第一次代表大会致同盟盟员的通告信》还作了如下说明:"旧的名称是在特殊的情况下,并考虑到一些特殊的事件才采用的,这些事件与同盟的当前目的不再有任何关系。因此这个名称已不合时宜,丝毫不能表达我们的意愿。许多人要正义,即要他们称为正义的东西,但他们并不因此就是共产主义者。而我们的特点不在于我们一般地要正义——每个人都能宣称自己要正义——而在于我们向现存的社会制度和私有制进攻,在于我们要财产公有,在于我们是共产主义者。因此,对我们同盟来说,要有一个合适的名称,一个能表明我们实际是什么人的名称,于是我们选用了这个名称。"①从这段话中可以明显看出,工人阶级运动与共产主义的奋斗目标,已经超越了那种内涵不明晰的正义,而将其确定为——消灭私有制、消灭阶级。

事实上,马克思和恩格斯在1850年3月的《共产主义者同盟中央委员会告同盟书》中就明确提出:"对我们说来,问题不在于改变私有制,而只在于消灭私有制,不在于掩盖阶级对立,而在于消灭阶级,不在于改良现存社会,而在于建立新社会。"②恩格斯在《流亡者文献》的第二篇文章《公社的布朗基派流亡者的纲领》一文中指出:"德国共产主义者所以是共产主义者,是因为他们通过一切不是由他们而是由历史发展进程造成的中间站和妥协,始终清楚地瞄准和追求最后目的:消灭阶级和建立不

---

① 《马克思恩格斯全集》第42卷,人民出版社1979年版,第430—431页。
② 《马克思恩格斯选集》第1卷,人民出版社1995年版,第368页。

再有土地私有制和生产资料私有制的社会制度。"①在《流亡者文献》的第五篇文章《论俄国的社会问题》一文中,恩格斯再次指出:"现代社会主义力图实现的变革,简言之就是无产阶级战胜资产阶级,以及通过消灭一切阶级差别来建立新的社会组织。"②恩格斯在1891年6月写的《1891年社会民主党纲领草案批判》中也论述道:"消灭阶级是我们的基本要求,不消灭阶级,消灭阶级统治在阶级上就是不可思议的事。我提议不用'为了所有人的平等权利'代之以'为了所有人的平等权利和平等义务'等等。平等义务,对我们来说,是对资产阶级民主的平等权利的一个特别重要的补充,而且是平等权利失去道地资产阶级的含义。"③

为什么无产阶级的正义观是消灭阶级呢?这是因为,无产阶级的正义观是与资产阶级的正义观相对立而存在的。只要资产阶级存在,就没有无产阶级的正义可言,一旦消灭了资产阶级,那也就同时消灭了无产阶级自身,因此,无产阶级正义观的内容是消灭阶级的要求。在批判杜林的正义观时,恩格斯曾就这一点作过说明:"从资产阶级由封建时代的市民等级破茧而出的时候起,从中世纪的等级转变为现代的阶级的时候起,资产阶级就由它的影子即无产阶级不可避免地一直伴随着。同样地,资产阶级的平等要求也由无产阶级的平等要求伴随着。从消灭阶级特权的资产阶级要求提出的时候起,同时就出现了消灭阶级本身的无产阶级要求——起初采取宗教的形式,借助于原始基督教,以后就以资产阶级的平等论本身为依据了。无产阶级抓住了资产阶级的话柄:平等应当不仅是表面的,不仅在国家的领域中实行,它还应当是实际的,还应当在社会的、经济的领域中实行。"④也就是说,无产阶级的平等、正义观与

---

① 《马克思恩格斯选集》第3卷,人民出版社1995年版,第248—249页。
② 同上书,第272页。
③ 同上书第4卷,第409页。
④ 同上书第3卷,第447—448页。

资产阶级的平等、正义观是根本对立的。这种对立源自于无产阶级与资产阶级的对立,只有消灭这种对立——即消灭阶级,才能在更加广阔的领域实现平等与正义。正是在这一意义上,恩格斯接着指出:"无产阶级所提出的平等要求有双重意义。或者它是对明显的社会不平等,对富人和穷人之间、主人和奴隶之间、骄奢淫逸者和饥饿者之间的对立的自发反应……或者它是从对资产阶级平等要求的反应中产生的,它从这种平等要求中吸取了或多或少正当的、可以进一步发展的要求,成了用资本家本身的主张发动工人起来反对资本家的鼓动手段;在这种情况下,它是和资产阶级平等本身共存亡的。在上述两种情况下,无产阶级平等要求的实际内容都是消灭阶级的要求。任何超出这个范围的平等要求,都必然要流于荒谬。"①

消灭阶级的要求实际上就是消灭生产资料私人占有制、实现生产资料公有制的要求。如上所述,所谓阶级就是这样一些集团,由于它们在一定社会经济结构中所处的地位不同,因而其中一个集团能够占有另一个集团的劳动。这里所说的"在一定社会经济结构中所处的地位不同",既包括在一定社会生产体系中所处的地位不同,也包括同生产资料的关系不同,还包括在社会劳动组织中所起的作用不同;但归根结底,其中最关键的因素是同生产资料的关系不同。占有生产资料的阶级,可以凭借这种占有剥削其他阶级;不占有生产资料的阶级,只能靠出卖劳动力换取生活资料维持生存。因而,阶级问题最终要归结到生产资料所有制问题上。无产阶级消灭正义观的要求则可以归结为消灭私有制、实现生产资料公有制的要求。即是说,"共产主义革命就是同传统的所有制关系实行最彻底的决裂"②。

---

① 《马克思恩格斯选集》第3卷,人民出版社1995年版,第448页。
② 同上书第1卷,第293页。

在1870年4月19日给拉法格的信中,马克思在批判巴枯宁创建的社会主义民主同盟的错误纲领时,曾就消灭阶级与平等问题作了深刻阐述,对于我们理解无产阶级消灭阶级的正义观具有启发意义。这一同盟纲领的第二条是"各阶级的平等"①。马克思就此指出:"一方面要保留现存的**阶级**,另一方面又要使这些阶级的成员**平等**——这种荒谬见解一下子就表明这个家伙的可耻的无知和浅薄,而他却认为自己的'特殊使命'是在'理论'上开导我们。"②马克思说:"我们坚持用'消灭阶级'来代替'阶级平等'。"③正是在以马克思等人为核心的国际工人协会总委员会的坚持下,社会主义民主同盟纲领的第二条于1869年4月被改为:"同盟首先力求实现完全并彻底地消灭阶级,力求实现个人(不分男女)在政治、经济和社会方面的平等。"这些论述也清楚地表明,试图在不消灭阶级的情况下,实现各个阶级之间所谓的平等、正义,纯粹是一个空想的、荒谬的要求。因而,从根本上讲,无产阶级的正义观,不是在保留阶级的情况下谋求各个阶级的所谓自由、平等、公平——实际上这是根本办不到的,而是彻底地消灭阶级、消灭私有制。

6. 共产主义:超越正义的社会形态

在一些人的心目中,正义是一种无比崇高的价值,值得人类永恒向往和无限追求。有学者在文章开篇即写道:"正义是人类社会中弥久长新的精神现象,是人类社会具有永恒意义的基本价值追求和基本行为准则……"④对此,我们存有疑问:正义真的是一种对人类具有永恒意义的价值追求吗?正义真的是不可超越的吗?分析马克思的相关思想,笔者认为,答案是否定的。实际上,道理也很简单,正义与非正义总是相对而

---

① 巴枯宁所提出的纲领的第一条和第三条分别是:废除继承权与工人阶级不应当从事政治。
② 《马克思恩格斯选集》第4卷,人民出版社1995年版,第595页。
③ 同上书,第596页。
④ 姜涌:《马克思恩格斯的公平正义观研究》,载《广东社会科学》2004年第3期。

言的,认为正义永远值得人们追寻,恰恰是首先设定了人类社会无法摆脱非正义状态,因而,正义并不是伴随人类始终的、不可卸脱的价值追求,而是可以被超越的。

马克思在《哲学的贫困》中就工人阶级解放问题曾经有一段著名的论述:

> 被压迫阶级的存在就是每一个以阶级对抗为基础的社会的必要条件。因此,被压迫阶级的解放必然意味着新社会的建立……
>
> 工人阶级解放的条件就是要消灭一切阶级;正如第三等级即资产阶级解放的条件就是消灭一切等级一样。
>
> 工人阶级在发展进程中将创造一个消除阶级和阶级对立的联合体来代替旧的资产阶级社会;从此再不会有任何原来意义上的政权了。因为政权正是资产阶级社会内部阶级对立的正式表现。①

马克思在这里指出,工人阶级要想获得解放,不是要变为一个新的什么阶级,而是要消灭一切阶级,即建立一个超越阶级和阶级对立的新社会。那时,阶级将成为一个旧的范畴,失去其使用价值。在正义问题上我们也可以说:正义要求的存在是以非正义状况的存在为条件和前提的。正义,只存在于同非正义的对立中。因而,正义的真正实现,只能是消灭一切非正义状况。而一旦消灭了一切非正义现象,正义这一范畴也就失去了它的活动场域。正义的吁求和追寻就失去了意义。正义,实际上是社会非正义的表征。正义的要求愈加强烈,实际上是社会非正义现象愈益深刻的象征和表达。因而,从这一意义上讲,正义的真正实现之日就是正义消亡之时。

在马克思和恩格斯看来,在无产阶级和全人类获得解放的共产主义社会里,摆脱了阶级统治与生产资料私人占有之梦魇的新人,将摆脱正

---

① 《马克思恩格斯全集》第 4 卷,人民出版社 1965 年版,第 197 页。

义与非正义的对立,真正实现"正义"。这实际上意味着共产主义社会已经超越与重塑了正义的思想疆域,告别了人类社会的"史前时期",托载着人类驰入一个全新的社会形态。①

　　对这个问题的论证需要下面几个研究步骤:首先,我们探讨恩格斯对公平范畴起源的分析。恩格斯的论述表明,公平或正义范畴归根结底都是对现实经济关系的反映。随着现实经济关系的变化,这些范畴也将发生变化。其次,我们分析拉法格对正义范畴起源的分析。拉法格运用唯物史观,详细地考察了正义观念的起源。他认为,正义起源于人类报复的原始欲望以及对私有财产的维护,随着人类步入共产主义社会,长期以来折磨着人们的正义范畴也将失去派场。拉法格对正义范畴起源的论述是清晰的,但他未能充分说明为什么到了共产主义社会,正义范畴就可以消失。为了解决这一问题,我们需要回顾一下休谟对正义背景的论述。休谟认为,正义是一种防卫的道德,人们只有在两种情况下不再需要它:一是物质财富极其丰富,二是人们都成为彻底的利他主义者。休谟的论述当然不能成为我们的直接依据,但是却具有很大的借鉴意义。当我们阅读马克思对共产主义社会的预测时,可以发现,其实在马克思对共产主义社会的描写中,蕴含着这样两方面的要求:其一是物质资源方面,社会财富涌流,彻底涤荡了旧社会

---

① 实际上,这一观点在西方的马克思主义研究者中并不鲜见。可参见[加]威尔·金里卡《当代政治哲学》(上),刘莘译,上海三联书店2004年版,第五章。罗尔斯对这一问题也作如是观。他在《作为公平的正义——正义新论》一书中写道:"……作为公平的正义之秩序良好社会的理念完全不同于马克思的完全的共产主义社会的理念。完全的共产主义社会看起来在这种意义上是一种超越了正义的社会,即能够提出分配正义问题的形式已经被超过了,公民在其日常生活中不需要、也不会关心分配正义问题。"参见[美]罗尔斯《作为公平的正义——正义新论》,姚大志译,上海三联书店2002年版,第290页。但罗尔斯并不赞同马克思的见解,反而认为,与其相比,作为公平的正义假定,在民主政体的政治社会学之一般事实如理性多元论等既定的情况下,属于正义范畴之内的原则和政治美德永远都会在公共政治生活中扮演一种重要角色。正义甚至分配正义不可能从公共政治生活中消失。罗尔斯认为,这样的消失也不值得向往。但这属于罗尔斯与马克思对正义的不同理解,与本文主题关系不大,此处不赘。

的污泥浊水;①其二是精神面貌方面,马克思指出,物质财富的极大丰富将使人们彻底超越资产阶级法权的狭隘框框,越出等价交换的藩篱。正义存在于同非正义的对立中,而共产主义社会已经超越了正义同非正义的对立,因而也就超越了正义范畴。下面,我们具体论述这一问题:

(一)恩格斯对公平范畴起源的分析

在马克思看来,任何一个范畴,都有其适用的范围。马克思曾经以劳动这个范畴为例说明"哪怕是最抽象的范畴,虽然正是由于它们的抽象而适用于一切时代,但是就这个抽象的规定性本身来说,同样是历史关系的产物,而且只有对于这些关系并在这些关系之内才具有充分的意义。"②对于正义,我们也应作如是观。恩格斯曾经谈到过公平这个范畴的起源,对我们研究正义问题有很大的启发和提示作用。恩格斯写道:"在社会发展某个很早的阶段,产生了这样一种需要:把每天重复着的产品生产、分配和交换用一个共同规则约束起来,借以使个人服从生产和交换的共同条件。这个规则首先表现为习惯,不久便成了**法律**。随着法律的产生,就必然产生出以维护法律为职责的机关——公共权力,即国家。随着社会的进一步的发展,法律进一步发展为或多或少广泛的立法。这种立法越复杂,它的表现方式也就越远离社会日常经济生活条件所借以表现的方式。立法就显得好像是一个独立的因素,这个因素似乎不是从经济关系中,而是从自身的内在根据中,可以说,从'意志概念'

---

① 分析的马克思主义的最著名代表 G. A. 科亨将马克思关于未来共产主义社会物质资源极大丰富的设想,看成经典马克思主义关于未来平等、正义前景的两大事实断言之一,但他认为,资本主义社会以来生产力的发展在当今遇到了自然资源方面的障碍,地球的资源没有丰富到能保证生产出无限多的使用价值的程度。因此,马克思的这一事实断言已不现实。立足于这一判断以及其他几个判断,科亨转向了政治哲学研究,开始探讨在物质资源相对匮乏的情况下如何解决社会正义问题。参见段忠桥《科亨的政治哲学转向及其启示》,载《哲学研究》2006年第11期。笔者认为,科亨的疑虑及其转向提出了一个重大问题,但它实际上已经脱出了马克思的正义观是什么这一问题,而更进一步地深入考量马克思的正义观何以可能的问题。对这一问题,限于本文篇幅,笔者将在以后的写作中继续进行讨论。
② 《马克思恩格斯全集》第30卷,人民出版社1995年版,第46页。

中,获得它存在的理由和继续发展的根据。人们忘记他们的法起源于他们的经济生活条件,正如他们忘记他们自己起源于动物界一样。随着立法进一步发展为复杂和广泛的整体,出现了新的社会分工的必要性:一个职业法学家阶层形成起来了,同时也就产生了法学。法学在其进一步发展中把各民族和各时代的法的体系互相加以比较,不是把它们视为各该相应经济关系的反映,而是把它们视为自身包含自我根据的体系。比较是以共同点为前提的:法学家把这些法的体系中的多少相同的东西统称为**自然法**,这样便有了共同点。而衡量什么算自然法和什么不算自然法的尺度,则是法本身的最抽象的表现,即**公平**。于是,从此以后,在法学家和盲目相信他们的人们眼中,法的发展就只不过是使获得法的表现的人类生活状态一再接近于公平理想,即接近于永恒公平。而这个公平则始终只是现存经济关系的或者反映其保守方面,或者反映其革命方面的观念化的神圣化的表现。"[1]为了说明问题,我们不得不大段摘引这段论述。而从这段论述中,我们可以很清楚地看到:公平范畴产生的始因,归根结底在于社会的产品生产、分配和交换等经济生活。如果把恩格斯的论述归纳一下,那么可以大致上将公平范畴的产生分为这样几个阶段:(1)社会中的生产、分配和交换需要人们一致服从,这是社会对规则的需要,是社会存续和发展下去的必要条件;(2)这种规则最初只是习惯,随后上升为法律;(3)随着法律的出现,产生了维护法律权威的国家;(4)法律发展为更加广泛的立法;(5)由此在社会分工中出现了一个新的职业法学家阶层,同时产生了法学;(6)法学家对法的体系进行比较分析,将其中多少相同的东西称为自然法;而这些东西为什么多少相同呢?法学家认为,不是因为这些法是对相同或相近的经济生活的反映,而是因为它们都符合于公平这一范畴;这样,就将公平作为是否符合自然法的标准,公平也从而称为人们生活的普遍追求和理想。在此基础上,恩

---

[1]《马克思恩格斯选集》第3卷,人民出版社1995年版,第211—212页。

格斯进一步深刻地揭示出,公平"始终只是现存经济关系的或者反映其保守方面,或者反映其革命方面的观念化的神圣化的表现"。也就是说,所谓公平,实质上是将一种观念变得不可侵犯、具有绝对权威。哪一种观念呢?究其根源,或者是维护现存的经济关系,或者是反抗现存的经济关系。例如,在奴隶社会,奴隶主阶级为了维持现有的统治关系(其更深一层的实质则是为了维护对奴隶阶级的剥削关系),宣称奴隶制度是公平的,并提出各种理论为之辩护。这就是反映现存经济关系的保守方面,并使之神圣化。另一方面,奴隶阶级则反抗现实的经济关系,宣称其是不公平的,并提出建立新的符合自身需要的公平制度。这就是反映现存经济关系的革命方面,并使之神圣化。但不管哪一方面,归根结底都是对现实经济关系的反映。公平与正义尽管在用法上存在着细微的差别,但是总体来看,它们是属于同一序列的范畴,都可以标示人们对现实经济关系与自身利益关系的评价。因此,恩格斯所论述的公平范畴的产生历程大体上适用于正义范畴的产生。

(二)拉法格对正义范畴起源的挖掘

马克思和恩格斯并没有直接论述过正义范畴的产生及其适用范围,但是在他们身后,拉法格曾经运用唯物史观,详细地考察过正义观念的起源。下面,我们分析一下拉法格对正义范畴及其产生的认识。

拉法格提出:"进步、自由、正义、祖国等等思想也和数学上的公理一样不是存在于经验的领域之外;它们不是在经验之前就存在了,而是跟随经验才有的;它们不产生历史事件,它们本身是社会现象的结果。社会现象在发展中创造、改变和消灭它们。"①那么,正义是依据什么经验和什么社会现象而产生的呢?拉法格认为:"文明社会的正义由两个来源产生:一方面是在人类的本性中取得自己的来源,另一方面又从建立于私有财产基础上的社会环境中取得自己的起源。情欲和观念在财产产

---

① [法]拉法格:《思想起源论》,王子野译,三联书店1963年版,第13页。

生以前就已存在；由它所产生的利益、情欲和观念彼此互起作用和互相影响，最后终于使正义和非正义的思想在文明人的脑子里产生、发展和成熟起来。"①

具体说来，在原始人类中，流行着报复的精神，"报复是人类精神的最古老的情欲之一"②。这种报复的欲望非常强烈，它要求原始人受到侵犯或伤害之后，一定要以牙还牙，以血还血。而随着人类社会的发展，私有财产的出现，这种报复的情感逐步被动摇了，它不再要求向敌人复仇，而逐步转向用财产等物来偿还。"财产的感情钻入了人类的心中，动摇了一切最根深蒂固的感情、本能和观念，激起了新的欲望。只有私有财产才抑止和减弱了复仇欲。""自私有财产建立起来之后，流血不再要求用流血来抵偿：它要求的是财产。"③拉法格总结说："野蛮人的质朴和平等的精神把他们引向同等报复：以命抵命，以伤抵伤——这就是他们所能相处的复仇办法的全部；但是当同等报复在私有财产的影响之下改变了，粗暴的平等——以命抵命——为经济的平等所代替，即以家畜和其他财产抵偿生命、伤损、侮辱等等，这时候半开化人的脑子受到了严格的考验：他们必须解决迫使他们进入抽象的领域的问题。……只有在长期的脑力劳动之后他们才得出为抵偿生命、眼睛损伤、牙齿损伤以至侮辱的等级的赔偿表。这种等级赔偿表使他们达到人与人之间和人与物之间的关系的新概念。新的概念反过来又在他们的脑子里产生了'报酬的正义'的思想，其任务是尽可能精确地规定损失的赔偿数量。"④也就是说，正义的观念实质上是为了维护自身利益而产生并发展起来的。一当人们的利益（从个人的、家庭的、单位的、团体的利益直至民族的、国家的利益，在某些科幻小说和影视所描写的星际战争中，甚至包括整个人类的利益）受到损害，人们便习惯于诉诸正义话语，进而反抗这种不正义的

---

①② ［法］拉法格：《思想起源论》，王子野译，三联书店1963年版，第67页。
③ 同上书，第80页。
④ 同上书，第83—84页。

待遇以维护自身利益。可见,正义总是一种"为我"和"卫我"的观念。香港学者慈继伟教授正确地将正义视做"一种介于纯粹利他主义和纯粹利己主义之间的品德"①。

而最后,拉法格认为,在共产主义社会中,随着私有财产的消灭,人们维护和巩固私有财产的正义范畴也将失去它的用武之地。"共产主义革命在废除私有财产和给予'一切人以同样的东西'时将解放人类和恢复平等精神。这是,从私有财产产生时起就折磨着人的脑筋的正义的观念,好像曾经困惑过可怜的文明人的最可怕的噩梦一样,也就要消失了。"②

如上所述,拉法格认为,正义观念不是人类社会产生以来就有的,也不是将伴随人类社会相始终的,它之存在于人类社会的私有制行程当中。正义观念随着私有制的产生而不断占据人们的头脑,成为一个对人们具有强烈吸引力的范畴,但在消灭了私有制的共产主义社会中,这一范畴也必将消亡。然而,拉法格没有回答下面这一问题:正义为什么到了共产主义社会就会消亡,或者说,正义为什么是可以被共产主义超越的?对于反对正义具有可超越性的人们来说,上面这一问题也许至为关键。这一问题,换一个说法,也就是问,人类在什么情况下才需要正义?为什么在共产主义的情况下就有可能超越正义这一范畴?

(三) 休谟对正义背景的论述

在思想史上,休谟曾经讨论过正义的背景问题,对我们回答上述问题有所启发。因此,让我们先看一下休谟的有关论述。在休谟看来,人类社会之所以需要正义,是因为正义对人类社会有"效用",并且是有"公共的效用",这是"正义的**惟一起源**"。③ 而正义为什么会对人类社会有效用呢?这是由人类所面临的主客体条件决定的。首先,从客观方面看,

---

① 慈继伟:《正义的两面》,三联书店2001年版,第110页。
② [法]拉法格:《思想起源论》,王子野译,三联书店1963年版,第96页。
③ [英]休谟:《道德原则研究》,曾晓平译,商务印书馆2001年版,第35页。

自然给人类提供了有限的资源,这些资源对于人类来讲是一种适度的匮乏。这意味着人类不能无限制地、随心所欲地满足自己的需要,但又不是极度匮乏,使人们无法生存。这样,人类就需要一些规则和秩序调整人们在自然资源中的获取。这就是正义的产生。休谟提出假设说:"让我们假定,大自然把所有外在的便利条件如此慷慨丰足地赐予了人类,以致没有任何不确定的事件,也不需要我们的任何关怀和勤奋,每一单个的人都发现不论他最贪婪的嗜欲能够要求什么或最奢豪的想像力能够希望或欲求什么都会得到充分的满足。我们将假定,他的自然的美胜过一切后天获得的装饰,四季温和的气候使得一切衣服被褥都变成无用的,野生浆果为他提供最美味的食物,清泉为他提供最充足的饮料。不需任何劳心费力的工作,不需耕耘,不需航海。音乐、诗歌和静观构成他惟一的事业,谈话、欢笑和友谊构成他惟一的消遣。"①那么,很显然,"在这样一种幸福的状态中,每一种其他社会性的德性都会兴旺发达并获得十倍增长,而正义这一警戒性和防备性的德性则决不曾被梦想到。因为当人人都富足有余时划分财物有何意义呢?在绝不可能有任何伤害的地方为什么产生所有权呢?在别人占有这个对象、我只需一伸手就可拥有价值相同的另一个时为什么称这个对象为我的呢?在那种情况下,正义就是完全无用的,它会成为一种虚设的礼仪,而绝不可能出现在德性的目录中。"②但是,反过来说,在一个生活必需品极端匮乏、人们时刻面临着死亡威胁的社会里,正义将无法约束人们,因为生存的法则将压倒一切道德原则。"在这样一个紧迫的危机关头,严格的正义法则被中止,而让位于必需和自我保存这些更强烈的动机。……当社会即将毁灭于极端的必需时,则没有什么更大的罪恶能使人惧怕而不采取暴力和不正义,此刻人人都可以为自己提供明智所能命令或人道所能许可的一切

---

① [英]休谟:《道德原则研究》,曾晓平译,商务印书馆2001年版,第35页。
② 同上书,第35—36页。

手段。"①

从主观条件来看,在这样一种适度匮乏的自然环境中,人们逐渐形成适度慷慨的德性。也就是说,人们既不会完全无条件地关爱他人,也不会对他人加以任意的伤害。在这样一种情况下,正义也不会从人类社会中产生。恰如休谟所言:"再假定,尽管人类的必须将如目前这样持续下去,而人类的心灵却被如此扩展并如此充满友谊和慷慨,以致人人都极端温情地对待每一个人,像关心自己的利益一样关心同胞的利益;则看来很显然,在这种情况下,正义的用途将被这样一种广博的仁爱所中止,所有权和责任的划分和界线也决不被想到。"②"根据这种假定,每一个人都是另一个人的另一个自我,他将把他的所有利益信托给每一个人去自行处理,没有猜忌、没有隔阂、无分彼此。而整个人类将形成单纯一个家庭,在其中一切都属公有,大家自由地选用、无须考虑所有权,但是亦像最密切关怀自己的利益一样留心完全尊重每一个人的必需。"③总之,"正义只是起源于人的自私和有限的慷慨以及自然为满足人类需要所准备的稀少的供应"④。

(四)共产主义社会对正义范畴的超越

休谟对正义背景的论述当然不能成为我们立论的直接依据,但无疑为我们理解马克思恩格斯超越正义的思想提供了一些借鉴。实际上,我们深入阅读马克思恩格斯的相关著作,就会发现,他们在正义的社会条件方面,对休谟的观点有一定的汲取之处。在马克思和恩格斯那里,正义的超越或者说消亡,其中首要的条件与基础之一,就是生产力的高度发展,以及随之而来的社会财富的极大涌流。除此而外,马克思和恩格斯还认为,在共产主义社会中,由于社会财富的极大丰富,人的精神状态

---

① [英]休谟:《道德原则研究》,曾晓平译,商务印书馆2001年版,第38页。
② 同上书,第36页。
③ 同上书,第37页。
④ [英]休谟:《人性论——在精神科学中采用实验推理方法的一个尝试》,关文运译,商务印书馆1980年版,第536页。

也将获得极大的改善和提高,在新的社会条件下成长起来的一代新人会使社会表现出崭新的面貌。但是,马克思恩格斯与休谟的差异也很明显。休谟的论证方法是典型的实验推理方法,虽然其对正义之环境的描述植根于社会现实及其发展的需要中,但仍然是以思辨的人学或人性理论为基础。马克思和恩格斯的论证则是沿着唯物史观的言说路径,在深入探讨和挖掘社会发展具体规律的基础上展开的。

具体说来,在马克思和恩格斯的视野中,自从人类挥别原始社会,步入私有制社会以来,虽然生产力获得了一定的发展,不用再像原始社会那样进行平均分配,但是生产力状况也不允许人们充分满足自己的需要。这样,人类就始终面临着财富分配方面的冲突。"剥削阶级和被剥削阶级、统治阶级和被压迫阶级之间的到现在为止的一切历史对立,都可以从人的劳动的这种相对不发展的生产率中得到说明。只要实际劳动的居民必须占用很多时间来从事自己的必要劳动,因而没有多余的时间来从事社会的公共事务——劳动管理、国家事务、法律事务、艺术、科学等等,总是必然有一个脱离实际劳动的特殊阶级来从事这些事务,而且这个阶级为了它自己的利益,从来不会错过机会来把越来越沉重的劳动负担加到劳动群众的肩上。"①人们在正义问题上的困惑与论争,归根结底,由此而来。要想真正解决这一问题,只有在生产力发展的基础上,建构适合新的生产力发展状况的生产方式,并以之为基础进入共产主义社会。"生产力的这种发展(随着这种发展,人们的**世界历史性**的而不是地域性的存在同时已经是经验的存在了)之所以是绝对必需的实际前提,还因为如果没有这种发展,那就只会有**贫穷**、极端贫困的普遍化;而在**极端贫困**的情况下,必须重新开始争取必需品的斗争,全部陈腐污浊的东西又要死灰复燃。"②这就要求我们立足于社会发展的客观历史规

---

① 《马克思恩格斯选集》第 3 卷,人民出版社 1995 年版,第 525 页。
② 同上书第 1 卷,第 86 页。

律,立足于对资本主义社会的实证分析。马克思和恩格斯认为,随着生产力日益迅即的发展,资本主义私人所有制越来越不能容纳庞大的生产力,因而这个私有制外壳必然要被生产资料公有制所取代。在此基础上,分配方式也必然相应地发生变革。正如马克思所言:"改变了的分配将以改变了的、由于历史过程才产生的新的生产基础为出发点。"①马克思认为,由于生产力发展水平的差异以及受残存的旧意识形态的影响,共产主义社会分为"共产主义社会第一阶段"和"共产主义社会高级阶段",在这两个阶段,也将实行不同的分配原则。

马克思在指出资产阶级社会内部正在产生着炸毁这个社会的地雷的同时,强调指出:"如果我们在现在这样的社会中没有发现隐蔽地存在着无阶级社会所必需的物质生产条件和与之相适应的交往关系,那么一切炸毁的尝试都是唐·吉诃德的荒唐行为。"②在共产主义社会第一阶段,将以劳动作为分配的尺度,根据各个社会成员的劳动来分配消费资料。这就是我们所熟悉的"各尽所能,按劳分配"。马克思是这样来论述这一原则的:"每一个生产者,在作了各项扣除以后,从社会领回的,正好是他给予社会的。他给予社会的,就是他个人的劳动量。例如,社会劳动日是由全部个人劳动小时构成的;各个生产者的个人劳动时间就是社会劳动日中他所提供的部分,就是社会劳动日中他的一份。他从社会领得一张凭证,证明他提供了多少劳动(扣除他为公共基金而进行的劳动),他根据这张凭证从社会储存中领得一份耗费同等劳动量的消费资料。他以一种形式给予社会的劳动量,又以另一种形式领回来。"③资本主义社会的主要分配方式是按资分配,与之相比,按劳分配是一个巨大的进步。它保证劳动者处于平等的劳动条件下,不会再受到资本的剥削和压榨,从而消除了人与人之间冲突的总根源。但是,在马克思看来,这

---

① 《马克思恩格斯全集》第 31 卷,人民出版社 1998 年版,第 245—246 页。
② 《马克思恩格斯全集》第 30 卷,人民出版社 1995 年版,第 109 页。
③ 同上书第 3 卷,第 304 页。

一分配原则仍然是不充分的,仍然存有很多"弊病"。因为"这里通行的是商品等价物的交换中通行的同一原则,即一种形式的一定量劳动同另一种形式的同量劳动相交换。所以,在这里平等的权利按照原则仍然是资产阶级权利,……虽然有这种进步,但这个平等的权利总还是被限制在一个资产阶级的框框里。"①也就是说,将劳动作为分配的标尺,从形式上来看,遵循的仍然是资产阶级社会的等价交换原则。在这一原则之下,劳动者实质上仍然是不平等的。这表现在两个方面:第一,按劳分配原则默认"劳动者的不同等的个人天赋,从而不同等的工作能力,是天然特权。所以就它的内容来讲,它像一切权利一样是一种不平等的权利。"②第二,按劳分配原则不能顾及劳动者个人情况的差异。正如马克思所说,已婚的劳动者和未婚的劳动者、子女较多的劳动者和子女较少的劳动者之间,在提供的劳动相同、从而由社会消费基金中分得的份额相同的条件下,某一个人事实上所得到的比另一个人多些,也就比另一个人富些。③

要消除这些弊病,只有"在迫使个人奴隶般地服从分工的情形已经消失,从而脑力劳动和体力劳动的对立也随之消失之后;在劳动已经不仅仅是谋生的手段,而且本身成了生活的第一需要之后;在随着个人的全面发展,他们的生产力也增长起来,而集体财富的一切源泉都充分涌流之后,——只有在那个时候,才能完全超出资产阶级权利的狭隘眼界,社会才能在自己的旗帜上写上:各尽所能,按需分配!"④这就是共产主义社会高级阶段。马克思在这段论述中指出,此时社会将实行"各尽所能,按需分配"的原则,人的需要成为分配的尺度。应当指出,马克思对实行"按需分配"的社会条件作了严格的限制:从物质基础来讲,生产力高度发展,社会财富极大涌流;从社会成员来讲,个人获得了全面发展的条

---

① 《马克思恩格斯选集》第3卷,人民出版社1995年版,第304页。
②③ 同上书,第305页。
④ 同上书,第305—306页。

件,展现出与资本主义社会中"经济人"完全不同的精神面貌;同时,劳动也已成为生活的第一需要,成为人确证自我存在的方式。在这种社会状态中,由于物质资源的丰富和劳动性质的变更,人与社会之间的联系不再通过商品或劳动交换而进行,这样,人的视阈不会再囿于资本主义社会的"等价交换",人们在分配问题上的冲突也将被人的需要的满足所消解。博登海默把马克思恩格斯的正义观概括为:"卡尔·马克思和弗里德里希·恩格斯提出了实现资源与经济地位平等化的更为广泛的规划。他们全力反对当时收入水平上所存在的悬殊差别,并提出用生产资料公有制来作为纠正经济上不平等的手段。另外,他们还设想了在未来实现这样一种社会制度的可能性,在这一制度中,人们可以实现真正的平等,这是从他们所有的个人需要都可以得到满足的意义上来讲的。"①也就是说,一旦人们不再为了利益之间的冲突而相互争斗——即个人需要得到满足,正义这一范畴也将失去它的用场。

人类社会历史的发展,是一个永无止境的过程,资本主义社会以及通行于其中的观念、范畴仅仅是历史长河的一瞬。正如摩尔根所说:"自从文明时代开始以来所经过的时间,只是人类已经经历过的生存时间的一小部分,只是人类将要经历的生存时间的一小部分。"②以马克思和恩格斯的宏大历史眼光看来,随着生产力的发展和生产方式的变更,长期困扰着人类社会的正义问题必将逐渐淡出人们的视野。

在马克思晚年,当他研究摩尔根分析人类古代社会的著作时,曾经引用摩尔根的话说:"**人类的智慧在自己的创造物**(指财富——引者注)**面前感到迷惘而不知所措了。然而,总有一天,人类的理智一定会强健到能够支配财富……单纯追求财富不是人类的最终的命运。自从文明时代开始以来所经过的时间,**只是人类已经经历过的生存时间的一小部

---

① [美]博登海默:《法理学——法哲学及其方法》,邓正来、姬敬武译,华夏出版社1987年版,第241页。
② 转引自《马克思恩格斯全集》第21卷,人民出版社1965年版,第203页。

分(马克思还特别在这里加上了"而且是很小的一部分"的批注)只是人类将要经历的生存时间的一小部分。社会的瓦解,即将成为以财富为唯一的最终目的的那个历程的终结,因为这一历程包含着自我消灭的因素……这(即更高级的社会制度)将是古代氏族的自由、平等和博爱的复活,但却是在更高级形式上的复活。"①

恩格斯在《反杜林论》的准备材料中根据马克思的这一思想,更加清晰地论述过这一问题。让我们用这段话作为本节的结尾——

"平等仅仅存在于同不平等的对立中,正义仅仅存在于同非正义的对立中,因此,它们还摆脱不了同以往旧历史的对立,就是说摆脱不了旧社会本身。这就已经使得它们不能成为永恒的正义和真理。在共产主义制度下和资源日益增多的情况下,经过不多几代的社会发展,人们就一定会认识到:侈谈平等和权利,如同今天侈谈贵族等等的世袭特权一样,是可笑的;对旧的不平等和旧的实在法的对立,甚至对新的暂行法的对立,都要从现实生活中消失;谁如果坚持要人丝毫不差地给他平等的、公正的一份产品,别人就会给他两份以资嘲笑。甚至杜林也会认为这是'可以预见的',那么,平等和正义,除了在历史回忆的废物库里可以找到以外,哪儿还有呢?"②

---

① 《马克思恩格斯全集》第 45 卷,人民出版社 1985 年版,第 397—398 页。
② 《马克思恩格斯全集》第 20 卷,人民出版社 1971 年版,第 670 页。

结语　一个依然敞开着的论域

"马克思的批判已教会很多人看到资本主义制度的不平等和不公正现象,教他们至少要努力去减少这些现象。一个多世纪以来,马克思主义已经成为这样一种语言:数百万人用它来表达他们对一个更公正的社会的希望。"①

这是英国著名学者戴维·麦克莱伦对马克思思想尤其是其正义观的伟大历史意义的一个概括。马克思身后波澜壮阔的社会运动,以及这些社会运动所实现的进步和变革,已经部分印证了麦克莱伦的判断。人类生机不息,这种印证就将持续不断地进行下去。

在全部马克思主义理论中,马克思恩格斯的正义观是一个重要的组成部分。马克思和恩格斯以唯物史观为研究方法,在深入探索人类社会历史发展客观规律的基础上,剖析与批判了各种非马克思主义、反马克思主义正义观,尤其是对各种小资产阶级社会主义正义观进行了深刻的批判。通过这些理论批判,马克思和恩格斯揭示了正义范畴的本质、特征及其嬗变规律,建构了马克思主义正义观的基本框架,描画了科学正

---

① 戴维·麦克莱伦:《卡尔·马克思传》,王珍译,中国人民大学出版社2005年版,第434页。

义观的理论图景。

马克思和恩格斯所创建的"新思潮",其优点不是在于"教条地预期未来",而是"通过批判旧世界发现新世界"①。这一点在他们的正义观上体现得尤为明显。可以说,马克思和恩格斯通过批判之前的旧正义观发现了崭新的科学正义观。马克思恩格斯的正义观以其科学的研究方法、深邃的历史眼光、鲜明的阶级立场、严谨的理论分析,成为思想史上既独具面貌又深刻谨严的正义理论。在当前社会主义现代化建设事业的历史途程中,马克思恩格斯的正义观对于我们运用唯物史观审视和思考当前的社会正义问题,促进和谐社会建构,也将发挥重要的指导作用。

然而,从目前国内学术界的研究现状来看,对于马克思恩格斯正义观的研究还远远没有完结,这依然是一个敞开着的论域,需要我们继续为之探索;而建构一种适于当代中国的马克思主义正义理论,更是任重道远。之所以这样说,依笔者看来,主要是由于以下三方面的原因:

第一,由于时代条件的制限,马克思和恩格斯未能将正义视做重要问题,进行深入研究。前面多次提到,在马克思恩格斯生活、战斗的年代,资产阶级与无产阶级之间的矛盾冲突异常尖锐,资产阶级对于无产阶级的正义反抗残酷镇压,毫不手软。巴黎公社就是一个再典型不过的例子。在这种历史背景下,无产阶级只有通过暴力革命的途径推翻资本主义制度,实现共产主义社会,而没有丝毫可能通过对正义、平等、权利等范畴的论证与呼求以获得解放。正由于此,马克思和恩格斯才对蒲鲁东、拉萨尔以及杜林等人的正义观加以严厉地斥责。这表现在理论形态上,就是马克思和恩格斯不热衷于讨论正义、平等、权利等问题,而将这些问题视为过时了的"陈词滥调"。即使他们涉及这些问题,也往往是以批判的形式出现的。这一情况加大了马克思恩格斯正义观研究的难度,使得我们今天在探讨这一问题时,只能先研究他们的批判以及这些批判

---

① 《马克思恩格斯全集》第47卷,人民出版社2004年版,第64页。

所涉及的对象,再在此基础上逆向推溯他们的正义观。同时,由于研究者往往在知识储备、学术背景、解读模式等方面存有差异,因而对马克思恩格斯正义观的认识也会出现许多不同。这就需要我们在研究中认真分析,仔细甄别,深入体味马克思恩格斯正义观的真义。

第二,由于客观条件的制约,马克思和恩格斯没有时间也没有精力充分展开他们的正义观。马克思恩格斯的思想博大精深,浩瀚如海,但他们更多地属于革命家、实践者的行列,而不是专门的理论家、学者。正如恩格斯在马克思墓前的讲话中所说的:"马克思首先是一个革命家。他毕生的真正使命,就是以这种或那种方式参加推翻资本主义社会及其所建立的国家设施的事业,参加现代无产阶级的解放事业……斗争是他的生命要素。很少有人像他那样满腔热情、坚韧不拔和卓有成效地进行斗争。"①实际上,不仅马克思如此,恩格斯本人也正是这样一位卓绝果敢的革命家。正由于此,紧张急剧的现实斗争占去了马克思恩格斯大量的时间,使他们没有充足的时间与精力对自己的思想充分展开、详加论证、仔细推敲、反复审视。英美分析的马克思主义的主要代表人物 G. A. 科亨就此谈到:"马克思是一位不知疲倦的和创造性的思想家,他在很多方面都提出了丰富的思想。但他没有时间,也不打算,更没有书斋的宁静,来把这些思想全部整理出来。"②这些工作就需要由后继的马克思主义研究者来完成。马克思恩格斯的正义观正是如此,他们在正义问题研究上虽然奠定了基础,构建了一座宏伟理论大厦的基本框架,却远未展开精微细致的论证。对这座理论大厦进行丰富、充实、发展的工作,依然是一个敞开着的论域、一个未竟的难题,需要后继者孜孜不倦地进行探索。

第三,当今世界,时代条件发生了巨大变化,如何结合变化了的现实状况,以马克思恩格斯正义观为指导,借鉴吸收各种正义理论的有益思

---

① 《马克思恩格斯选集》第 3 卷,人民出版社 1995 年版,第 777 页。
② [英]G. A. 科亨:《卡尔马克思的历史理论:一个辩护》,岳长龄译,重庆出版社 1989 年版,"序言"。

想资源,建构一个适于当代中国语境的马克思主义正义理论,是一个更加重要也更加艰巨的课题。我们现在生活的世界与一百五十多年前马克思恩格斯所生活的世界相比,已经发生了巨大的变化。其中相当重要的一点,是资产阶级在社会主义运动和工人革命斗争的压力下,调整了统治策略,使正义、平等、权利等政治哲学话语获得了一定的发展空间。近些年来,西方学术界如火如荼的政治哲学讨论热潮即是显证。这就要求我们,应当认真分析现实,批判地汲取当代西方政治哲学的有益讨论,丰富、发展与创新马克思主义正义理论。加拿大政治哲学家威尔·金里卡提出,马克思主义要发展成为一种有吸引力的规范的政治理论,"第一步就是去发展一种马克思主义的正义理论"[1]。虽然我们不完全认同金里卡这一判断,但它无疑提示我们,应当以马克思恩格斯正义观为指导,依据马克思主义的立场、方法、原则,建构一种完善周密的正义理论,以进一步提升马克思主义的理论解释力,更好地推动社会主义和谐社会建设与中国特色社会主义伟大事业不断向前发展。

  由于上述原因,本书的最后几页文字与其说是结语,不如说是对那些秉持着马克思主义坚定信念、倾心于马克思主义科学理论、献身于马克思主义艰苦研究之同道的热诚邀请——一路前行,共同步入马克思恩格斯正义观研究这一依然敞开着的论域,并为之精研覃思、不懈求索。

---

[1] [加]威尔·金里卡:《当代政治哲学》(上),刘莘译,三联书店2002年版,第319页。

主要参考文献

一 经典著作与基本参考资料

1. 马克思恩格斯全集.第 1—7 卷.人民出版社,1956—1985
2. 马克思恩格斯全集.第 9 卷.人民出版社,1956—1985
3. 马克思恩格斯全集.第 16 卷.人民出版社,1956—1985
4. 马克思恩格斯全集.第 18—21 卷.人民出版社,1956—1985
5. 马克思恩格斯全集.第 23—25 卷.人民出版社,1956—1985
6. 马克思恩格斯全集.第 27 卷.人民出版社,1956—1985
7. 马克思恩格斯全集.第 29—34 卷.人民出版社,1956—1985
8. 马克思恩格斯全集.第 36—37 卷.人民出版社,1956—1985
9. 马克思恩格斯全集.第 42 卷.人民出版社,1956—1985
10. 马克思恩格斯全集.第 44—45 卷.人民出版社,1956—1985
11. 马克思恩格斯全集.第 46 卷(上).人民出版社,1956—1985
12. 马克思恩格斯全集.第 47—48 卷.人民出版社,1956—1985
13. 马克思恩格斯全集.第 1 卷.人民出版社,1995—2004
14. 马克思恩格斯全集.第 3 卷.人民出版社,1995—2004
15. 马克思恩格斯全集.第 10 卷.人民出版社,1995—2004

16. 马克思恩格斯全集.第 25 卷.人民出版社,1995—2004
17. 马克思恩格斯全集.第 30—32 卷.人民出版社,1995—2004
18. 马克思恩格斯全集.第 47 卷.人民出版社,1995—2004
19. 马克思恩格斯选集.1—4 卷.人民出版社,1995
20. 马克思.1844 年经济学哲学手稿.人民出版社,2000
21. 马克思.资本论(1—3 卷).人民出版社,1975
22. 马克思.剩余价值理论(1—3 册).人民出版社,1975
23. 列宁选集.(1—4 卷).人民出版社,1995
24. [古希腊]柏拉图.理想国.郭斌和,张竹明译.商务印书馆,1986
25. [法]傅立叶.傅立叶选集(1—3 卷).赵俊欣等译.商务印书馆,1982
26. [法]勒鲁.论平等.王允道译.商务印书馆,1988
27. [英]李嘉图.李嘉图著作和通信集(第 4 卷).郭大力,王亚南译.商务印书馆,1962
28. [法]卢梭.论人类不平等的起源和基础.李常山译.商务印书馆,1962
29. [法]卢梭.社会契约论.何兆武译.商务印书馆,2003
30. [英]洛克.政府论(下篇).瞿菊农,叶启芳译.商务印书馆,1964
31. [法]蒲鲁东.贫困的哲学(1—2 卷).余叔通,王雪华译.商务印书馆,1998
32. [法]蒲鲁东.什么是所有权.孙署冰译.商务印书馆,1982
33. [英]休谟.道德原则研究.曾晓平译.商务印书馆,2001
34. [英]休谟.人性论(上、下).关文运译.商务印书馆,1997
35. [古希腊]亚里士多德.政治学.颜一,秦典华译.中国人民大学出版社,2003
36. 研究《反杜林论》参考史料.生活·读书·新知三联书店,1980
37. 研究《哥达纲领批判》参考史料.生活·读书·新知三联书店,1978
38. [英]约翰·勃雷.对劳动的迫害及其救治方案.袁贤能译.商务印书馆,1959
39. [英]约翰·格雷.人类幸福论.张草纫译.商务印书馆,1984

二 国内学者研究专著

1. 陈汉楚.蒲鲁东和蒲鲁东主义.江苏人民出版社,1981

2. 陈勇.论公平与效率的辩证的历史的统一.哲学研究,1993年第10期
3. 慈继伟.正义的两面.生活·读书·新知三联书店,2001
4. 何怀宏.公平的正义——解读罗尔斯《正义论》.山东人民出版社,2002
5. 何怀宏.契约伦理与社会正义——罗尔斯正义论中的历史与理性.中国人民大学出版社,1993
6. 何建华.经济正义论.浙江人民出版社,2004
7. 胡海波.正义的追寻——人类发展的理性境界.东北师范大学出版社,1997
8. 胡贤鑫.《资本论》伦理思想研究.湖北人民出版社,2006
9. 胡真圣.两种正义观:罗尔斯马克思正义观比论.中国社会科学出版社,2004
10. 厉以宁.经济学的伦理问题.生活·读书·新知三联书店,1995
11. 倪勇.社会正义论.中央党校出版社,1998
12. 万俊人.正义为何如此脆弱.河北大学出版社,2005
13. 魏小萍.追寻马克思——时代境遇下马克思人类解放理论逻辑的分析和探讨.人民出版社,2005
14. 吴忠民.社会公正论.山东人民出版社,2004
15. 余文烈.分析学派的马克思主义.重庆出版社,1993
16. 袁久红.正义与历史实践——当代西方自由主义正义理论批判.东南大学出版社,2002
17. 张文焕.拉萨尔评传.人民出版社,1983
18. 张一兵.回到马克思——经济学语境中的哲学话语.江苏人民出版社,2005

三 国外学者研究专著

1. [德]E.杜林.哲学教程——严密科学的世界观和人生观.郭官义,李黎译.商务印书馆,1991
2. [英]L.王尔德.重新思考马克思与正义:希腊的维度.王鹏译.世界哲学,2005年第5期
3. [英]戴维·米勒.社会正义原则.应奇译.江苏人民出版社,2001
4. [美]杜娜叶夫斯卡娅.马克思主义与自由.傅小平译.辽宁教育出版社,1998

5. [德]弗兰茨·梅林.马克思传.樊集译.人民出版社,1972
6. [德]康德.道德形而上学原理.苗力田译.上海世纪出版集团,2005
7. [法]拉法格.思想起源论.王子野译.生活·读书·新知三联书店,1963
8. [美]罗尔斯.正义论.何怀宏,何包钢,廖申白译.中国社会科学出版社,1988
9. [美]罗尔斯.作为公平的正义——正义新论.姚大志译.上海三联书店,2002
10. [美]麦金太尔.谁之正义?何种合理性?万俊人译.当代中国出版社,1996
11. [美]诺齐克.国家、政府与乌托邦.何怀宏等译.中国社会科学出版社,1991
12. [美]施特劳斯主编.政治哲学史.李天然等译.河北人民出版社,1993
13. [加]威尔·金里卡.当代政治哲学.刘莘译.上海三联书店,2004

四 期刊文章

1. 段忠桥.科亨的政治哲学转向及其启示.哲学研究,2006年第11期
2. 段忠桥.马恩是如何看待剥削的"历史正当性"的.中国党政干部论坛,2001年第11期
3. 段忠桥.马克思和恩格斯的公平观.哲学研究,2000年第8期
4. 冯颜利.公正与正义.道德与文明,2002年第6期
5. 高清海,胡海波.人类发展的正义追寻.社会科学战线,1998年第1期
6. [新]洪镰德.马克思正义观和伦理思想的新近诠释——兼评《马克思、正义和历史》.现代哲学,1990年第4期
7. [新]洪镰德.马克思正义观析评.北京大学学报(哲学社会科学版),1991年第1期
8. 李风圣.论公平.哲学研究,1995年第11期
9. 林进平,徐俊忠.历史唯物主义视野中的正义观.学术研究,2005年第7期
10. 凌新,高园.论权利的不平等——马克思主义平等正义观的基本原则.江汉论坛,2004年第9期
11. 彭定光.论当代中国正义的特质.湘潭工学院学报(社会科学版),2001年第4期
12. 沈晓阳.马克思主义正义观探要.马克思主义研究,2006年第6期
13. 田中孝一.马克思的分配正义论.黄贺译.国外理论动态,2008年第1期

14. 万俊人. 关于政治哲学几个基本问题研究论纲. 天津社会科学, 2004 年第 2 期
15. 王桂艳. 考察正义问题的三个层面及其相互关系. 吉首大学学报（社会科学版），2000 年第 2 期
16. 王海明. 试论公平五原则——兼析罗尔斯正义论之误. 北京大学学报（哲学社会科学版），1996 年第 4 期
17. 王南湜. 实践哲学视野中的社会正义问题. 求是学刊, 2006 年第 3 期
18. 王锐生. 公平问题在社会主义中国：过去与现在. 社会科学辑刊, 1994 年第 4 期
19. 王锐生. 效率优先，兼顾公平——谈现时代的公平观. 光明日报, 1993 年 3 月 8 日
20. 王新生. 马克思超越政治正义的政治哲学. 学术研究, 2005 年第 3 期
21. 魏小萍. 分配公正：从原则到语境——两种理论境域的分歧与思考. 哲学研究, 2005 年第 10 期
22. 吴忠民. 马克思恩格斯公正思想初探. 马克思主义研究, 2001 年第 4 期
23. 姚大志. 超越正义与权利——评美国新自由主义. 社会科学战线, 1998 年第 5 期
24. 应奇. 正义还是德性. 哲学动态, 2000 年第 2 期
25. 袁贵仁. 论马克思主义的公正观. 求索, 1992 年第 4 期
26. 赵磊. 关于马克思主义的几个误读. 哲学研究, 2006 年第 6 期
27. 中共中央编译局马恩室编. 马克思恩格斯研究. 第 9—14 期, 1992—1993
28. 周新城. 论恩格斯对马克思主义公平观的科学阐述. 马克思主义研究, 2006 年第 4 期
29. 周宏. 马克思对粗陋的共产主义的批判及其在当代中国意义. 南京社会科学, 2001 年第 12 期
30. 周为民, 卢中原. 效率优先，兼顾公平——通向繁荣的权衡. 经济研究, 1986 年第 2 期

后　记

（一）

　　当时光像深山间的清泉一样波澜不惊地汩汩流奔，带走尘世间的青葱岁月、温馨念想和锦瑟华年时，思维却在光影的隐没处潜行跋涉，拂去岁月的淡淡烟尘，定格和逆溯那些渐行渐远的冀望，探寻和畅想这三千大千世界的奥衍微茫。有时会想到，惟日孜孜、无敢逸豫于论文写作的我们，是否是在通过写作这种方式力图对身外的世界多一些了解、把握和参与呢？正像我们玩赏校园里云白嫩粉的玉兰时，也想在后者美丽的绽放中映射出自己的生与思、泪与笑。

　　陋文驻笔之际，我要深深感谢业师段忠桥教授！此篇陋文，举凡选题、运思、行文、斧正，乃至词句斟酌、标题设定、句读标点，皆吾师之功。请容弟子深深地道一声：谢谢老师！段老师沉潜于学术一途，深思博览，尤精于分析马克思主义学派之运思路径，辩道析理，清晰细密，行文论世，谨严精微。吾师平素喜与弟子把酒论学，常携七八后学围炉小酌，不求珍馐玉馔之爽口，惟借一柄钓诗钩以畅叙幽情。常见中西术道之浩荡，每多师生逸兴之清扬。当斯时，其思也森森，其情也切切，其获也丰丰,其喜也洋洋。业师道德文章,于弟子之影响,岂惟三载?必将相偕终生。

衷心感谢中国人民大学哲学院吴潜涛教授和马克思主义学院刘建军教授!在这篇论文选题和开题的过程中,两位老师予我以充分的肯定与热情的鼓励,并提出了许多宝贵建议,以开阔的学术视野、深湛的学术素养拓展了我的研究路向。

深深感谢我的硕士生导师高春花教授!正是高老师将我引领进学术之门,并一直饱蘸爱心地关注着我的成长。高老师风采清雅、心境湛然,她经常说"学会了感恩,就学会了生活",我将永远铭记并努力践行。

廿年学海,一纸薄文,千情万绪,感慨深植,惟愿借一阕小词以记之。

> 灿烂星空,端严律令,黉门蓬转求经。
> 京华学步,聊初窥门庭。
> 三载品园春逝,但匆匆,马踏初程。
> 回眸处,青灯尘卷,剑气素心横。
>
> 徐行。相与共,恩师贤圣,益友良朋。
> 更玉容缱绻,梦影娉婷。
> 谩道惊欣交汇,襟袖上,欲住还零。
> 阑夜里,幽悃万籁,摇曳此时情。

——调寄满庭芳

(二)

这本小册子是在我的博士论文的基础上增删修改而成的。这篇后记的第一部分即是当时博士论文的后记。

逝者如斯,不舍昼夜。距离写作上述文字的时间又已过去了两年多，现在回头重读当时记下的这些感性文字，依稀之间已经有了一点沧桑之慨，往昔品园悠游求学、熬夜读书、师友过往的声光音影又一一复现于眼前，心底重又荡漾起潮湿温润的感觉。

选择马克思恩格斯的正义观这一题目，是业师段忠桥先生指定的。那是在2004年9月初，我们刚刚步入人大校园两天，段老师就亲自找到博士生宿舍，给我布置了这一题目，并留下了读《马克思恩格斯全集》的任务。这一题目颇合我的心意，与我以前一点薄弱的知识背景也很相关，所以我几乎未加思索就答应了。答应得这样快还有另外一个原因，那就是在考入人大之前就已经不断地听人说到，段老师是以对待学生严厉而闻名的。因此，为了避免甫入师门即遭"开革"的命运，应承这一题目也有其"合法性"基础。自然，在以后数年与段老师的交往中，我发现"传闻"颇为失实。段老师是一个充满了玩心和童趣的人，喜欢学生，喜欢热闹，喜欢对酒当歌，无比真诚地教导、帮助和关心学生，这些常常让我们感动、温暖。段老师对待学生的严厉，仅仅体现在学术方面。论文中的漏洞、误读和各种瑕疵，尤其是概念不清晰、逻辑不严密之处，段老师都会毫不留情地指出来，甚至会让一些已经成为教授的学生感到没有面子。在我看来，段老师是一个既可爱又可敬的学者，既是一位坚定的马克思主义者，又深深体现着中华传统伦理中"温而厉"的师德。

遵照业师认真读《马克思恩格斯全集》的指示，我来到人大图书馆借阅全集。在人大图书馆第三借阅室第一排书架上，我看到除了人们经常用到的很少一部分卷次外，《全集》中很大一部分都蒙着淡淡的尘灰。吐一口气，抚去岁月烟尘，也呼出心里的浮躁，坐下来读。以前曾经多次阅读四卷本的《马克思恩格斯选集》，却从未想到，从四卷本到五十卷，这绝不仅仅是一个数字的增加，而是意味着思想的无限丰赡和视阈的极大延展。一当进入马克思恩格斯那浩瀚恣肆的文本世界，一旦一个论断或一个洞见抓住你的时候，随之而来的就是思想中激起的连锁反应。困惑不安和百思难解相继涌起，惊奇钦敬和欣喜会心交织而生。无数的思想交锋、理论批判，无数的历史事件、文本评说，甚至无数的诗词引语、人物典章，让人目不暇接，让人不由自主地随着马克思恩格斯的如椽巨笔和生花妙论在思想的迷宫中盘桓往复、觅路前行。也许由于这样一种阅读体验，我总坚定地认为，那些没有读过马克思恩格斯几本书就耸一耸肩膀认为马克思恩格斯以及整个马克思主义早已被时代风云目迷五色的演变通统扫进了历史垃圾堆的人，不是浅薄无学，就是历史短视，甚而两者兼资。就这样且读且思，且吟且行，淡然走过了两年时光。五十卷《马克思恩格斯全集》当然不可能全部精读下来，只能在大部分浏览、精读的基础上，把与论文主题有关的论述摘录下来，反复体悟。在这一段时间里，我这个喜欢写点东西的人却一篇文章也没有写，不是不想写——恰恰相反，脑子里经常涌现出很多想法——而是感到无法得窥全牛，因而无从写起。那是一段难熬的日子，也是一段充实而丰富的日子，每有会心，甚至欣然忘食。上个世纪五六十年代出版的第一版《全集》，那晕黄粗糙的颜色手感，经常弥散在眼前，让我每当回想斯时场景时，总觉得读《全集》都是在夜色苍茫、灯火阑珊的时候进行的。仿佛独泛空溟，不知今夕何夕。正是这些比我的年龄几乎大一倍的老旧书册，以其所蕴涵的丰厚的思想资源和不朽的学术洞见，滋养着作为初学者的我的智识、心灵和情感，激荡着我在黉门飘萍中探研学术、寻觅真理的诗情，并在一定程度上弥补了令人难以回味的人大食堂饭菜所带来的肚腹饥饿感。

刚读博士生三年级时，论文草成，未及详加斟酌修改，忽然得到一个机会到中国社会科学杂志社实习。中国社会科学杂志社在我国学术界和期刊出版界拥有崇高的地位和巨大深远的影响力、号召力，能到这里实习，于我实在是一件幸事和喜事。自从在中国社会科学杂志社实习继而工作以来，各种工作任务极为繁重，使我再也无暇认认真真地回到这一题目上来，是以此文还极为粗陋简浅，无论从哪个方面来讲都带着初学者的印痕。同时，自从到中国社会科学杂志社工作以来，接触到了很多以前在校园和书本上无法学到的东西，极大地拓展了我的研究视阈。但由于时间和篇幅关系,这些新的收获只能寻找机缘、另谋他篇了。

在这里,我要深深感谢中国社会科学杂志社总编辑高翔先生!

深深感谢中国社会科学杂志社马克思主义理论编辑室主任、《中国社会科学内部文稿》主编孙麾先生!

高翔先生与孙麾先生两位老师在我的工作、学习和成长中,在我的人生旅途和学术道路上,都给予了我无比深厚、无微不至的关怀照拂。此情此谊,当永志不忘!"将炙啖朱亥,持觞劝侯嬴","纵死侠骨香,不惭世上英",我亦将努力工作,回报高翔先生和中国社会科学杂志社对我的厚爱。

衷心感谢清华大学哲学系教授韩立新博士在百忙之中慨然为本书赐序!韩老师马克思主义学术功底扎实深湛,熟谙英、日、德等多国语言,是一位真正的学者。韩老师对拙著的认肯和褒奖,令我愧不敢当的同时,也化作了我继续深入研究的动力。

于此还要向江苏人民出版社的杨建平先生和戴亦梁女士以及责任编辑王溪女士表示深深的感谢!多亏建平学兄和亦梁学姐、王溪编辑的鼎力支持与热情帮助,这本小册子才能面世。对此我永远心怀感激!

拙著修改之际,小女亦昕已经一周岁多了,正是咿呀学语、蹒跚学步之时。女儿芬芳明净的小脸,是世界上最美丽的容颜。工作累了时,看看女儿纯净无暇的大眼睛,听听女儿呢喃娇嫩的小嗓音,亲亲女儿娇憨可爱的俏模样,都会带给我无穷的动力和无限的幸福。我愿意把这本小书献给我的女儿。小女降生不久,曾为她写过一首小诗,我热切地将这首小诗附录于此,希望女儿早日读懂。这非关"正义",却牵系着一位父亲深沉的爱。

爱 女 行

(小女降生,余与妻宝爱至极,视为掌珠,虽日夜照拂,忙碌辗转,亦以之为人间至乐也。初为人父,心事如潮,中夜吟味,渐得此

数句。时小女诞生二十一日）

凤山夕照明晚枫，群贤纵论意气横。
万里秋空凝远翠，忽闻小女即降生。
辞友别筵日色昏，归心直上曳流云。
急将汽车换火车，速下京门赴石门。
车轮滚滚夜茫茫，悬思百转心事长。
却闻母女俱安康，六斤三两小红妆。
一洗闲愁明月夜，望穿平野心切切。
关山梦里度如飞，一跤摔跌浑未觉。
纯棉裹饰婴儿床，天使原在此中藏。
动魄惊心眼前亮，恍如长夜爝火光。
屏气凝息蹑步前，慢挑纱笼仔细观。
亦惊亦喜初相见，珍而重之第一面。
盈盈小小娇且嫩，秀骨清相文质匀。
秀眉淡淡小手蜷，初世好梦正轻甜。
鼻息细细嘴纤纤，一吸一吐联心肝。
喜看良久悄无言，始知语言何有限。
回看儿母卧床头，四手交握慨无俦。
十年风雨共寒舟，同袍同泽同喜忧。
五行齐全甲木春，名哲赐汝名亦昕。
朝霞绚烂日升东，元吉匪失永芳龄。
赤橙蓝绿紫青黄，刷洗尿片不觉忙。
吾女合为美术家，随心点燃成百花。
夜作地图十八幅，就中更有黄金敷。
黄金美玉不足贵，但愿此生常新美。
心花盛放发浩歌，伴汝三夜眼未合。

出世五天逢黄疸，初为父母心婉转。
悉心料理夜专夜，雪肤渐复当时色。
日间夜里试新啼，或为如厕或为饥。
蹄声嘹亮惊倦梦，一犟一唤肝肠动。
渐甄啼声别大小，或发嗔怒或撒娇。
大哭疾疾如骤雨，小哭腻腻似喃呢。
疾疾腻腻变幻啼，胜逾豪放婉约词。
坡老稼轩之壮阔，耆卿美成之吟哦。
梦窗白石与容若，娇啼声里俱囊括。
一啼一笑人生路，一吟一咏深情赋。
人生忧乐从兹始，点点滴滴成心曲。
高高秋月透南窗，锦瑟华年若许长。
执子之手扣沧桑，世间百味伴汝尝。
捧之顶之不胜亲，最是可怜父母心。
爱之育之心血倾，谱成人世第一情。
白云飘飘曷有极，此意悠悠存天地。
天有荒芜地有老，唯此绵绵无终了。
吟罢心语复低眉，恬淡冰姿展颜睡。
四野清风静喑喑，惟余床尾月如水。

王　广

2009 年 10 月

谨志于京华西坝河

附录一 马克思使用正义范畴的文本厘清与层面划分

马克思与正义的关系,近些年来一直是学界研究的重要论题。然而,学界对这一问题的研究,始终呈现出言人人殊、聚讼纷纭的面貌。艾伦·伍德、胡萨米、尼尔森等学者对这一问题的多种解读均有相应文本支撑而观点截然对立的多种解读,进一步增加了这一问题的难度。[①] 马克思究竟赞成正义还是反对正义?马克思是否认为资本主义社会是非正义的?马克思批判资本主义、吁求共产主义是否有基于正义的成分?这一系列问题仍未有定论。

笔者认为,要准确解答马克思与正义问题,最根本的关节点是要"以马克思解读马克思",这就要求我们基于马克思(包括恩格斯)的真实文本,对他在这一问题上的各种论述进行厘清、分类和概括。目前,中文世界最为齐备的马克思著作仍是《马克思恩格斯全集》[②],笔者对马克思"正义"文本的研究以此为基础并参照其他选本。通观马克思以及恩格斯的

[①] 参见艾伦·伍德:《马克思对正义的批判》、《马克思论权利和正义:对胡萨米的回复》,齐雅德·胡萨米:《马克思论分配正义》,凯·尼尔森:《马克思论正义:对塔克—伍德命题的重新审视》、《正义之争:马克思主义的非道德主义与道德主义》等文章,载李惠斌、李义天编《马克思与正义理论》,中国人民大学出版社2010年版。

[②]《马克思恩格斯全集》第一版50卷,第二版迄今出版了22卷。

全部文本,与正义有关的内容,主要是"正义"、"公平"、"公正"等范畴。以往学界普遍认为,马克思很少留下关于正义问题的论述和文本,以至于美国学者威廉·麦克布莱德写道,"一定要付出很多努力才能占有马克思如此稀少的论及正义的材料"①。但这更多的是因为以往学者研究马克思与正义问题主要是释读他关于分配正义的文本,而事实上,马克思在正义问题上的论述有更为广阔的内容。

经过仔细厘清分梳,笔者认为,马克思实际上是在三个不同的层面上谈论正义问题:(1)日常社会交往层面,在这一层面,正义被马克思视为一种表达不偏不倚之义的"简单的道德"。(2)无产阶级利益层面,在这一层面,马克思站在无产阶级的立场,以强烈的理论激情和革命义愤批判资本主义社会及其不公正不合理的分配制度,表达无产阶级的利益诉求。(3)经济科学研究层面,在这一层面,正义被马克思视为试图在现代化学研究中保留"燃素说",会导致不可救药的混乱。这三个层面的划分,有助于我们更清晰地把握马克思在正义问题上的论述,更好地破解马克思与正义的理论难题。

一、日常社会交往层面——不偏不倚的"简单的道德"

正义作为一种表示不偏不倚、公道正直之义的道德范畴,无论在西方还是在东方都有极为悠久的历史。章海山教授认为,在西方伦理思想史的源头,"公正就是不偏不倚","公正(或译为正义、公道)观念,在希腊原始公有制社会中,产生于共同生产和平均分配之中。"②阅读马克思恩格斯的著作尤其是书信,其中有很多在日常生活和社会交往中使用"公平"、"公正"的表述,其含义就是不偏不倚、公正无私。例如,马克思在

---

① 威廉·麦克布莱德:《马克思、恩格斯和其他人论正义》,载李惠斌、李义天编:《马克思与正义理论》,中国人民大学出版社 2010 年版,第 327 页。
② 章海山:《西方伦理思想史》,辽宁人民出版社 1984 年版,第 29 页。

1860年2月21日给《总汇报》编辑部的信中说,"我在这种情形下特意期待的是什么呢——最低限度是common fairness(一般的公正),即任何一家英国报纸(无论它的派系如何)都不敢违背的这种公正。"[1]恩格斯在1861年3月写作的《志愿兵将军》一文中写到:"志愿兵运动缺少一样东西:内行的局外人公平合理的、同时又坦率而真诚的批评。"恩格斯在这里赞成的是"不偏不倚的意见"、"公正的意见"。[2] 在《步枪和步枪射击》一文中他还谈到,用"工兵部队装备的价值约4英镑的朗卡斯特677式椭圆形枪膛的普通军用马枪","同制造精良,价值约25英镑的惠特沃思式步枪比赛,显然是不公平的"。[3] 再如,法国社会主义者保·拉维涅在1885年8月8日的信中请恩格斯校阅他翻译的马克思《路易·波拿巴的雾月十八日》一书译稿,而恩格斯由于已经答应了另一位译者福尔坦同样的请求,并且已经校阅了一部分,因而在12月1日的回信(草稿)中说,"在这种情况下,我不认为自己有权以任何方式利用您的译作;我一页也不容许自己看您的译稿,因为,如果它比福尔坦的译稿好,我难免不把您的某些句子用到他的稿子上,而这对您是不公正的,就是对福尔坦,看来也是不公正的,因为您跟他不和。所以,非常遗憾,为了保持公正,我不能看您的译稿。"[4]显然,马克思恩格斯在这些场合下所使用的"公平"、"公正"等概念,指的就是一种在日常生活和社会交往中公道、不偏私的道德品质。

这种日常社会交往中的道德品质,被马克思和恩格斯做了进一步的发挥和引申,用来评价历史事件、历史人物。马克思在1862年1月11日撰写了《英国的舆论》一文,当时英美之间发生了"特伦特号事件",两国关系紧张、战争一触即发,英国工人阶级在这种情况下承受着巨大的苦

---

[1]《马克思恩格斯全集》第14卷,人民出版社1964年版,第768页。
[2]《马克思恩格斯全集》第15卷,人民出版社1963年版,第274页。
[3] 同上书,第293页。
[4]《马克思恩格斯全集》第36卷,人民出版社1975年版,第386—387页。

难而坚决反战,"美国永远不应忘记:从这次冲突的开始直到终了,至少英国的工人阶级从来没有背弃过它",马克思就此指出,"在这种情况下,仅仅出于公正,也必须赞扬英国工人阶级的正确立场"。①而恩格斯在1885年10月28日给倍倍尔的信中,从历史和理论上对英国工人、法国工人和德国工人的优点和不足进行了分析,指出,"英国人和法国人早已把他们革命前的童贞遗忘了,而我们德国人却仍然拖着这种有时是十分累赘的装饰物,因为我们还从未完成过一次独立的革命。彼此各有自己的优点和缺点。但是如果把三个国家的工人的不同态度用同一种片面的尺度去衡量,这是十分不公正的。"②在上述语境下,"公正"范畴作为一种道德评价尺度,被马克思恩格斯运用于具体社会历史事件或现象的评判,但仍然使用的是其公平正直的本义。

从上述引证可以看出,马克思恩格斯对于表示不偏不倚的道德评价之义的"正义",不但赞成,而且经常使用。学界以往对马克思在这一方面的正义论述极少关注,也许是觉得太"简单"、太"日常"了。然而事实并非如此,马克思还将这种日常社会交往中简单的道德评判,巧妙地运用于国际共产主义运动实践,尤其是在第一国际的一系列宣言、章程等中多次使用"正义"这一范畴。主要有:马克思在1864年10月撰写的《国际工人协会成立宣言》中提出,"努力做到使私人关系间应该遵循的那种简单的道德和正义的准则,成为国际关系中的至高无上的准则。"③在《协会临时章程》中写到,"这个国际协会以及加入协会的一切团体和个人,承认真理、正义和道德是他们彼此间和对一切人的关系的基础,而不分肤色、信仰或民族。"④在1870年7月起草的《国际工人协会总委员会关于普法战争的第一篇宣言》中,马克思再次重述了"国际所要求的对

---

① 《马克思恩格斯全集》第15卷,人民出版社1963年版,第464页。
② 《马克思恩格斯全集》第36卷,人民出版社1975年版,第370—371页。
③ 《马克思恩格斯全集》第16卷,人民出版社1964年版,第14页。
④ 同上书,第16页。

外政策",即"……努力做到使私人关系间应该遵循的那种简单的道德和正义的准则,成为各民族之间的关系中的至高无上的准则。"①在1871年11—12月印成的《国际工人协会共同章程》中,马克思采用了同样的表述。② 对于这里的"正义"范畴,一些研究作了过度的解读,抬高了这里的"正义"在马克思思想中所占的分量。而笔者认为,马克思在这里使用的"正义",其内涵并不复杂,也不深奥,就是他在日常社会交往中所使用的正直无私等义。马克思在这里明确将"正义的准则"与"简单的道德"相提并论,以之作为共产国际之间、各民族之间的交往规范。在这一层面上,马克思无疑认可正义,但对正义范畴并无过多的推崇。这从马克思1864年11月4日致恩格斯的信中也可以看出:"不过我必须在《章程》(协会临时章程)引言中采纳'义务'和'权利'这两个词,以及'真理、道德和正义'等词,但是,这些字眼已经妥为安排,使它们不可能为害。"③在同一封信中马克思还指出:"要把我们的观点用目前水平的工人运动所能接受的形式表达出来,那是很困难的事情。……这就必须内容上坚决,形式上温和。"④从马克思的表述可以看出,他之所以采用"正义"等范畴,更多的是出于一种策略上的需要。

恩格斯曾明确写到:"在日常生活中,需要加以判断的各种情况很简单,公正、不公正、公平、法理感这一类说法甚至应用于社会事物也不致引起什么误会……"⑤正是在这一层面,马克思和恩格斯认可正义范畴并经常使用,以表达不偏不倚、公道正直的涵义。这说明在真正的社会领域,在一种具有共通规范的共同体生活中,在正义作为一种道德范畴能够真正发挥其评价功能和调节作用时,马克思是看重正义范畴的。而随着现代社会各种不确定性和风险日渐增加,在日常生活中判断各种情况

---

① 《马克思恩格斯全集》第17卷,人民出版社1964年版,第3页。
② 同上书,第475—478页。
③ 《马克思恩格斯全集》第31卷,人民出版社1972年版,第17页。
④ 同上书,第17页。
⑤ 《马克思恩格斯文集》第3卷,人民出版社2009年版,第323页。

也变得越来越不简单,道德世界和日常生活中充满了冲突的抉择。这就如同桑德尔所揭示的那样,"公正——该如何做是好"①等问题愈益变得复杂多变,这恰恰给当代伦理学和道德哲学的正义建构留下了广阔的探索空间。

二、无产阶级利益层面——理论激情与革命义愤

自从人类社会进入阶级社会以来,就没有哪个阶级可以生活在本阶级独存的真空中。"私有制社会以来,公正作为一个道德规范是与财产密切联系在一起的,一切损害私有财产的行为被看作最不道德、最不公正。"②马克思主义揭示出,任何一个阶级都有自己的正义观,正义的阶级性是其重要属性。③ 正是也仅仅是在这一意义上,笔者同意胡萨米的观点:"被剥削阶级,如无产阶级,就形成了一种不同于资产阶级标准的正义概念,并对现行的生产资料分配和收入分配予以否定性评价。"因此,"在马克思的表述中,无产阶级及其代言人运用无产阶级的正义标准批判资本主义的分配活动,这是有效的。"④如果说马克思在暂时剥离了阶级关系的日常社会交往层面将正义视为一种"简单的道德",那么一当问题涉及资本主义制度尤其是资本主义分配制度层面,马克思就立即将正义视为表达无产阶级利益诉求的一种价值评判,在笔端充分倾泻出他对资本主义制度的强烈义愤。恩格斯曾经写到,如果工人面对资产阶级的"凌辱、蹂躏、肉体摧残和精神折磨"而"毫不气愤",那么工人阶级就是命该如此,"没有这种激情、革命义愤,无产阶级的解放是没有希望的"。⑤

---

① 参见迈克尔·桑德尔:《公正——该如何做是好?》,朱慧玲译,中信出版社 2012 年版。
② 章海山:《西方伦理思想史》,辽宁人民出版社 1984 年版,第 29 页。
③ 参见拙著:《正义之后:马克思恩格斯正义观研究》,江苏人民出版社 2010 年版,第五章。
④ 齐雅德·胡萨米:《马克思论分配正义》,载李惠斌、李义天编《马克思与正义理论》,中国人民大学出版社 2010 年版,第 47 页。
⑤《马克思恩格斯全集》第 10 卷,人民出版社 1998 年版,第 282 页。

通过阅读马克思和恩格斯的著作,我们完全可以感受到,他们决不是冷冰冰的、不带任何感情色彩的研究机器,相反,他们的笔锋是常带感情的。对于资本主义制度造成的苦难、对于资本主义不公正不合理的分配制度、对于无产阶级和劳动人民在资本主义制度下受到的残酷剥削,马克思和恩格斯站在无产阶级的立场,进行了感同身受的描绘和义愤填膺的表达。

在《资本论》中,马克思以强烈的讽刺性口吻写道:"让我们来赞美资本主义的公正吧!土地所有者、房主、实业家,在他们的财产由于进行'改良',如修铁路、修新街道等等而被征用时,不仅可以得到充分的赔偿,而且按照上帝的意旨和人间的法律,他们还要得到一大笔利润,作为对他们迫不得已实行'禁欲'的安慰。而工人及其妻子儿女连同全部家当却被抛到大街上来,如果他们过于大量地涌到那些市政当局要维持市容的市区,他们还要遭到卫生警察的起诉!"[①]在《国际工人协会成立宣言》中,马克思援引各种资料,揭示了工人在资本主义制度下悲惨的生活状况,愤怒地谴责资本主义制度"使工人阶级健康损坏、道德堕落和智力衰退"[②]。恩格斯在《英国无产阶级状况》等著作中,以悲愤的笔触描写了无产者的悲惨境遇。他将以往不同时期的剥削制度称为"吸血的制度",将资本主义制度称为"丑恶的制度"[③],"只要还有一块肉、一条筋、一滴血可供榨取,厂主就不会放松剥削……这种剥削践踏了文明社会的一切要求。"[④]类似的表述,在马克思恩格斯的著作中还有很多,从这些描写中我们不难感受到这是一种充满了"激情、革命义愤"的写作。真正深入地阅读马克思的著作,往往一方面被他的思想论辩所折服,另一方面被他的理论激情所感染。世界上劳苦大众的心都是相通的,能够唤醒亿万劳动

[①]《马克思恩格斯全集》第23卷,人民出版社1972年版,第725页。
[②]《马克思恩格斯选集》第2卷,人民出版社1995年版,第601页。
[③]《马克思恩格斯全集》第10卷,人民出版社1998年版,第283页。
[④] 同上书,第299—300页。

人民发挥改天换地磅礴力量的,一定是劳苦大众自己的理论家。在马克思恩格斯的笔下,始终激荡着一颗无产阶级的心脏。

马克思恩格斯不仅一般地、宏观地批判资本主义制度,而且深入到税收等具体的分配领域来表达无产阶级所受的不公正待遇。1845年2月8日恩格斯在爱北菲特的演说中,提出了"三个必然会促使共产主义实现的措施",即国家对一切儿童实行普遍教育、全面改组济贫所、实行资本累进税制。按照恩格斯的阐述,第一个和第三个措施带有明显的提高社会公平感的色彩。第一个措施"对我们的穷弟兄来说,只是一件公平的事情,因为每一个人都无可争辩地有权全面发展自己的才能,而且当社会使愚昧成为贫穷的必然结果的时候,它就对人犯下了双重的罪过。"[①]他指出,要贯彻前两个原则就需要钱,"为了取得这些钱,同时为了改变到现在为止一切分担得不公平的赋税,在现在提出的改革计划中就应该建议采取普遍的资本累进税,其税率随资本额的增大而递增。这样,每一个人就按照自己的能力来负担社会的管理费用,这些费用的重担就不会像一切国家中以往的情形那样,主要落在那些最没有力量负担的人们的肩上。"[②]在2月15日的演说中他再次提到:"总有一天无产阶级的力量会强大起来,觉悟会提高起来,他们再也不愿载负着一直压在他们肩上的整个社会大厦的重担,他们会要求更公平地分配社会的负担和权利。"[③]恩格斯在这里表明,资本主义社会的税赋制度对无产阶级来讲是极为不公平的,必须通过革命手段改变这一不公平的税赋制度。

在《革命的西班牙》一文中,马克思曾谈到西班牙在专制时期是由卖国政府实行的"人人皆知的不公平、不合理、负担沉重的财政制度"[④]。1850年春,马克思和恩格斯撰文评论过埃米尔·德·日拉丹的《社会主

[①]《马克思恩格斯全集》第2卷,人民出版社1957年版,第614页。
[②] 同上书,第615页。
[③] 同上书,第618—619页。
[④]《马克思恩格斯全集》第10卷,人民出版社1962年版,第477页。

义和捐税》一书。日拉丹在其著作中,对当时法国的土地税、私人动产税、门窗税、特许税、注册税和印花税、酒税、关税、入市税等做了评论,其观点可以归纳为三点:(1)从来没有一种税是按照它的制订者的意图由应当负担的那个阶级去负担的,而总是转嫁到另一个阶级的身上。(2)所有的临时税都会固定下来成为永久税。(3)任何一种税都不是根据财产多少按比例征收的,都不是公平的、平等的、合理的。① 日拉丹为了改变这种不公平不合理的捐税制度,提出了取消捐税、把它变成保险金的观点。② 对于这样一种纯粹的空想,马克思恩格斯指出,"税制改革是一切激进资产者的拿手好戏,是一切资产阶级经济改革的特殊要素。……捐税改革的目的不是废除妨碍工业发展的旧传统税和缩减国家预算,就是比较平等地分摊捐税。资产者对平等分摊捐税的幻想追求得越顽强,实际上这种幻想就越不能实现。捐税最多只能在一些次要方面改变直接以资产阶级生产为基础的分配关系,如工资和利润的关系、利润和利息的关系、地租和利润的关系,但是它从来动摇不了这些关系的基础。所有关于捐税的探讨和争论都以肯定这些资产阶级的关系万世长存为前提。"③这就是说,资产阶级的捐税改革,丝毫不能改变其私有制的前提,不会有利于无产阶级,最多只能在一些次要方面触及资本主义的分配关系。这样的捐税改革,对于无产阶级来讲,是没有根本帮助的。因此,"读者在日拉丹的整本书里唯一没有读到的就是工人","资产阶级的社会主义总是设定社会只是资本家构成的"。④ 与日拉丹不同,马克思恩格斯是鲜明地站在无产阶级的立场上来看待资产阶级的捐税制

---

① 参见《马克思恩格斯全集》第10卷,人民出版社1998年版,第345页。
② 按照日拉丹的设计,每一年由前任收税官发给被保险人一个保险证,上面列明其姓名、编号、财产总额以及法国的国家预算和总收支平衡表等,社会成员自己估算自己的财产以确定保险金额度,这样,社会成员支付一定的保险金就可以彼此保证笔记的财产不因火灾、旱灾、雹灾和破产等受到损失,资产阶级社会具有瘟疫性质的一切变动和兴衰由此消失,普遍的安全和普遍的保险由此实现。
③ 《马克思恩格斯全集》第10卷,人民出版社1998年版,第347—348页。
④ 同上书,第354页。

的,对这种分配制度,无产阶级的回答不是改革,而是消灭其私有制前提。

在1853年4月20日前后撰写的《英镑、先令、便士,或阶级的预算和这个预算为谁减轻负担》①一文中,威廉·皮佩尔还利用马克思提供的资料和观点,尖锐抨击了以格莱斯顿为财政大臣的辉格党剥夺穷苦大众的财政方案。当时英国财政大臣格莱斯顿制定的有利于资产阶级的财政预算方案,实质上是把负担转嫁到不富裕阶层身上。格莱斯顿保证说,这"不会触及劳工阶层"。对此,马克思和皮佩尔指出,采取这一方案的效果只能是:"减轻富有者的负担,而把富有者得到的轻松化为重负压到较不富者的头上。富商将交纳得少一些,而为了加以弥补,不富裕的商人要交纳由过去不由他们直接交纳的税。这真是奇怪的公平!"②针对此,他们提出,在征税问题上应当倾向于累进税制,使税额的百分率随收入数额而提高,因为5万便士对年收入1万英镑的人说来比500便士对年收入100英镑的人说来要少。③从这里可以看出,在尚不具备直接消灭资本主义制度的条件的情况下,马克思主张分配制度的制定和调整,一定要充分考虑到无产阶级的利益,最大限度地向无产阶级倾斜。然而事实上,在资本主义制度的总体框架下,资产阶级的财政政策不会对工人阶级有好处,因为这个社会制度"处处都精心划定了限度,超出限度工人就会得益,贵族和中等阶级就要受损;所以竭力避免超过这个限度"④。

---

① 《英镑、先令、便士,或阶级的预算和此预算为谁减轻负担》这篇文章,在《马克思恩格斯全集》中文第一版中是作为马克思的著作收入全集的(见1961年第一版第9卷,第72—76页。)。而《马克思恩格斯全集》中文第二版认为,这篇文章很可能是威廉·皮佩尔受马克思的委托写的,故将其收入了附录部分(见1998年第二版第12卷,第656—660页、813页。)。但是,这篇文章与马克思4月19日写给《纽约每日论坛报》的通讯《菲格斯·奥康瑙尔。——内阁的失败。——预算》谈的是同一个问题,文中不仅使用了相同的资料,而且对所得税、遗产税和取消其他税收的看法都是一致的。因此,我们援引该文作为论据在理论上是成立的,它能够代表马克思的观点。
② 《马克思恩格斯全集》第12卷,人民出版社1998年版,第657页。
③ 同上书,第657页。
④ 同上书,第659页。

正是由于资本主义制度的本质,马克思恩格斯虽然从无产阶级的正义观出发,揭露了资本主义分配制度对于无产阶级的不公平不合理——这既是对资本主义分配制度的事实描述,也是对它的价值评判,但决不意味着要求通过变革分配制度而实现无产阶级的根本利益。事实上,马克思恩格斯在这一问题上的主张,一贯是消灭私有制、消灭雇佣劳动制度。马克思认为,在所谓分配问题上大做文章并把重点放在它上面,那是根本错误的。① 马克思有一段著名的表述:"什么是'公平的'分配呢?难道资产者不是断言今天的分配是'公平的'吗?难道它事实上不是在现今的生产方式基础上唯一'公平的'分配吗?难道经济关系是由法的关系来调节,而不是相反,从经济关系中产生出法的关系吗?难道各种社会主义宗派分子关于'公平的'分配不是也有各种极不相同的观念吗?"②对这段话有多种解释,但核心要义恰恰在于:生产方式是分配方式的基础,如何生产决定着如何分配,因而要改变资本主义不合理的分配制度,只能通过变革其生产方式来实现,而不是在分配领域中兜圈子。这就将我们对马克思关于正义问题的论述,提升到了经济科学研究的层面。

三、经济科学研究层面—"社会燃素"与"征兆"

列宁曾经指出,"使马克思的理论得到最深刻、最全面、最详尽的证明和运用的是他的经济学说。"③在经济科学研究层面,马克思完全将所谓正义排除在外,而仅仅将其视为一种"社会燃素"和"征兆"。马克思恩格斯之所以将自己创造的思想体系称为科学社会主义,最根本的原因是这一体系建立在物质生产实践的现实基础之上,是可以用自然科学的精

---

① 参见《马克思恩格斯选集》第3卷,人民出版社1995年版,第306页。
② 《马克思恩格斯选集》第3卷,人民出版社1995年版,第302页。
③ 《列宁选集》第2卷,人民出版社2012年版,第428页。

密性加以验证的。马克思指出,"社会——不管其形式如何——究竟是什么呢？是人们交互作用的产物。人们能否自由选择某一社会形式呢？决不能。在人们的生产力发展的一定状况下,就会有一定的交换〔commerce〕和消费形式。在生产、交换和消费发展的一定阶段上,就会有一定的社会制度、一定的家庭、等级或阶级组织,一句话,就会有一定的市民社会。"①而按照《〈政治经济学〉序言》的经典表述,"对市民社会的解剖应该到政治经济学中去寻求"②。正是通过艰苦的政治经济学批判和探索,马克思深刻探讨了资本主义生产、交换、分配、消费等的全过程,揭示了剩余价值的秘密,"发现了现代资本主义生产方式和它所产生的资产阶级社会的特殊的运行规律"③,从而使无产阶级的彻底解放和资本主义私有制的消亡奠定在科学的基础之上。马克思明确指出:"对现存经济制度完全无知的人,当然更不能理解工人为什么要否定这种制度。他们当然不能理解,工人阶级企图实现的社会变革正是目前制度本身的必然的、历史的、不可避免的产物。"④正是由于此,马克思斥责那些"想用关于正义、自由、平等和博爱的女神的现代神话来代替它的唯物主义的基础"的人,把正义斥为"陈词滥调"⑤,批判《未来杂志》"主要意图就是用关于'正义'等等的虚妄词句来代替唯物主义的认识"⑥,认为这种正义"只能是愚蠢的——愚蠢的、无聊的和根本反动的……"⑦正是在这一意义上,伍德的下述主张是有充分理据的,"马克思所发出的革命推翻资本主义生产关系的号召,不是也不可能是建立在'资本主义是不正义的'这种断言的基础上。事实上,马克思认为,所有想把革命实践建立在法权观念

---

① 《马克思恩格斯全集》第 27 卷,人民出版社 1972 年版,第 477 页。
② 《马克思恩格斯全集》第 31 卷,人民出版社 1998 年版,第 412 页。
③ 《马克思恩格斯文集》第 3 卷,人民出版社 2009 年版,第 601 页。
④ 同上书,第 113 页。
⑤ 《马克思恩格斯选集》第 4 卷,人民出版社 1995 年版,第 627 页。
⑥ 《马克思恩格斯选集》第 34 卷,人民出版社 1972 年版,第 283 页。
⑦ 《马克思恩格斯选集》第 4 卷,人民出版社 1995 年版,第 627—628 页。

基础上的企图都是意识形态的胡言乱语……"①

从马克思完成思想转变,一直到生命晚期,始终在着力批判那种将正义范畴引入严肃的政治经济学研究的企图。② 这也是马克思不同于历史上一切正义理论家的卓越之处。马克思在《资本论》的一个注中写到,蒲鲁东先从与商品生产相适应的法权关系中提取他的公平理想,然后反过来按照这种理想来改造现实的商品生产和与之相适应的现实的法权。马克思认为这完全是非科学、反科学的做法。"如果一个化学家不去研究物质变换的现实规律,并根据这些规律解决一定的问题,却要按照'自然性'和'亲合性'这些'永恒观念'来改造物质变换,那末对于这样的化学家人们该怎样想呢?如果有人说,'高利贷'违背'永恒公平'、'永恒公道'、'永恒互助'以及其他种种'永恒真理',那末这个人对高利贷的了解比那些说高利贷违背'永恒恩典'、'永恒信仰'和'永恒神意'的教父的了解又高明多少呢?"③马克思在这里将自己对政治经济学的探索等同于化学家研究物质变换的现实规律,充分表明了政治经济学研究的科学属性,而将蒲鲁东"公平的理想"视为脱离实际、头足倒立的幻想。无独有偶,恩格斯也是用化学来做对比,他虽然承认"公正"、"公平"等范畴在日常生活中的用途,但紧接着就指出,"……可是在经济关系方面的科学研究中,如我们所看到的,这些说法却会造成一种不可救药的混乱,就好像在现代化学中试图保留燃素说的术语会引起混乱一样。"④在《反杜林论》中,恩格斯更加明确地论述了这一问题,他指出:

> 在剩余价值理论方面,马克思与他的前人的关系,正如拉瓦锡与普利斯特列和舍勒的关系一样。在马克思以前很久,人们就已经

---

① 艾伦·伍德:《马克思对正义的批判》,载李惠斌、李义天编《马克思与正义理论》,中国人民大学出版社2010年版,第28页。
② 参见拙著:《正义之后:马克思恩格斯正义观研究》,江苏人民出版社2010年版。
③ 马克思:《资本论》第1卷,人民出版社2004年版,第103—104页,注(38)。
④《马克思恩格斯文集》第3卷,人民出版社2009年版,第323页。

确定我们现在称为剩余价值的那部分产品价值的存在；同样也有人已经多少明确地说过，这部分价值是由什么构成的，也就是说，是由占有者不付等价物的那种劳动的产品构成的。但是到这里人们就止步不前了。其中有些人，即资产阶级古典经济学家，至多只研究了劳动产品在工人和生产资料所有者之间分配的数量比例。另一些人，即社会主义者，则发现这种分配不公平，并寻求乌托邦的手段来消除这种不公平现象。这两种人都为既有的经济范畴所束缚。

于是，马克思发表意见了，他的意见是和所有他的前人直接对立的。在前人认为已有答案的地方，他却认为只是问题所在。他认为，这里摆在他面前的不是无燃素气体，也不是火气，而是氧气。这里的问题不是在于要简单地确认一种经济事实，也不是在于这种事实与永恒公平和真正道德相冲突，而是在于这样一种事实，这种事实必定要使全部经济学发生革命，并且把理解全部资本主义生产的钥匙交给那个知道怎样使用它的人。根据这种事实，他研究了全部既有的经济范畴……①

恩格斯在这里表明，在马克思之前，人们就已觉察到无产阶级生产的产品被资本家无偿占有了很大部分，但资产阶级经济学家出于维护资本主义制度的需要，至多研究其分配比例问题，而空想社会主义者则认为这不公平，因而要按照公平原则重新进行分配。只有马克思在这个问题上进行了科学探索，破解了剩余价值的秘密，进而发现了资本主义制度运行和消亡的规律。将马克思的科学研究置于社会主义思想史的长河中进行考察，可以更深刻地理解他为什么在政治经济学研究中摒弃正义范畴。实际上，从最早的空想社会主义者一直到马克思的同时期，都有大量的社会主义思想家对资本主义制度的罪恶及其造成的严重后果进行过充分的揭露和批判。除了三大空想社会主义者，在威廉·汤普

---

① 马克思：《资本论》第2卷"序言"，人民出版社2004年版，第21页。

逊、约翰·格雷、约翰·勃雷、托马斯·霍奇斯金等社会主义思想家的著作中,到处都可以发现大量的对资本主义制度的批判。恩格斯写到,马克思1847年在写作《哲学的贫困》时就引用过埃德蒙兹、汤普森、霍吉斯金等人。恩格斯还谈到汤普森的著作《最能促进人类幸福的财富分配原理的研究》,认为"在这本书里也到处都指出,非生产阶级所占有的财富,是对工人产品的扣除,而且措辞相当激烈"①。此外,格雷在《人类幸福论》一书中认为,劳动是财富的基础,而地主和资本家却把劳动产品据为己有,"富人实际上什么都没有付出,而得到了一切;穷人实际上付出了一切,却什么也没有得到"②,"这就是极大的不公平"③。这种状况的起因就在于资本主义制度,因此"我们要谴责制度,并且指出:'不公平是这种制度的主要基础。'"所以,"我们恳切地征求每一个正直的人的意见,请他们说一说,这样的社会状态该不该继续存在下去? 它与一切基本的公平原则有没有矛盾?"④约翰·勃雷则愤慨地写道:"……专靠两手谋生的人,哪里会感觉到他所忍受的迫害与损害都是不应该的并且都是可避免的呢? 这些迫害和损害难道不是好像用铁笔铭刻在人的心上了么? 难道每一个国家的劳动阶级不是像牛马一样,非但是没有心脏,并且是没有灵魂,只是听天由命一直工作到死为止么? 难道由于没有脑筋的骄傲而想起来的一切对人污蔑和厌恶的话语,不是堆积如山似的了么? 难道劳动的外衣不是愚昧、耻辱,或没有政治权利的象征么? 倘使要收税了,一定是工人们来缴纳的;倘使要开战了,一定是工人们去打仗的;倘使所颁布的法律是不公正的,他们也必须唯命是听;倘使他们对暴政略有怨言并且是敢抵抗,他们就会像猪狗一样遭到屠杀! 他们的骨髓和他们的孩子的生命的血都是为过分的劳役所耗尽了!"⑤可以说,对于资本

---

① 马克思:《资本论》第2卷"序言",人民出版社2004年版,第18页。
② 约翰·格雷:《人类幸福论》,张草纫译,商务印书馆1984年版,第30页。
③ 同上书,第35页。
④ 同上书,第30页。
⑤ 约翰·勃雷:《对劳动的迫害及其救治方案》,袁贤能译,商务印书馆2009年版,第15页。

主义的批判与控诉,空想社会主义与马克思恩格斯并没有"本质"上的不同。

本质的区别,在于从这里出发的下一步。对于空想社会主义者来说,"社会主义是绝对真理、理性和正义的表现,只要把它发现出来,它就能用自己的力量征服世界。"①他们给资本主义制度开出的药方,就是公平、正义等原则,要求资本主义制度重回正义的轨道。勃雷就认为,一切罪恶的根源"产生于现仍存在的私有制度。所以立即永远消灭现有的不公平和罪恶,必须彻底摧毁现时的社会制度,而代之以更符合于公平和人类理性原则的制度。"②"对付资本家"和"铲除他的暴戾毒根的可能方法",只能是"将普及劳动和平等交换的伟大原则都树立起来"。③ "只有走这一条道路,就是将我们所考虑的那些公正原则和平等原则一一付诸实践。"④对比是这样鲜明——"马克思从来不把他的共产主义要求建立在这样的基础上(即不公平,引者注),而是建立在资本主义生产方式的必然的、我们眼见一天甚于一天的崩溃上"。⑤ 列宁同样认为,"资本主义社会必然要转变为社会主义社会这个结论,马克思完全是从现代社会的经济的运动规律得出的。"⑥如果说在无产阶级利益层面上,在以理论激情与革命义愤批判资本主义制度方面,马克思与空想社会主义者是一脉相承的,那么,恰恰在经济科学研究层面,在探索资本主义社会运行和消亡的客观规律方面,在指明实现共产主义的路径方面,马克思彻底超越了空想社会主义者,实现了社会主义从空想到科学的转变。问题至此变得很清楚,如果非要在马克思的经济科学研究层面,楔入正义等范畴,只能说这是一种违背马克思原意的做法。总之,综观马克思和恩格斯在经

---

① 《马克思恩格斯选集》第 4 卷,第 195 页。
② 约翰·勃雷:《对劳动的迫害及其救治方案》,袁贤能译,商务印书馆 2009 年版,第17 页。
③ 同上书,第86 页。
④ 同上书,第17 页。
⑤ 《马克思恩格斯全集》第 21 卷,人民出版社 1965 年版,第 209 页。
⑥ 《列宁选集》第 2 卷,人民出版社 2012 年版,第 439 页。

济科学层面关于正义问题的论述,可以得出这样一个结论:在马克思亲手建构的政治经济学理论大厦中,没有给正义预留房间。

既然马克思的政治经济学研究将正义视为"社会燃素",是否意味着正义毫无用处呢? 马克思恩格斯认为,问题并不如此。他们将正义视为一种"征兆"和"觉悟",认为在正义的背后隐藏着真实的经济事实,表明现存的分配方式、生产方式等已经不能再原样继续下去了。在《1857—1858年经济学手稿》中,马克思写下了这样一段话:"认识到产品是劳动能力自己的产品,并断定劳动同自己的实现条件的分离是不公平的、强制的,这是了不起的觉悟,这种觉悟是以资本为基础的生产方式的产物,而且也正是为这种生产方式送葬的丧钟,就象当奴隶觉悟到他不能作第三者的财产,觉悟到他是一个人的时候,奴隶制度就只能人为地苟延残喘,而不能继续作为生产的基础一样。"①这就是说,工人阶级生产的产品被资本家无偿占有了绝大部分,之所以如此,就在于资产阶级牢牢掌控着生产资料,而工人阶级只有自身的劳动力可供出卖。工人阶级如果意识到生产资料和劳动力的这种被迫分离是不公平的和非正义的,那么这就意味着这种生产方式要面临工人阶级的斗争,就要退出历史舞台了。在《1861—1863年经济学手稿》中,马克思几乎一字不易地写下了这段话。② 恩格斯在1884年10月为马克思《哲学的贫困》所作的德文版序言中也写到:"就经济形式说是错误的东西,在世界历史意义上却可以是正确的。如果群众的道德感宣布某一经济事实为不公平,如当年对于奴隶制或农奴制那样,这就证明这个事实本身已经过时,而另一些经济事实

---

① 《马克思恩格斯全集》第30卷,人民出版社1995年版,第455页。
② 在《1861—1863年经济学手稿》中,马克思是这样写的:"[工人]认识到劳动产品是劳动能力自己的产品,并断定[劳动]同自己的实现条件的分离是不公平的,是强制的关系,这是了不起的觉悟,这种觉悟同样是资本主义生产方式的产物,而且也正是为这种生产方式送葬的丧钟,就象当奴隶觉悟到他不能成为他人财产的时候,奴隶制度就只能人为地苟延残喘,而不能继续作为生产的基础一样。"见《马克思恩格斯全集》第48卷,人民出版社1985年版,第100页。

已经出现了,由于这种情况,那原来的事实已经变成不能忍受和不能维持的了。因此,在表面的经济不公平之后,可以藏着一个非常实在的经济内容。"① 可见,正义是一种征兆,是一个预言,是巨大得多的冰山在海面上显露出来的尖尖的椎体。在正义的呼声背后,是亟待变革的物质生产方式和经济事实。

以上笔者将马克思关于正义问题的文本划分为三个层面,分别探讨了他在不同层面上对正义的不同态度。笔者认为,这种划分对于我们当前相关领域的研究,至少有这样几点启示:

第一,既然马克思在日常社会交往层面经常使用不偏不倚内涵的正义这一道德规范——这一层面很明显是不以阶级冲突和私有制为前提的,那么我们就有可能在社会主义社会条件下,以"正义的原则"和"简单的道德"为基本规范去发展更多的生产和生活的共同体,使正义在其间发挥重要的调节作用,甚至以此为基底去建构具有鲜明社会主义属性和特色的正义理论。

第二,既然马克思在无产阶级利益层面,为着无产阶级利益鲜明地表达着正义的激情和革命义愤,那么我们当前就有必要找准研究的利益主体,这在我国的现实语境中,理所当然的是人民。人民的利益,人民的正义②,是马克思与正义问题研究的题中应有之义,是正义理论研究者义不容辞的学术使命。这是正义问题研究的道义所在,尊严所在,价值所在,也是其力量所在。离开了对人民利益和人民正义之追求的研究,要么只能被动地咀嚼西方政治哲学的牙慧,要么只能在纯粹思维和思辨的领域高蹈骋思,而难以真正理解和接续马克思那闪耀着内在激情和强烈正义感的思想理论话语。

第三,既然马克思在经济科学研究层面,将正义视为"社会燃素"和

---

① 《马克思恩格斯全集》第 21 卷,人民出版社 2003 年版,第 209 页。
② 高兆明教授在国内学术界较早地提出了"人民正义"论题。参见高兆明:《人民的正义——正义理论的中国问题意识》,《南京师范大学学报》(社会科学版)2012 年第 2 期。

"征兆",我们就有必要既不主观地将正义范畴硬塞入马克思主义政治经济学的科学体系和理论大厦,又要积极探寻正义呼声背后的经济事实,探寻在生产方式、分配方式等领域亟待进行的变革,并像马克思那样进行科学的研究。这种研究,无疑将引领我们突破政治哲学的学科界限,跨越那种以合规范性和合法性为鹄的、以思维推演和逻辑论辩为研究路径的理论藩篱,而深入到社会物质生产和社会形态跃迁的现实运动与广阔天地中去。

(本文原载于《江海学刊》2018年第2期)

附录二 马克思对资本主义：正义的批判还是科学的分析？
——兼及对艾伦·伍德和胡萨米之争的回应

一、难题聚讼

2018年是马克思诞辰200周年。这位诞生于两个世纪前的伟大思想家，以深邃的理论穿透力和强大的现实引领力，激荡着人们认识世界和改变世界的悠长岁月。"马克思的批判已教会很多人看到资本主义制度的不平等和不公正现象，教他们至少要努力去减少这些现象。一个多世纪以来，马克思主义已经成为这样一种语言：数百万人用它来表达他们对一个更公正的社会的希望。"①这是国际知名的英国马克思主义研究学者麦克莱伦对马克思思想及其历史价值的一个深刻概括。马克思主义诞生以来的历史充分地印证了这一点。可以预见的是，在未来更加鈇釜浩荡的历史进程中，马克思的思想仍然会被这个星球上不同社会制度的人们所沉思、咀嚼和共享。

从学术界的研究状况来看，自从罗尔斯1971年出版《正义论》引发

---

① 戴维·麦克莱伦：《卡尔·马克思传》，王珍译，中国人民大学出版社2005年版，第434页。

哲学的"政治哲学转向"之后,正义问题成为政治哲学研究绕不开的一个重要论题。马克思关于正义问题的思考,同样是学界研究的热点。如同麦克莱伦所言,"马克思的批判"、"资本主义制度的不平等不公正"、"更公正的社会"等几大关键词,以强大的内在必然性被学者们联结起来,在马克思的思想深处寻求世界历史发展的广阔可能。然而,由于马克思并未围绕正义问题进行过专门论述,更多的是在批判当时各种正义理论的过程中阐发自身思想,这就既给研究者留下了巨大的阐释空间,也在研究者中引发了激烈的争论。英国学者诺曼·杰拉斯总结说,从20世纪70年代中期开始,"在对马克思著作的哲学讨论中,学者们对道德哲学和政治哲学中的正义概念产生了强烈兴趣,并由此写下了学术史上的浓重一笔。这些讨论留下了这样的问题:马克思本人是否把资本主义视为不正义的而加以谴责呢?一些人坚决主张,马克思不是这样看的;另一些人却同样地坚持认为,马克思是这样看的——尽管争论双方内部仍有不同的观点,但双方阵营却旗帜分明。"①这场争论在政治哲学学术史上留下了著名的"马克思与正义"难题,学者们对此言人人殊,聚讼纷纭。英国学者斯图亚特·怀特在90年代中期仍然写到:"关于马克思是否认为资本主义不正义,并以之为基础批判资本主义的争论,已经围绕着这样一个核心的令人费解的悖论展开:一方面,马克思似乎明确地否认资本主义为不正义,并且批驳那些以正义话语批判它或倡导另一种正义观的人;另一方面,马克思自己的著作中充满了一种道德愤慨,这种愤慨明确地提出了这种基于正义的批判。"②迄至今日,"悖论"仍然令人费解,研究未有统一定论。

在"马克思与正义"难题中,核心问题是马克思对资本主义的态度,

---

① 诺曼·杰拉斯:《关于马克思和正义的争论》,姜海波译,载李惠斌、李义天编《马克思与正义理论》,中国人民大学出版社2010年版,第143页。
② 斯图亚特·怀特:《需要、劳动与马克思的正义概念》,林进平等译,载李惠斌、李义天编《马克思与正义理论》,中国人民大学出版社2010年版,第417页。

即"马克思是否认为资本主义是不正义的",或者"马克思是否基于正义而批判资本主义"。对这一问题的解答,大体上分为两大派别:一派持否定意见,以艾伦·伍德等学者为代表,较早的具有代表性的文章是伍德的《马克思对正义的批判》;另一派持肯定意见,以齐雅德·胡萨米等学者为代表,较早的具有代表性的文章是胡萨米的《马克思论分配正义》。我国学界对这两篇文章的译介和评述比较多[1],笔者在此不再赘述。对于如何解决伍德和胡萨米两大派别的争论,西方学者和我国学者都从很多角度进行了一系列研究,具有重要启发意义。笔者认为,要弄清这一问题,最根本的一点是牢固地立足于马克思关于正义问题的文本和论述,以马克思来解读马克思,以马克思来说明马克思,而不是把原本不属于马克思的观点强加给他——如果我们发现了这样的现象,就必须严格地予以指认。

二、双重维度

对马克思有关正义问题的文本和论述,笔者曾经做过较为系统的梳理。按照笔者的分梳,马克思实际上是在三个层面上谈论正义问题的:第一是日常社会交往层面,正义被马克思视为一种表达不偏不倚之义的"简单的道德";第二是无产阶级利益层面,马克思站在无产阶级立场批判资本主义社会及其不公正不合理的分配制度,以表达无产阶级的利益诉求;第三是经济科学研究层面,正义被马克思视为试图在现代化学研究中保留"燃素说",会导致不可救药的混乱。[2] 因第一个层面与本文主题以及伍德和胡萨米的争论无关,故此处不赘。马克思在第二个层面和第三个层面上对正义问题的谈论,实际上体现了马克思思想的规范维度

---

[1] 参见林进平:《马克思的"正义"解读》,第二章"伍德对胡萨米:马克思和正义问题的之争",社会科学文献出版社2009年版。
[2] 参见王广:《马克思使用正义范畴的文本清厘与层面划分》,拟刊于《江海学刊》2018年第2期。

和科学维度。

如何理解马克思思想的规范维度和科学维度？以往的研究,普遍认可马克思主义的科学维度,但对马克思主义的规范维度则研究的不多。王新生教授曾经从建构马克思主义政治哲学的角度谈到,作为科学的政治学或认知理论寻求"是",而作为规范理论的政治哲学寻求"应是"。"是"的问题建基于理性认知,而"应是"的问题则建基于价值判断。他基于这一判断提出,"作为一种阐释人类理想的规范理论,马克思主义政治哲学的独特贡献就在于,他通过'应是'与'是'、规范理论与科学认知的统一,为西方思想背景下长期存在的理想与现实、自由与必然的对立,指明了一条理论出路。"①从现有文本来看,马克思主义经典作家当然凸显了自身理论的科学维度,但对规范维度也是认同的。恩格斯曾经这样写道,如果工人面对资产阶级的"凌辱、蹂躏、肉体摧残和精神折磨"而"毫不气愤",那么工人阶级就是命该如此,"没有这种激情、革命义愤,无产阶级的解放是没有希望的"。同时,恩格斯紧接着就指出,"但是,支持工人中的英勇反抗精神是一回事,在公开的争论中对抗他们的敌人是另外一回事。在这方面,单凭愤慨,单凭冲天大怒,不管多么正义都毫无用处,这里需要的是论据。"②以往我们在研究中,一般都是用这段论述来强调马克思恩格斯只注重研究的科学性,认为正义"毫无用处",但实际上这样的理解有失偏颇。恩格斯在这里要表明的是,工人阶级的解放"单凭"或"仅靠"激情、革命义愤、正义感等是不够的,这些革命情感和规范性要求还必须加上论据,必须以科学的研究作为支撑,否则就不能根本说明无产阶级受奴役受压迫的秘密,从而无法真正使无产阶级获得解放。在这里,"不够"并不是"不要",革命义愤亟需"加上"科学研究并不意味着干脆"舍弃"革命义愤。也就是说,恩格斯实际上是强调,要把革

---

① 王新生:《作为规范理论的马克思主义政治哲学》,载于《求是学刊》2006 年第 3 期。
② 《马克思恩格斯全集》第 10 卷,人民出版社 1998 年版,第 282 页。

命的激情、义愤、正义感等置于科学的研究基础之上，做到有"情"有"理"，寓"情"于"理"，"情""理"交融，而不是只要"理"而摒弃"情"。这实质上就是要求将理论的规范维度和科学维度统一起来。在恩格斯晚年为出版马克思《雇佣劳动与资本》而写的导言中同样体现了这一点。恩格斯写道，在资本主义制度下，一方面是不可计量的财富和购买者无法对付的产品过剩，另一方面是社会上绝大多数人口无产阶级化，变成雇佣工人，因而无力获得这些过剩的产品。这样，社会就分裂为人数很少的过分富有的阶级和人数众多的无产的雇佣工人阶级，这就使得这个社会被自己的富有所窒息，而同时社会的绝大多数成员却几乎没有或完全没有免除极度贫困的任何保障。恩格斯就此尖锐指出，"社会的这种状况日益显得荒谬，日益显得没有存在的必要。这种状况应当被消除，而且能够被消除。"①这里，"荒谬"、"没有存在的必要"等判断，一方面是价值判断，另一方面也是事实描述，具有规范维度和科学维度的双重意味。而"应当被消除"很明显是在规范的意义上讲的，"能够被消除"则是在科学的意义上讲的，规范维度与科学维度依然是高度统一的。

就正义问题而言，马克思思想的规范维度主要体现在他始终站在无产阶级的立场上，谴责资本主义制度对无产阶级的不合理不公平，激愤地表达无产阶级的利益诉求和正义要求。从这一意义上说——也仅仅从这一意义上说，可以认为马克思是立足于无产阶级的正义观而批判资本主义制度。也就是说，马克思并不是基于抽象的正义原则、正义理论批判资本主义制度不正义，而是从资本主义制度损害了无产阶级的利益、从捍卫无产阶级正义观的角度批判、谴责资本主义制度的。在《资本论》中，马克思针对土地所有者、房主、实业家在财产被征用时不仅可以得到充分赔偿，还要得到一大笔利润，而工人及其妻子儿女连同全部家当却被抛到大街上、甚至遭到卫生警察起诉等不公正现象，讽刺性地写

---

① 《马克思恩格斯选集》第 1 卷，人民出版社 2012 年版，第 326 页。

道:"让我们来赞美资本主义的公正吧!"①在起草《国际工人协会成立宣言》时,马克思曾援引各种资料,揭示了工人在资本主义制度下悲惨的生活状况,愤怒地谴责资本主义制度"使工人阶级健康损坏、道德堕落和智力衰退"②。恩格斯则将剥削制度称为"吸血的制度",将资本主义制度称为"丑恶的制度"③,"只要还有一块肉、一条筋、一滴血可供榨取,厂主就不会放松剥削……这种剥削践踏了文明社会的一切要求。"④不管是从规范的意义上理解,还是从事实的意义上理解,资本主义制度的现实对于无产阶级来讲的确是丑恶的。无产阶级的正义感和正义要求,常常内化为马克思理论写作的力量,从马克思的笔端向着资本主义制度倾泻而去。正是看到了这些,胡萨米写到:"……资本主义社会也是受马克思谴责最为激烈、指控最为严厉、斥责最为深广的社会。"⑤在这样一种社会形态中,人支配人、物支配人、非人的力量支配人,与私有财产权相联系的剥削的生产方式使社会陷于阶级对抗之中,社会化大生产与生产资料私人占有之间充满严重对立,人们所赖以委身的社会关系和国家只是虚假的共同体,资本主义代言人鼓吹的自由、平等、博爱、代议制政府和最大多数人的最大幸福成为欺人的空谈。"资本主义所造就的,却是奴役、不平等、社会对抗、缺乏代表性的政府,'专制的统治'以及车间里的'苛刻制度'。它给最大多数人带来了最大痛苦。"⑥迄至当代,资本主义已经由自由竞争阶段、国家垄断阶段发展到国际垄断阶段,它虽然不再像其始祖时期那样明目张胆、肆无忌惮地剥削和奴役工人阶级,但事情的本质并没有有任何变化。英国著名马克思主义学者大卫·哈维在《资本的限

---

① 《马克思恩格斯全集》第23卷,人民出版社1972年版,第725页。
② 《马克思恩格斯选集》第2卷,人民出版社1995年版,第601页。
③ 《马克思恩格斯全集》第10卷,人民出版社1998年版,第283页。
④ 同上书,第299—300页。
⑤ 齐雅德·胡萨米:《马克思论分配正义》,林进平译,载李惠斌、李义天编《马克思与正义理论》,中国人民大学出版社2010年版,第40页。
⑥ 齐雅德·胡萨米:《马克思论分配正义》,林进平译,载李惠斌、李义天编《马克思与正义理论》,中国人民大学出版社2010年版,第41页。

度》等著作中深刻地揭示了这一点。"从20世纪70年代的乱局中兴起的资本家阶级精英分子恢复、巩固,并在一些情形下重构了他们在全世界的权力。"①根据哈维的记述,在资本主义的新自由主义政策支撑下,收入和财富在少数人手中快速而超量地积累,到90年代中期,世界上最富有的358个人的资产净值等于世界上最贫困的45%的人口(共23亿人)的总和,世界上前三名亿万富豪的资产超过了所有最不发达国家及其6亿人的国民生产总值的总和。这些趋势一直在加速,而且并不局限于美国。同时,全球的劳工力量遭遇了严峻的压力,大量工人陷入绝望处境。以至于哈维不无愤怒地写到:"主流媒体大量记录的劳动条件和用工方式可以毫无破绽地插进马克思的《资本论》关于'工作日'的一章。据说有10亿左右的人依靠每天不到一美元的收入来挣扎求生,还有20亿人是每天两美元,而富人正以令人震惊的速度在全球四处累计财富。"②大量类似研究表明,人类生存的这个世界仍然处在马克思所说的"人类社会的史前时期"③,无产阶级正义的地火依然在资本主义制度的地表下运行奔突。

愤怒出诗人,但愤怒不能说明事物的本质。正义唤起人、激发人,但正义不能揭示社会的真相。马克思如果仅仅站在无产阶级正义观的角度谴责资本主义制度,那他就和空想社会主义者没有本质的区别。因为"诉诸道德和法的做法,在科学上丝毫不能把我们推向前进;道义上的愤怒,无论多么人情人理,经济科学总不能把它看作证据,而只能看作象征。"④马克思正是通过长期、艰苦、科学的政治经济学研究,钻探到真实的物质生产和社会历史深处,在科学维度上揭示了"现代资本主义生产方式和它所产生的资产阶级社会的特殊的运行规律"⑤,从而为为实现生

---

① 大卫·哈维:《资本的限度》,张寅译,中信出版社2017年版,第6页。
② 同上书,第8—9页。
③ 《马克思恩格斯选集》第2卷,人民出版社1995年版,第33页。
④ 《马克思恩格斯选集》第3卷,人民出版社1995年版,第491—492页。
⑤ 同上书,第601页。

产资料的社会占有和无产阶级的彻底解放奠定了现实基础。正如英国学者亚当·斯威夫特所言:"马克思肯定资本主义取决于因果机制,依赖于权力和剥削的不变的社会关系,这种关系抵制道德谴责的影响力。资本主义不会在道德义愤的号角吹响时就崩溃得烟消云散。"①马克思在政治经济学研究中申明,在他的研究中"涉及的人,只是经济范畴的人格化,是一定的阶级关系和利益的承担者",马克思指出,"我的观点是把经济的社会形态的发展理解为一种自然史的过程。不管个人在主观上怎样超脱各种关系,他在社会意义上总是这些关系的产物。"②这样,马克思就不是在个人情感或革命义愤等方面来理解无产阶级、资产阶级及其各自的历史命运,而是将它们都视作经济范畴,探究其发生、运动和消亡的客观规律。正由于此,马克思强调:"问题本身不在于资本主义生产的自然规律所引起的社会对抗的发展程度的高低。问题在于这些规律本身,在于这些以铁的必然性发生作用并且正在实现的趋势。"③正是立足于理论整体的科学维度,马克思在经济科学研究中对正义范畴从来是采取拒斥和批判态度,更不是依据所谓正义原则谴责资本主义。他毫不留情地斥责那些"想用关于正义、自由、平等和博爱的女神的现代神话来代替它的唯物主义的基础"的人,把正义斥为"陈词滥调"④。针对赫希柏格等人妄图将正义作为社会主义基础的做法,马克思尖锐指出:"这些人想使社会主义有一个'更高的、理想的'转变,就是说,想用关于正义、自由、平等和博爱的女神的现代神话来代替它的唯物主义的基础(这种基础要求一个人在运用它以前认真地、客观地研究它)。……几十年来我们做了许多工作和花了许多精力才把空想社会主义,把对未来社会结构的一整套构想从德国工人的头脑中清洗出去,从而使他们在理论上(因而也在实

---

① 亚当·斯威夫特:《政治哲学导论》,肖韶译,江苏人民出版社2006年版,第330页。
② 马克思:《资本论》第1卷,"第一版序言",人民出版社2004年版,第10页。
③ 同上书,第8页。
④《马克思恩格斯选集》第4卷,人民出版社1995年版,第627页。

践上)比法国人和英国人更优越,但是,现在这些东西又流行起来,而且其形式之空虚,不仅更甚于伟大的法国和英国空想主义者,也更甚于魏特林。当然,在唯物主义的批判的社会主义时代以前,空想主义本身包含着这种社会主义的萌芽,可是现在,在这个时代以后它又出现,就只能是愚蠢的——愚蠢的、无聊的和根本反动的……"①在1879年9月17—18日给倍倍尔等人的通告信中,马克思和恩格斯再次指出:"在阶级斗争被当作一种'粗野的'事情放到一边去的地方,当做社会主义的基础留下来的就只是'真正的博爱'和关于'正义'的空话。"②

从以上分析可以看出,马克思谈论正义问题有其具体的历史语境、价值关涉和针对性:站在无产阶级利益层面和规范维度,马克思对资本主义制度进行了谴责和批判,目的在于表达无产阶级的正义观和利益诉求;站在经济科学研究层面和科学维度,马克思排斥正义范畴,反对将其作为无产阶级改变世界的任何理论依据。即是说,马克思虽然认为从无产阶级利益受损这一角度来看,可以认为资本主义制度是非正义的;但决不是要诉诸正义,使资本主义制度变得符合正义,在出路问题上,只能是诉诸现实的物质生产和经济事实——而这需要科学的研究。

规范维度需要科学维度的内在支撑,而科学维度需要规范维度的伦理认同。马克思思想的规范维度是在科学维度范导下的"规范",而不是脱离科学原则或者背离科学研究的所谓规范的任意翱翔,马克思从来不会为了"规范"而牺牲"科学";另一方面,马克思思想的科学维度也不是价值无涉、毫无情感、冷冰冰的科学,而是有明确的价值主体——无产阶级,有明确的价值诉求——无产阶级的彻底解放。马克思的研究既有规范的型塑,又有科学的本质,既是清醒的,又是火热的,有情怀、有道义、有担当,更有温度。

---

① 《马克思恩格斯选集》第4卷,人民出版社1995年版,第627—628页。
② 《马克思恩格斯全集》第34卷,人民出版社1972年版,第382页。

三、重思争论

根据对马克思在正义问题论述上双重维度的理解,我们重新回到伍德和胡萨米的争论。从这一视角出发,笔者认为,伍德和胡萨米分别强调了马克思的科学维度和规范维度,而忽视了对方所据以立论的规范维度和科学维度,因而各执一端,争执不下。另外,伍德和胡萨米还在自己所坚持的科学维度和规范维度上走得太远,以至于超出了马克思关于正义问题论述的边界,从而走到了真理的对立面。

以伍德而论,整体而言,伍德强调的是马克思有关正义论述的科学维度。在这一意义上,伍德无疑提供了一系列对马克思的准确解读。他认为,正义概念在传统上对于理性评价一种社会制度占有重要地位,而根据马克思和恩格斯的观点,正义只是一个法权概念或法定概念。"马克思对于正义进行批判的根源,及其社会思想的根本原创性,就在于他拒绝接受这种政治的或法权的社会概念。"[1]这一认识的确揭示了马克思在正义问题上的独到之处,马克思从来不会把正义乃至自由、平等、权利等范畴当做高踞于社会之上的实体,恰好相反,是通过解剖社会来还原这些范畴被抽象概括出来并成为统治人们的观念之衍化理路和思辨逻辑。从这一意义上说,或许可以将马克思的工作称为"观念"考古学。伍德还强调,"马克思所发出的革命推翻资本主义生产关系的号召,不是也不可能是建立在'资本主义是不正义的'这种断言的基础上。事实上,马克思认为,所有想把革命实践建立在法权观念基础上的企图都是意识形态的胡言乱语,他反对在工人运动中使用诸如'平等的权利'和'公平的分配'等'陈词滥调'。"[2]这种理解凸显了马克思研究资本主义制度的科

---

[1] 艾伦·伍德:《马克思对正义的批判》,林进平译,载李惠斌、李义天编《马克思与正义理论》,中国人民大学出版社2010年版,第5页。
[2] 同上书,第28页。

学维度,也准确地回绝了工人运动要立足于某种正义原则的误解,应当说是符合马克思原意的。正由于此,艾伦·伍德合理地断言:"在马克思看来,如果有人以'不正义'为由要求终止资本家的剥削行为,他就是在用一种缺乏理性说服力的论证,竭力要求人们从事某种既缺乏实践基础,其目标也缺乏历史内容的行动。"①

与伍德相对,胡萨米强调的则是马克思关于正义论述的规范维度。胡萨米提出的问题是:"马克思认为资本主义是正义的吗?马克思对资本主义社会的谴责,是否(至少有一部分)建立在资本主义不正义的基础上?"胡萨米对此给出了肯定的回答,并从马克思的著作中提出了"一些例证",共有6条。我们具体分析一下:

(1)《共产党宣言》在指出西斯蒙第所代表的小资产阶级社会主义的缺陷时,也赞扬了这个理论,因为该理论"很会揭示现代生产关系中的矛盾。它揭穿了……资本和地产的集中……无产阶级的贫困……财富分配的既不平等"。

(2)《神圣家族》指出无产者被剥夺了人性。它的"生活状况"是对他的"人性"的剥夺。无产阶级被强迫"替别人生产财富,替自己生产贫困"。

(3)在《哲学的贫困》中,马克思告诉我们,资产阶级对"他们赖以取得财富的无产者的疾苦漠不关心"。

(4)在《德意志意识形态》中,马克思指出无产者"必须承担社会的一切重负,而不能享受社会的福利"。

(5)在《资本论》第1卷中,马克思又说道:"此外,资本家财富的增长,不像货币贮藏者那样同自己的个人劳动和个人消费的节约成比例,而是同他榨取别人的劳动力的多少和强使工人放弃一切生活

---

① 艾伦·伍德:《马克思对正义的批判》,载李惠斌、李义天编《马克思与正义理论》,中国人民大学出版社2010年版,第27页。

享受的程度成比例的。"

（6）《资本论》第3卷则提到"社会上的一部分人靠牺牲另一部分人来强制和垄断社会发展（包括这种发展的物质方面和精神方面的利益）的现象"。①

胡萨米在这里使用以上六条例证来说明，马克思谴责了资本主义，认为资本主义是不正义的。其实，仔细阅读这些例证就会发现它们有一个共同之处，即，它们的出发点和所要维护的利益主体，都是无产阶级或者工人。其中，有的例证是直接谈到"无产阶级"、"工人"、"无产者"，有的例证则用"他们"、"另一部分人"等语词来指代无产阶级。也就是说，胡萨米所举出的马克思的文本依据，正是马克思站在无产阶级立场，基于无产阶级的利益诉求和正义观而对资本主义制度进行的谴责和批判。胡萨米据此正确地提出："被剥削阶级，如无产阶级，就形成了一种不同于资产阶级标准的正义概念，并对现行的生产资料分配和收入分配予以否定性评价。"因此，"在马克思的表述中，无产阶级及其代言人运用无产阶级的正义标准批判资本主义的分配活动，这是有效的"②。马克思不是别的什么人，他是而且永远是"无产阶级的理论家"③。

通过上述分析，笔者认为，伍德和胡萨米实质上是分别固守在马克思正义论述的科学维度和规范维度的两端，而没有看到硬币的另一面。问题还不止此，更大的问题在于他们分别在各自坚持的维度上走得太远，最后超出了马克思正义论述的边界，因而最终得出了错误的结论。具体说来，伍德是单向度地强调马克思正义论述的科学维度而放弃了其规范维度，胡萨米则恰恰相反，只选择了马克思正义论述的规范维度而以此淹没了其科学维度。这就导致，伍德得出了马克思"坚持认为资本

---

① 齐雅德·胡萨米：《马克思论分配正义》，林进平译，载李惠斌、李义天编《马克思与正义理论》，中国人民大学出版社2010年版，第41—42页。
② 同上书，第47页。
③ 同上书，第46页。

主义是正义的","马克思会坚持主张资本主义不是一个不正义的社会"等结论。伍德甚至还提出,资本主义之所以成为可能,就是因为劳动力能够作为商品而存在,能够通过把劳动力当成商品使用而创造剩余价值和扩张资本。"假如没有剩余价值,假如工人没有进行无偿劳动,没有受到剥削,那么资本主义的生产方式也就没有可能。在资本主义条件下,对剩余价值的占有不仅是正义的,而且,任何阻止资本占有剩余价值的尝试都是绝对不正义的。"①这就导致了胡萨米的指责:"塔克和伍德的阐释让被压迫者无法批评其生存状况的不正义"②,甚至讽刺说,"看出剥削中存在正义的,是资本家而不是马克思或有阶级意识的无产者。"③其所以如此,其中一个重要的认识上的根源恰如胡萨米所言:"伍德和塔克由于未能注意上层建筑的要素(比如正义概念)具有两个决定层次,因此他们曲解了马克思的道德社会学。由于只看到规范的社会决定因素,而忽略了规范的阶级决定因素,结果他们认为,对马克思来说,当规范与生产方式相适应时就是正义的,当它与生产方式不相适应时就是不正义的。他们忽视了马克思关于在同一生产方式内的道德观念与被压迫民族之间关系的看法。"④而反过来,胡萨米的理论失误以及伍德的有关批评,则构成了事情的另一方面。按照胡萨米的总结,"马克思之所以认为资本主义不正义,这主要是因为,作为一种剥削制度,资本主义没有按劳分配,而且因为它没有在生产的可能性范围内满足人类的需要,更不用说满足生产者的所有需要"⑤,"资本主义的分配安排……对利益和负担的分配方式是该遭到谴责的。"⑥胡萨米就这样将正义问题局限到了分配领

---

① 艾伦·伍德:《马克思对正义的批判》,林进平译,载李惠斌、李义天编《马克思与正义理论》,中国人民大学出版社2010年版,第23页。
② 同上书,第50页。
③ 同上书,第51页。
④ 同上书,第49页。
⑤ 同上书,第76—77页。
⑥ 同上书,第77页。

域,并据此分析了按劳分配、按需分配、分配正义原则和再分配原则以及这些原则与资本主义、社会主义的关系,而这种做法恰如马克思所批评的,在所谓分配问题上大做文章并把重点放在它上面是根本错误的①,甚至"把分配看成并解释成一种不依赖于生产方式的东西,从而把社会主义描写为主要是围绕着分配兜圈子。"②也正由于此,伍德批评这种胡萨米式的理解把马克思降低到了空想社会主义者的水平,"那些坚持要在马克思批判资本主义的话语中寻找一些类似于劳动所有权理论等'正义原则'的人们,无非是把马克思的批判倒退至当时社会主义学者的水平上,而这样的水平却是马克思要尽力摆脱的。"③可见,马克思的正义论述以及他对资本主义的态度,既有规范和科学两种维度,每种维度又都有其自身的限度,固守其一而忽视其他维度或者超越某一维度的限度,都会使自己的研究走向理论的深渊。

由于历史的境况与认识上的原因,马克思对待正义问题是复杂的,这就意味着我们对马克思正义观的理解同样不能简单化、单一化、片面化,而要照顾到马克思在不同语境、不同层次、不同问题、不同研究中对正义问题的具体论述。追求一种简单化理解的执念,也许更多地满足了阐释者闭合一个理论圆环的梦想,但未必符合历史的真实和思想的真义。

(本文原载于《求是学刊》2018年第2期)

---

① 参见《马克思恩格斯选集》第3卷,人民出版社1995年版,第306页。
② 《马克思恩格斯选集》第3卷,人民出版社1995年版,第306页。
③ 艾伦·伍德:《马克思对正义的批判》,林进平译,载李惠斌、李义天编《马克思与正义理论》,中国人民大学出版社2010年版,第24页。

重印后记

在拙著《正义之后：马克思恩格斯正义观研究》书稿完成近十年之际，江苏人民出版社凤凰文库重印此书，我在此谨对江苏人民出版社表示深深的敬意！对责任编辑王溪女士表示诚挚的感谢！

2004年初秋，中国人民大学品园内绿树荫浓、金风渐起的时节，业师段忠桥教授为我布置了这一研究任务。十四年过去了，"马克思与正义"这一课题不但没有丝毫过时，反而热度频升，引来众多学者聚讼纷纭，很多问题迄今仍在热烈讨论之中。站在当下的时间节点回望过往，我更深地为段老师深远的学术眼光所折服，感谢导师为我指定了一个好选题。段老师对学生写作博士论文的要求是"十年之后再看不脸红"，在拙著重印之际，我自信地认为，这本小书达到了导师当年的要求和期望。清华大学韩立新教授在"序言"中对拙著多所褒奖，认为这本书"破天荒地建构了一个马克思恩格斯的正义理论，或者说马克思的政治哲学"，"是一本真正的可命名为'马克思恩格斯正义理论'的著作"，我将韩老师的勉励视作继续深入研究的动力。

从博士毕业进入中国社会科学杂志社工作，至今已经十余年了。做责任编辑的工作经历，让我大量接触到当代中国学界最优秀的学术成果,这极大地拓展了我的学术视野,深化了我对很多问题的理解。但同时,繁忙的编辑工作和紧张的学术理论报刊出版节奏,也从时间上给我的专门研究设置了很高的门槛。我将最新发表的两篇学术论文附在本书末尾,初步表明我在"马克思与正义"这一问题上的最新思考,也期望学界同道和我本人在马克思正义理论与马克思政治哲学研究领域取得更多更深刻的成果。

今年是马克思诞辰200周年,我曾写了几首小诗,现附于此,以志纪念。

(其一)

谁似马翁救世殷,穷赜探本未辞频。
星槎郁郁归黑洞,满目刷屏说霍金。

(其二)

惊才绝艳作宣言,犹赴巴黎战未酣。
一自英伦燃盗火,六合震荡尽传笺。

(其三)

迤逦西哲到马翁,思精体大意恢宏。
未有从学开至境,生民亿兆大旗红。

(其四)

密障深泽辟莽榛,揭橥资本为斯民。
二百星霜光愈盛,风神凛凛到如今。

王 广
2018年6月于中国社会科学杂志社

凤凰文库书目

一、马克思主义研究系列
《走进马克思》 孙伯鍨 张一兵 主编
《回到马克思:经济学语境中的哲学话语》(第三版) 张一兵 著
《当代视野中的马克思》 任平 著
《回到列宁:关于"哲学笔记"的一种后文本学解读》 张一兵 著
《回到恩格斯:文本、理论和解读政治学》 胡大平 著
《国外毛泽东学研究》 尚庆飞 著
《重释历史唯物主义》 段忠桥 著
《资本主义理解史》(6卷) 张一兵 主编
《阶级、文化与民族传统:爱德华·P. 汤普森的历史唯物主义思想研究》 张亮 著
《形而上学的批判与拯救》 谢永康 著
《21世纪的马克思主义哲学创新:马克思主义哲学中国化与中国化马克思主义哲学》 李景源 主编
《科学发展观与和谐社会建设》 李景源 吴元梁 主编
《科学发展观:现代性与哲学视域》 姜建成 著
《西方左翼论当代西方社会结构的演变》 周穗明 王玫 等著
《历史唯物主义的政治哲学向度》 张文喜 著
《信息时代的社会历史观》 孙伟平 著
《从斯密到马克思:经济哲学方法的历史性诠释》 唐正东 著
《构建和谐社会的政治哲学阐释》 欧阳英 著
《正义之后:马克思恩格斯正义观研究》 王广 著
《后马克思主义思想史》 [英]斯图亚特·西姆 著 吕增奎 陈红 译
《后马克思主义与文化研究:理论、政治与介入》 [英]保罗·鲍曼 著 黄晓武 译
《市民社会的乌托邦:马克思主义的社会历史哲学阐释》 王浩斌 著
《唯物史观与人的发展理论》 陈新夏 著
《西方马克思主义与苏联:1917年以来的批评理论和争论概览》 [荷]马歇尔·范·林登 著
　　周穗明 译 翁寒松 校
《物与无:物化逻辑与虚无主义》 刘森林 著
《拜物教的幽灵:当代西方马克思主义社会批判的隐性逻辑》 夏莹 著
《新中国社会形态研究》 吴波 著
《"崩溃的逻辑"的历史建构:阿多诺早中期哲学思想的文本学解读》 张亮 著
《"超越政治"还是"回归政治":马克思与阿伦特政治哲学比较》 白刚 张荣艳 著
《无调式的辩证想象:阿多诺〈否定的辩证法〉的文本学解读》 张一兵 著
《马克思再生产理论及其哲学效应研究》 孙乐强 著
《希望的源泉:文化、民主、社会主义》 [英]雷蒙·威廉斯 著 祁阿红 吴晓妹 译
《后工业乌托邦》 [澳]鲍里斯·弗兰克尔 著 李元来 译
《未来考古学:乌托邦欲望和其他科幻小说》 [美]弗里德里克·詹姆逊 著 吴静 译

二、政治学前沿系列
《公共性的再生产:多中心治理的合作机制建构》 孔繁斌 著
《合法性的争夺:政治记忆的多重刻写》 王海洲 著

《民主的不满:美国在寻求一种公共哲学》 [美]迈克尔·桑德尔 著　曾纪茂 译
《权力:一种激进的观点》 [英]斯蒂芬·卢克斯 著　彭斌 译
《正义与非正义战争:通过历史实例的道德论证》 [美]迈克尔·沃尔泽 著　任辉献 译
《自由主义与现代社会》 [英]理查德·贝拉米 著　毛兴贵 等译
《左与右:政治区分的意义》 [意]诺贝托·博比奥 著　陈高华 译
《自由主义中立性及其批评者》 [美]布鲁斯·阿克曼 等著　应奇 编
《公民身份与社会阶级》 [英]T. H. 马歇尔 等著　郭忠华 刘训练 编
《当代社会契约论》 [美]约翰·罗尔斯 等著　包利民 编
《马克思与诺齐克之间》 [英]G. A. 柯亨 等著　吕增奎 编
《美德伦理与道德要求》 [英]欧若拉·奥尼尔 等著　徐向东 编
《宪政与民主》 [英]约瑟夫·拉兹 等著　佟德志 编
《自由多元主义的实践》 [美]威廉·盖尔斯敦 著　佟德志 苏宝俊 译
《国家与市场:全球经济的兴起》 [美]赫尔曼·M. 施瓦茨 著　徐佳 译
《税收政治学:一种比较的视角》 [美]盖伊·彼得斯 著　郭为桂 黄宁莺 译
《控制国家:从古雅典至今的宪政史》 [美]斯科特·戈登 著　应奇 陈丽微 孟军 李勇 译
《社会正义原则》 [英]戴维·米勒 著　应奇 译
《现代政治意识形态》 [澳]安德鲁·文森特 著　袁久红 译
《新社会主义》 [加拿大]艾伦·伍德 著　尚庆飞 译
《政治的回归》 [英]尚塔尔·墨菲 著　王恒 臧佩洪 译
《自由多元主义》 [美]威廉·盖尔斯敦 著　佟德志 庞金友 译
《政治哲学导论》 [英]亚当·斯威夫特 著　佘江涛 译
《重新思考自由主义》 [英]理查德·贝拉米 著　王萍 傅广生 周春鹏 译
《自由主义的两张面孔》 [英]约翰·格雷 著　顾爱彬 李瑞华 译
《自由主义与价值多元论》 [英]乔治·克劳德 著　应奇 译
《帝国:全球化的政治秩序》 [美]麦克尔·哈特 [意]安东尼奥·奈格里 著　杨建国 范一亭 译
《反对自由主义》 [美]约翰·凯克斯 著　应奇 译
《政治思想导读》 [英]彼得·斯特克 大卫·韦戈尔 著　舒小昀 李霞 赵勇 译
《现代欧洲的战争与社会变迁:大转型再探》 [英]桑德拉·哈尔珀琳 著　唐皇凤 武小凯 译
《道德原则与政治义务》 [美]约翰·西蒙斯 著　郭为桂 李艳丽 译
《政治经济学理论》 [美]詹姆斯·卡波拉索 戴维·莱文著　刘骥 等译
《民主国家的自主性》 [英]埃里克·A. 诺德林格 著　孙荣飞 等译
《强社会与弱国家:第三世界的国家社会关系及国家能力》 [英]乔·米格德尔 著　张长东 译
《驾驭经济:英国与法国国家干预的政治学》 [美]彼得·霍尔 著　刘骥 刘娟凤 叶静 译
《社会契约论》 [英]迈克尔·莱斯诺夫 著　刘训练 等译
《共和主义:一种关于自由与政府的理论》 [澳]菲利普·佩蒂特 著　刘训练 译
《至上的美德:平等的理论与实践》 [美]罗纳德·德沃金 著　冯克利 译
《原则问题》 [美]罗纳德·德沃金 著　张国清 译
《社会正义论》 [英]布莱恩·巴利 著　曹海军 译
《马克思与西方政治思想传统》 [美]汉娜·阿伦特 著　孙传钊 译
《作为公道的正义》 [英]布莱恩·巴利 著　曹海军 允春喜 译
《古今自由主义》 [美]列奥·施特劳斯 著　马志娟 译
《公平原则与政治义务》 [美]乔治·格劳斯科 著　毛兴贵 译
《谁统治:一个美国城市的民主和权力》 [美]罗伯特·A. 达尔 著　范春辉 等译

《论伦理精神》 张康之 著
《人权与帝国:世界主义的政治哲学》 [英]科斯塔斯·杜兹纳 著 辛亨复 译
《阐释和社会批判》 [美]迈克尔·沃尔泽 著 任辉献 段鸣玉 译
《全球时代的民族国家:吉登斯讲演录》 [英]安东尼·吉登斯 著 郭忠华 编
《当代政治哲学名著导读》 应奇 主编
《拉克劳与墨菲:激进民主想象》 [美]安娜·M. 史密斯 著 付琼 译
《英国新左派思想家》 张亮 编
《第一代英国新左派》 [英]迈克尔·肯尼 著 李永新 陈剑 译
《转向帝国:英法帝国自由主义的兴起》 [美]珍妮弗·皮茨 著 金毅 许鸿艳 译
《论战争》 [美]迈克尔·沃尔泽 著 任辉献 段鸣玉 译
《现代性的谱系》 张凤阳 著
《近代中国民主观念之生成与流变:一项观念史的考察》 闾小波 著
《阿伦特与现代性的挑战》 [美]塞瑞娜·潘琳 著 张云龙 译
《政治人:政治的社会基础》 [美]西摩·马丁·李普塞特 著 郭为桂 林娜 译
《社会中的国家:国家与社会如何相互改变与相互构成》 [美]乔尔·S.米格代尔 著 李杨 郭一聪 译 张长东 校
《伦理、文化与社会主义:英国新左派早期思想读本》 张亮 熊婴 编
《仪式、政治与权力》 [美]大卫·科泽 著 王海洲 译
《政治仪式:权力生产和再生产的政治文化分析》 王海洲 著
《论政治的本性》 [英]尚塔尔·墨菲 著 周凡 译

三、纯粹哲学系列
《哲学作为创造性的智慧:叶秀山西方哲学论集(1998—2002)》 叶秀山 著
《真理与自由:康德哲学的存在论阐释》 黄裕生 著
《走向精神科学之路:狄尔泰哲学思想研究》 谢地坤 著
《从胡塞尔到德里达》 尚杰 著
《海德格尔与存在论历史的解构:〈现象学的基本问题〉引论》 宋继杰 著
《康德的信仰:康德的自由、自然和上帝理念批判》 赵广明 著
《宗教与哲学的相遇:奥古斯丁与托马斯·阿奎那的基督教哲学研究》 黄裕生 著
《理念与神:柏拉图的理念思想及其神学意义》 赵广明 著
《时间性:自身与他者——从胡塞尔、海德格尔到列维纳斯》 王恒 著
《意志及其解脱之路:叔本华哲学思想研究》 黄文前 著
《真理之光:费希特与海德格尔论 SEIN》 李文堂 著
《归隐之路:20 世纪法国哲学的踪迹》 尚杰 著
《胡塞尔直观概念的起源:以意向性为线索的早期文本研究》 陈志远 著
《幽灵之舞:德里达与现象学》 方向红 著
《形而上学与社会希望:罗蒂哲学研究》 陈亚军 著
《福柯的主体解构之旅:从知识考古学到"人之死"》 刘永谋 著
《中西智慧的贯通:叶秀山中国哲学文化论集》 叶秀山 著
《学与思的轮回:叶秀山 2003—2007 年最新论文集》 叶秀山 著
《返回爱与自由的生活世界:纯粹民间文学关键词的哲学阐释》 户晓辉 著
《心的秩序:一种现象学心学研究的可能性》 倪梁康 著
《生命与信仰:克尔凯郭尔假名写作时期基督教哲学思想研究》 王齐 著

《时间与永恒:论海德格尔哲学中的时间问题》 黄裕生 著
《道路之思:海德格尔的"存在论差异"思想》 张柯 著
《启蒙与自由:叶秀山论康德》 叶秀山 著
《自由、心灵与时间:奥古斯丁心灵转向问题的文本学研究》 张荣 著
《回归原创之思:"象思维"视野下的中国智慧》 王树人 著
《从语言到心灵:一种生活整体主义的研究》 蒉益民 著
《身体、空间与科学:梅洛－庞蒂的空间现象学研究》 刘胜利 著
《超越经验主义与理性主义:实用主义叙事的当代转换及效应》 陈亚军 著

四、宗教研究系列
《汉译佛教经典哲学研究》(上下卷) 杜继文 著
《中国佛教通史》(15卷) 赖永海 主编
《中国禅宗通史》 杜继文 魏道儒 著
《佛教史》 杜继文 主编
《道教史》 卿希泰 唐大潮 著
《基督教史》 王美秀 段琦 等著
《伊斯兰教史》 金宜久 主编
《中国律宗通史》 王建光 著
《中国唯识宗通史》 杨维中 著
《中国净土宗通史》 陈扬炯 著
《中国天台宗通史》 潘桂明 吴忠伟 著
《中国三论宗通史》 董群 著
《中国华严宗通史》 魏道儒 著
《中国佛教思想史稿》(3卷) 潘桂明 著
《禅与老庄》 徐小跃 著
《中国佛性论》 赖永海 著
《禅宗早期思想的形成与发展》 洪修平 著
《基督教思想史》 [美]胡斯都·L.冈察雷斯 著 陈泽民 孙汉书 司徒桐 莫如喜 陆俊杰 译
《圣经历史哲学》(上下卷) 赵敦华 著
《如来藏经典与中国佛教》 杨维中 著
《儒佛道思想家与中国思想文化》 洪修平 主编
《基督教神学发展史》(一)、(二)、(三) 林荣洪 著

五、人文与社会系列
《环境与历史:美国和南非驯化自然的比较》 [美]威廉·贝纳特 彼得·科茨 著 包茂红 译
《阿伦特为什么重要》 [美]伊丽莎白·扬—布鲁尔 著 刘北成 刘小鸥 译
《现代性的哲学话语》 [德]于尔根·哈贝马斯 著 曹卫东 等译
《追寻美德:伦理理论研究》 [美]A.麦金太尔 著 宋继杰 译
《现代社会中的法律》 [美]R.M.昂格尔 著 吴玉章 周汉华 译
《知识分子与大众:文学知识界的傲慢与偏见,1880—1939》 [英]约翰·凯里 著 吴庆宏 译
《自我的根源:现代认同的形成》 [加拿大]查尔斯·泰勒 著 韩震 等译
《社会行动的结构》 [美]塔尔科特·帕森斯 著 张明德 夏遇南 彭刚 译
《文化的解释》 [美]克利福德·格尔茨 著 韩莉 译

《以色列与启示:秩序与历史(卷1)》 [美]埃里克·沃格林 著 霍伟岸 叶颖 译
《城邦的世界:秩序与历史(卷2)》 [美]埃里克·沃格林 著 陈周旺 译
《战争与和平的权利:从格劳秀斯到康德的政治思想与国际秩序》 [美]理查德·塔克 著 罗炯 等译
《人类与自然世界:1500—1800年间英国观念的变化》 [英]基思·托马斯 著 宋丽丽 译
《男性气概》 [美]哈维·C.曼斯菲尔德 著 刘玮 译
《黑格尔》 [加拿大]查尔斯·泰勒 著 张国清 朱进东 译
《社会理论和社会结构》 [美]罗伯特·K.默顿 著 唐少杰 齐心 等译
《个体的社会》 [德]诺贝特·埃利亚斯 著 翟三江 陆兴华 译
《象征交换与死亡》 [法]让·波德里亚 著 车槿山 译
《实践感》 [法]皮埃尔·布迪厄 著 蒋梓骅 译
《关于马基雅维里的思考》 [美]利奥·施特劳斯 著 申彤 译
《正义诸领域:为多元主义与平等一辩》 [美]迈克尔·沃尔泽 著 褚松燕 译
《传统的发明》 [英]E.霍布斯鲍姆 T.兰格 著 顾杭 庞冠群 译
《元史学:十九世纪欧洲的历史想象》 [美]海登·怀特 著 陈新 译
《卢梭问题》 [德]恩斯特·卡西勒 著 王春华 译
《自足语义学:为语义最简论和言语行为多元论辩护》 [挪威]赫尔曼·开普兰 [美]厄尼·利珀尔 著 周允程 译
《历史主义的兴起》 [德]弗里德里希·梅尼克 著 陆月宏 译
《权威的概念》 [法]亚历山大·科耶夫 著 姜志辉 译
《无国界移民》 [瑞士]安托万·佩库 [荷兰]保罗·德·古赫特奈尔 编 武云 译
《语言的未来》 [法]皮埃尔·朱代·德·拉孔布 海因茨·维斯曼 著 梁爽 译
《全球化的关键概念》 [挪]托马斯·许兰德·埃里克森 著 周云水 等译
《房地产阶级社会》 [韩]孙洛龟 著 芦恒 译
《政治创新与概念变革》 [美]特伦斯·鲍尔詹姆斯·法尔拉塞尔·L.汉森 编 朱进东 译
《依赖性的理性动物:人类为什么需要德性》 [美]阿拉斯戴尔·麦金太尔 著 刘玮 译
《理解俄国:俄国文化中的圣愚》 [美]埃娃·汤普逊 著 杨德友 译
《留恋人世:长生不老的奇妙科学》 [美]乔纳森·韦纳 著 杨朗 卢文超 译

六、海外中国研究系列
《帝国的隐喻:中国民间宗教》 [英]王斯福 著 赵旭东 译
《王弼〈老子注〉研究》 [德]瓦格纳 著 杨立华 译
《章学诚思想与生平研究》 [美]倪德卫 著 杨立华 译
《中国与达尔文》 [美]詹姆斯·里夫 著 钟永强 译
《千年末世之乱:1813年八卦教起义》 [美]韩书瑞 著 陈仲丹 译
《中华帝国后期的欲望与小说叙述》 黄卫总 著 张蕴爽 译
《私人领域的变形:唐宋诗词中的园林与玩好》 [美]王晓山 著 文韬 译
《六朝精神史研究》 [日]吉川忠夫 著 王启发 译
《中国社会史》 [法]谢和耐 著 黄建华 黄迅余 译
《大分流:欧洲、中国及现代世界经济的发展》 [美]彭慕兰 著 史建云 译
《近代中国的知识分子与文明》 [日]佐藤慎一 著 刘岳兵 译
《转变的中国:历史变迁与欧洲经验的局限》 [美]王国斌 著 李伯重 连玲玲 译
《中国近代思维的挫折》 [日]岛田虔次 著 甘万萍 译

《为权力祈祷》　[加拿大]卜正民 著　张华 译
《洪业:清朝开国史》　[美]魏斐德 著　陈苏镇 薄小莹 译
《儒教与道教》　[德]马克斯·韦伯 著　洪天富 译
《革命与历史:中国马克思主义历史学的起源,1919—1937》　[美]德里克 著　翁贺凯 译
《中华帝国的法律》　[美]D. 布朗 等著　朱勇 译
《文化、权力与国家》　[美]杜赞奇 著　王福明 译
《中国的亚洲内陆边疆》　[美]拉铁摩尔 著　唐晓峰 译
《古代中国的思想世界》　[美]史华兹 著　程钢 译 刘东 校
《中国近代经济史研究:明末海关财政与通商口岸市场圈》　[日]滨下武志 著　高淑娟 孙彬 译
《中国美学问题》　[美]苏源熙 著　卞东波 译　张强强 朱霞欢 校
《翻译的传说:构建中国新女性形象》　胡缨 著　龙瑜宬 彭珊珊 译
《〈诗经〉原意研究》　[日]家井真 著　陆越 译
《缠足:"金莲崇拜"盛极而衰的演变》　[美]高彦颐 著　苗延威 译
《从民族国家中拯救历史:民族主义话语与中国现代史研究》　[美]杜赞奇 著　王宪明 高继美 李海燕 李点 译
《传统中国日常生活中的协商:中古契约研究》　[美]韩森 著　鲁西奇 译
《欧几里得在中国:汉译〈几何原本〉的源流与影响》　[荷]安国风 著　纪志刚 郑诚 郑方磊 译
《毁灭的种子:战争与革命中的国民党中国(1937-1949)》　[美]易劳逸 著　王建朗 王贤知 贾维 译
《理解农民中国:社会科学哲学的案例研究》　[美]李丹 著　张天虹 张胜波 译
《18世纪的中国社会》　[美]韩书瑞 罗有枝 著　陈仲丹 译
《开放的帝国:1600年的中国历史》　[美]韩森 著　梁侃 邹劲风 译
《中国人的幸福观》　[德]鲍吾刚 著　严蓓雯 韩雪临 伍德祖 译
《明代乡村纠纷与秩序》　[日]中岛乐章 著　郭万平 高飞 译
《朱熹的思维世界》　[美]田浩 著
《礼物、关系学与国家:中国人际关系与主体建构》　杨美慧 著　赵旭东 孙珉 译 张跃宏 校
《美国的中国形象:1931—1949》　[美]克里斯托弗·杰斯普森 著　姜智芹 译
《清代内河水运史研究》　[日]松浦章 著　董科 译
《中国的经济革命:20世纪的乡村工业》　[日]顾琳 著　王玉茹 张玮 李进霞 译
《明清时代东亚海域的文化交流》　[日]松浦章 著　郑洁西 译
《皇帝和祖宗:华南的国家与宗族》　科大卫 著　卜永坚 译
《中国善书研究》　[日]酒井忠夫 著　刘岳兵 何英莺 孙雪梅 译
《大萧条时期的中国:市场、国家与世界经济》　[日]城山智子 著　孟凡礼 尚国敏 译
《虎、米、丝、泥:帝制晚期华南的环境与经济》　[美]马立博 著　王玉茹 译
《矢志不渝:明清时期的贞女现象》　[美]卢苇菁 著　秦立彦 译
《山东叛乱:1774年的王伦起义》　[美]韩书瑞 著　刘平 唐雁超 译
《一江黑水:中国未来的环境挑战》　[美]易明 著　姜智芹 译
《施剑翘复仇案:民国时期公众同情的兴起与影响》　[美]林郁沁 著　陈湘静 译
《工程国家:民国时期(1927-1937)的淮河治理及国家建设》　[美]戴维·艾伦·佩兹 著　姜智芹 译
《西学东渐与中国事情》　[日]增田涉 著　周启乾 译
《铁泪图:19世纪中国对于饥馑的文化反应》　[美]艾志端 著　曹曦 译
《危险的边疆:游牧帝国与中国》　[美]巴菲尔德 著　袁剑 译

《华北的暴力与恐慌:义和团运动前夕基督教传播和社会冲突》 [德]狄德满 著　崔华杰 译
《历史宝筏:过去、西方与中国的妇女问题》 [美]季家珍 著　杨可 译
《姐妹们与陌生人:上海棉纱厂女工,1919—1949》 [美]艾米莉·洪尼格 著　韩慈 译
《银线:19世纪的世界与中国》　林满红 著　詹庆华 林满红 译
《寻求中国民主》 [澳]冯兆基著　刘悦斌 徐硙 译
《中国乡村的基督教:1860—1900江西省的冲突与适应》 [美]史维东 著　吴薇 译
《认知变异:反思人类心智的统一性与多样性》 [英]G.E.R.劳埃德 著　池志培 译
《假想的"满大人":同情、现代性与中国疼痛》 [美]韩瑞 著　袁剑 译
《男性特质论:中国的社会与性别》 [澳]雷金庆 著　[澳]刘婷 译
《中国的捐纳制度与社会》　伍跃 著
《文书行政的汉帝国》 [日]富谷至 著　刘恒武 孔李波 译
《城市里的陌生人:中国流动人口的空间、权力与社会网络的重构》 [美]张骊 著　袁长庚 译
《重读中国女性生命故事》　游鉴明 胡缨 季家珍 主编
《跨太平洋位移:20世纪美国文学中的民族志、翻译和文本间旅行》 黄运特 著　陈倩 译
《近代日本的中国认识》 [日]野村浩一 著　张学锋 译
《性别、政治与民主:近代中国的妇女参政》 [澳]李木兰 著　方小平 译
《狮龙共舞:一个英国人眼中的威海卫与中国文化》 [英]庄士敦 著　刘本森 译
《中国社会中的宗教与仪式》 [美]武雅士 著　彭泽安 邵铁峰 译　郭潇威 校
《大象的退却:一部中国环境史》 [英]伊懋可 著　梅雪芹 毛利霞 王玉山 译
《自贡商人:早期近代中国的企业家》 [美]曾小萍 著　董建中 译
《人物、角色与心灵:〈牡丹亭〉与〈桃花扇〉中的身份认同》 [美]吕立亭 著　白华山 译
《明代江南土地制度研究》 [日]森正夫 著　伍跃 张学锋 等译　范金民 夏维中 审校
《儒学与女性》 [美]罗莎莉 著　丁佳伟 曹秀娟 译
《权力关系:宋代中国的家族、地位与国家》 [美]柏文莉 著　刘云军 译
《行善的艺术:晚明中国的慈善事业》 [美]韩德林 著　吴士勇 王桐 史桢豪 译
《近代中国的渔业战争和环境变化》 [美]穆盛博 著　胡文亮 译
《工开万物:17世纪中国的知识与技术》 [德]薛凤 著　吴秀杰 白岚玲 译
《权力源自地位:北京大学、知识分子与中国政治文化,1898—1929》 [美]魏定熙 著　张蒙 译
《忠贞不贰?——辽代的越境之举》 [英]史怀梅 著　曹流 译
《两访中国茶乡》 [英]罗伯特·福琼 著　敖雪岗 译
《古代中国的动物与灵异》 [英]胡司德 著　蓝旭 译
《内藤湖南:政治与汉学(1866—1934)》 [美]傅佛果 著　陶德民 何英莺 译

七、历史研究系列

《中国近代通史》(10卷)　张海鹏 主编
《极端的年代》 [英]艾瑞克·霍布斯鲍姆 著　马凡 等译
《漫长的20世纪》 [意]杰奥瓦尼·阿瑞基 著　姚乃强 译
《在传统与变革之间:英国文化模式溯源》　钱乘旦 陈晓律 著
《世界现代化历程》(10卷)　钱乘旦 主编
《近代以来日本的中国观》(6卷)　杨栋梁 主编
《中华民族凝聚力的形成与发展》　卢勋 杨保隆 等著
《明治维新》 [英]威廉·G.比斯利 著　张光 汤金旭 译
《在垂死皇帝的王国:世纪末的日本》 [美]诺玛·菲尔德 著　曾霞 译

《美国的艺伎盟友》 [美]涩泽尚子 著 油小丽 牟学苑 译
《戊戌政变的台前幕后》 马勇 著
《战后东北亚主要国家间领土纠纷与国际关系研究》 李凡 著
《战后西亚国家领土纠纷与国际关系》 黄民兴 谢立忱 著
《民国首都南京的营造政治与现代想象(1927-1937)》 董佳 著
《战后日本史》 王新生 著
《衣被天下:明清江南丝绸史研究》 范金民 著

八、当代思想前沿系列
《世纪末的维也纳》 [美]卡尔·休斯克 著 李锋 译
《莎士比亚的政治》 [美]阿兰·布鲁姆 哈瑞·雅法 著 潘望 译
《邪恶》 [英]玛丽·米奇利 著 陆月宏 译
《知识分子都到哪里去了:对抗21世纪的庸人主义》 [英]弗兰克·富里迪 著 戴从容 译
《资本主义文化矛盾》 [美]丹尼尔·贝尔 著 严蓓雯 译
《流动的恐惧》 [英]齐格蒙特·鲍曼 著 谷蕾 杨超 等译
《流动的生活》 [英]齐格蒙特·鲍曼 著 徐朝友 译
《流动的时代:生活于充满不确定性的年代》 [英]齐格蒙特·鲍曼 著 谷蕾 武媛媛 译
《未来的形而上学》 [美]爱莲心 著 余日昌 译
《感受与形式》 [美]苏珊·朗格 著 高艳萍 译
《资本主义及其经济学:一种批判的历史》 [美]道格拉斯·多德 著 熊婴 译 刘思云 校
《异端人物》 [英]特里·伊格尔顿 著 刘超 陈叶 译
《哲学俱乐部:美国观念的故事》 [美]路易斯·梅南德 著 肖凡 鲁帆 译
《文化理论关键词》 [英]丹尼·卡瓦拉罗 著 张卫东 张生 赵顺宏 译
《齐格蒙特·鲍曼:后现代性的预言家》 [英]丹尼斯·史密斯 著 佘江涛 译
《公共领域中的伦理学》 [英]约瑟夫·拉兹 著 葛四友 主译
《文化模式批判》 崔平 著
《谁是罗兰·巴特》 汪民安 著
《身体、空间与后现代性》 汪民安 著
《时间、空间与伦理学基础》 [美]爱莲心 著 高永旺 李孟国 译

九、教育理论研究系列
《教育研究方法导论》 [美]梅雷迪斯·D.高尔等 著 许庆豫 等译
《教育基础》 [美]阿伦·奥恩斯坦 著 杨树兵 等译
《教育伦理学》 贾馥茗 著
《认知心理学》 [美]罗伯特·L.索尔索 著 何华 等译
《现代心理学史》 [美]杜安·P.舒尔茨 著 叶浩生 译
《学校法学》 [美]米歇尔·W.拉莫特 著 许庆豫 等译

十、艺术理论研究系列
《弗莱艺术批评文选》 [英]罗杰·弗莱 著 沈语冰 译
《另类准则:直面20世纪艺术》 [美]列奥·施坦伯格 著 沈语冰 刘凡 谷光曙 译
《当代艺术的主题:1980年以后的视觉艺术》 [美]简·罗伯森 克雷格·迈克丹尼尔 著 匡骁 译
《艺术与物性:论文与评论集》 [美]迈克尔·弗雷德 著 张晓剑 沈语冰 译

《现代生活的画像:马奈及其追随者艺术中的巴黎》　[英]T. J. 克拉克 著　沈语冰 诸葛沂 译
《自我与图像》　[英]艾美利亚·琼斯 著　刘凡 谷光曙 译
《博物馆怀疑论:公共美术馆中的艺术展览史》　[美]大卫·卡里尔 著　丁宁 译
《艺术社会学》　[英]维多利亚·D. 亚历山大 著　章浩 沈杨 译
《云的理论:为了建立一种新的绘画史》　[法]于贝尔·达米施 著　董强 译
《杜尚之后的康德》　[比]蒂埃利·德·迪弗 著　沈语冰 张晓剑 陶铮 译
《蒂耶波洛的图画智力》　[美]斯维特拉娜·阿尔珀斯 迈克尔·巴克森德尔 著　王玉冬 译
《伦勃朗的企业:工作室与艺术市场》　[美]斯维特拉娜·阿尔珀斯 著　冯白帆 译
《新前卫与文化工业》　[美]本雅明·布赫洛 著　何卫华 史岩林 桂宏军 钱纪芳 译
《现代艺术:19 与 20 世纪》　[美]迈耶·夏皮罗 著　沈语冰 何海 译
《重构抽象表现主义:20 世纪 40 年代的主体性与绘画》　[美]迈克尔·莱雅 著　毛秋月 译
《神经元艺术史》　[英]约翰·奥尼恩斯 著　梅娜芳 译
《实在的回归:世纪末的前卫艺术》　[美]哈尔·福斯特 著　杨娟娟 译
《德国文艺复兴时期的椴木雕刻家》　[德]巴克森德尔 著　殷树喜 译
《艺术的理论与哲学:风格、艺术家和社会》　[美]迈耶·夏皮罗 著　沈语冰 王玉冬 译

十一、中国经济问题研究系列
《中国经济的现代化:制度变革与结构转型》　肖耿 著
《世界经济复苏与中国的作用》　[英]傅晓岚 编　蔡悦 等译
《中国未来十年的改革之路》　《比较》研究室 编
《大失衡:贸易、冲突和世界经济的危险前路》　[美]迈克尔·佩蒂斯 著　王璟 译
《中国经济新转型》　[日]青木昌彦 吴敬琏 编　姚志敏 等译
《经济全球化与中国产业发展》　刘志彪 著

十二、艺术与社会系列
《艺术界》　[美]霍华德·S. 贝克尔 著　卢文超 译
《寻找如画美:英国的风景美学与旅游,1760—1800》　[英]马尔科姆·安德鲁斯 著　张箭飞 韦照周 译

十三、公共管理系列
《更快 更好 更省?》　[美]达尔·W. 福赛斯 著　范春辉 译
《公共行政的行动主义》　张康之 著
《美国能源政策:变革中的政治、挑战与前景》　[美]劳任斯·R. 格里戴维·E. 麦克纳布 著　付满 译

十四、智库系列
《经营智库:成熟组织的实务指南》　[美]雷蒙德·J. 斯特鲁伊克 著　李刚 等译　陆扬 校